大师讲堂

中国史学史

金毓黻 著

应急管理出版社
·北京·

图书在版编目（CIP）数据

中国史学史 ／ 金毓黻著. -- 北京 ：应急管理出版
社，2024. --（大师讲堂）. -- ISBN 978-7-5237-0676
-3

Ⅰ. K092

中国国家版本馆 CIP 数据核字第 2024DE4068 号

中国史学史（大师讲堂）

著　　者	金毓黻
责任编辑	陈棣芳
封面设计	朱文浩

出版发行　应急管理出版社（北京市朝阳区芍药居 35 号　100029）
电　　话　010－84657898（总编室）　010－84657880（读者服务部）
网　　址　www. cciph. com. cn
印　　刷　三河市元兴印务有限公司
经　　销　全国新华书店

开　　本　880mm×1230mm$^1/_{32}$　**印张**　11$^3/_8$　**字数**　256 千字
版　　次　2025 年 1 月第 1 版　2025 年 1 月第 1 次印刷
社内编号　20240511　　　　　　　　**定价**　98.00 元

总序：
新时代的思想延续与学术重光

  "大师讲堂"系列不仅是对民国时期辉煌学术成就的致敬，更是一座跨越时空、联结古今的桥梁。该系列在第一阶段成功推出了99部大师著作，为读者打开了一扇通向学术宝藏的大门，展示了民国大师们卓越的学术造诣和文化思考。这些著作涵盖了多个领域，成为文化遗产的重要组成部分，也为现代学术研究奠定了坚实基础。

  进入第二阶段，本系列再度聚焦大师们的经典作品，涵盖建筑、文学、教育、史学等领域，延续并创新了他们的思想火花。这些著作不仅继续深耕传统文化的学术沃土，也在新时代的文化语境中，重新激发了中西思想的碰撞与交融。通过这些作品，我们不仅可以感受到民国大师们的思想脉动，还能从中挖掘出适用于现代社会的智慧与启示。

  文化的传承与创新是这个系列的核心理念。民国时期的大师们处于内外挑战交织的动荡时代，但他们凭借深厚的学术功底和前瞻的思维，开创了属于他们的学术高峰。今天，我们将这些学术瑰宝重新整理和出版，不仅是为了保存文化遗产，更是为了让这些珍贵的思想资源在新时代焕发出新的光彩，推动学术的延续与创新。本系列的作品无论从学术深度还是文化广度，都体现了大师们在各自领域中的卓越贡献。他们的思想穿越时间的长河，依然能够启发现代学者和读者。无论是学术研究，还是文化素养的提升，这些著作都将在当代文化市场中占据不可替代的位置。它们不仅是学者的重要研究工具，更是广大读者探求文化智慧的窗口。

新时代呼唤思想的光芒，我们相信，"大师讲堂"系列的再度面世，将为当代文化复兴注入新的活力。通过这些伟大的著作，现代人能够从中汲取精神力量，启发创新思维，推动文化与学术的长足发展。

目录
CONTENTS

导　言

　　吾国先哲精研史学者，以刘知幾、章学诚二氏为最著，刘氏《史通》外篇，有《史官建置》、《历代正史》两篇，所论自上古迄唐初之史学源流演变，即中国史学史之滥觞也。章氏曾仿朱彝尊《经义考》之例，撰《史籍考》，寻其义例，盖欲藉乙部之典籍，明史学之源流，体大思精，信为杰作，惜其稿本以未付刊而散佚，不然，亦史学之具体而微者矣。近人梁启超晚年喜治史学，尝论及中国史学史之作法，谓其目有四：一曰史官，二曰史家，三曰史学之成立与发展，四曰最近史学之趋势。其前两目，盖原本于《史通》，其后两目，则自此而引申之耳。其弟子姚名达，欲依梁氏所示，撰成一书，稿本略具，尚未刊行。今辑是稿，前无所承，虽有仰屋之勤，难免覆瓿之诮，重以颠沛之余，旧典多丧，即欲详说，实病未能。谨依刘、章之义例，纬以梁氏之条目，粗加诠次，以为诵说之资；若夫正谬补遗，始终条理，政有待于异日，更所望于方闻。编纂义旨，櫽括如下：

　　史字之义，本为记事，初以名掌书之职，继以被载笔之编，于是史官史籍生焉。吾国史官，古为专职，且世守其业，故国史悉由官修，而编年一体创立最早。后世私史如林，衍为多体，于是卓然名家之彦，遂代史官以兴。本编所述，首以史官，继以史家、史籍，并于官修、私修之史，分章阐述，以明私家成就殊胜于史官。其义旨一。

回溯清代以往，史学成就，综以两端：一曰撰史，始以编年，继以纪传，号称"二体"。编年体如《春秋》，记载犹疏，纪传体如《史》、《汉》，组织渐密。《隋志》以下，以纪传体为正史，而编年体降居次位，即为史学进步之征。二曰论史，刘氏《史通》创作于前，章氏《通义》嗣响于后，良以时届唐宋以降，史籍纷陈，不有辨章体例商榷利病之书，何以明征实去伪剔粗存精之旨，是则于史学向前发展之中，更获新绩。本篇榷论史学，止取马、班、刘、章四氏，以树二者典型，余则散见所述史官史籍之中，不复别白。其义旨二。

先哲撰史途径，于魏晋南北朝启其机械，于唐宋以后拓其境界，何以明之？姑无论纪传编年之外别有纪事本末一体，称为创作，如衍《左传》、《汉纪》之绪而有司马光之《资治通鉴》，衍《周礼》、《唐六典》之绪而有杜佑之《通典》、马端临之《文献通考》，衍《禹贡》、《山海经》之绪而有郦道元之《水经注》、顾祖禹之《读史方舆纪要》，衍《汉书·儒林传》之绪而有黄宗羲、全祖望二氏之《学案》，衍《别录》、《七略》之绪而有清代之目录校雠学，悉为分门别类由简趋繁之明证。兹编所述纪传、编年、纪事以外，典礼、方志、学案、校雠诸体并包，并举一二范作，略致商榷。其义旨三。

史学寄于史籍，史籍撰自史官、史家，四者息息相关，不待论

　　矣。然尚有一端宜述，史料是也。史官记注、官署档案、州郡计
书、文士别录、金石之志、地下之藏，无一不为史料。如何葺录、
保存、考订、编次，以至传世行远，吾国先哲，实优为之。又如撰
史之初，广搜史料，辑成长编，长编即为葺录之后，再加以考订编
次之功，例如唐宋以来官修之实录、会要，悉属此类。近人于此一
端，用力颇勤。本编虽未立专章论述，但亦于各章中附为叙及，以
明整比史料，亦属史学之科。其义旨四。

　　右举义旨四端，略示编纂梗概，全书结构，括以九章，并为便
于叙述，略分古代、汉魏南北朝迄唐初及唐宋迄清为三期，权作商
榷之资，藉为就正之地，大雅君子，幸督教焉。

第一章　古代史官概述

　　史学寓乎史籍，史籍撰自史家。语其发生之序，则史家最先，史籍次之，史学居末。而吾国最古之史家，即为史官。盖史籍掌于史官，亦惟史官乃能通乎史学，故考古代之史学，应自史官始。

　　昔者孔子删《书》，断自唐虞，子长撰《史》，始于黄帝，虽云时涉传疑，未可置之弗论。《说文·叙》云："黄帝之史仓颉，见鸟兽蹄远之迹，初造书契。"此则古代史官之先见者也。荀卿有言："好书者众矣，然而仓颉独传者，壹也。"（《解蔽篇》）考《风俗通》及卫恒《四体书势》皆谓黄帝之世，与仓颉同制字者，尚有沮诵，亦史官也；《世本·作篇》谓大挠作甲子，隶首作算数，容成造历，宋衷注云："皆黄帝史官。"何是时史官之多也。愚考古代史官，职司记事，位非甚崇，试以周制征之。《周礼》春官之属有大史掌建邦之六典；小史掌邦国之志；内史掌王之八枋之法，掌书王命；外史掌书外令，掌四方之志，若以书使于四方，则书其令；御史掌邦国都鄙及万民之治令，掌赞书；而六官所属诸职司，莫不有史。史与胥徒并列，故又释之曰："史掌官书以赞治。"郑注云："赞治若今起文书草也。"征之汉制亦然。《汉书·艺文志》云："大史试学童，能讽书九千字以上乃得为史。"
又以六体试之，课最者以为尚书、御史、史书、令史。是则史之初
职，专掌官文书及起文书草，略如后世官署之掾吏。如谓仓颉、沮
诵为黄帝之史，则其所掌当不外是。凡掌官文书者及起文书草者，
日与文字为缘，整齐其现行之字，以供起草之用，亦史官之所有
事。周之内史掌书王命，外史掌书外命，御史掌赞书，是史职起文
书草之证也。太史掌邦之六典，内史掌八枋之法，外史掌四方之
志，御史掌邦国都鄙及万民之治令，是史掌官文书之证也。凡周之
六典、八枋之法、四方之志、邦国都鄙及万民之治令，或为当代之
法典，或为治事之案据，今日称为寻常之官文书，异日则视为极可
贵重之史料，古今一揆，理无二致。周代有然，黄帝以来迄于夏商
应莫不如是。是则史之初职，本以记事为务，史官之多，亦以此
也。夏之将亡，太史令终古出其图法，执而泣之以谏桀；殷之将
亡，内史向挚载其图法，出亡之周。所谓图法，即邦国之典志也。
周衰，老聃为周室守藏史，其所谓藏，即文书典籍之藏，略如清代
之内阁大库，而典守之官曰史，即为掌官文书者之分职。盖古人于
官文书外，别无所谓典籍，凡古代文书典籍之藏，亦略如唐宋以来
之四库、现代之图书馆，老聃以典守之官称史，亦与仓颉以治书之
官称史同义。居是官者，以其见闻载之简册，名为史记，即谓史官
所记。后世径名记事之书为史，此又书以官名者也。秦赵二王会于
渑池，各命其御史书某年月日鼓瑟击缶，是时御史虽掌赞书之任，
而其职渐尊，比于内史。及其末世，置御史大夫及丞，又遣御史监
郡，始当纠察之任。汉以后乃建署设台，比于三公，非复记事掌书
之旧职矣。汉丞相、太尉府，皆置长史，以为诸令史之长，亦以主
治文书为职。其后以丞相史出刺诸州，乃有刺史，亦犹秦代以掌赞

书之御史出当纠察之任耳。秦有内史掌治京师，汉初因之，其名原于《周礼》，而其所司则异，然皆由职司记事之史引申得之。愚谓史官之始，不过掌书起草，品秩最微，同于胥吏，只称为史，如汉人所称令史是也。其为诸史之长者，亦不过如汉代之长史、魏晋之掌书记。其以记事为职，古今亦无二致。继则品秩渐崇，入居宫省，出纳王言，乃有大史、小史、内史、外史、御史诸称，以别于掌书起草之史。然亦不过因诸史之长，而稍崇其体制，如汉晋之有中书监、令，唐宋之有翰林学士、知制诰，明清之有大学士是也。凡官之以史名者，既掌文书，复典秘籍，渐以闻见笔之于书，遂以掌书起草之史，而当载笔修史之任。初本以史名官，继则以史名书，而史官之名，乃为载笔修史者所独擅，而向之掌书起草以史名官之辈，转逊谢以为无与，不得不以吏自号矣。史官至此，盖经三变，发展之序，不外是矣。

　　寻史字之义，本为记事。《说文》："史，记事者也，从又持中。中，正也。"江永为之说云："凡官署簿书谓之中，故诸官言治中受中，小司寇断庶民讼狱之中，皆谓簿书，犹今之案卷也。此中字之本义，故掌文书者谓之史。其字从又，从中，又者右手，以手持簿书也。"吴大澂则曰："史，记事者也，象执简形，古文中作𢎥，无作中者。推其意，盖以中当作𢆶，即𠕋之省形，册为简策本字，持中，即持册之象也。"章太炎先生亦云："用从卜中，字形作𢆶，乃纯象𠕋形，古文用作𢆶，则中可作𠕋，𠕋二编，此三编也。"章氏即引《周礼》"治中受中"为证，又谓《礼记·礼器》之"因名山升中于天"，《论语》之"允执其中"，《国语》之"右执鬼中"，以及《汉官》之"治中"，皆当以此为义，此又视江、吴二氏加详者也。王氏国维又有《释史》一文。其略云：

案《周礼·大史职》，凡射事，饰中舍算。大射仪，司射，命释获者，设中，大史释获，小臣师执中，先首坐设之，东面退，大史实八算于中，横委其余于中西。又释获者坐取中之八算，改实八算，兴执而俟，乃射，若中，则释获者，每一个释一算，上射于右，下射于左，若有余算，则反委之。又取中之八算，改实八算于中，兴执而俟云云。此即大史职所云，饰中舍算之事，是"中"者，盛算之器也。中之制度，《乡射礼》云，鹿中髤前足跪凿背，容八算，释获者奉之先首。又云，君国中射，则皮树中，于郊则闾中，于竟则虎中，大夫兕中，士鹿中。是周时中制，皆作兽形，有首，有足，凿背容八算，亦与中字形不类。余疑中作兽形者，乃周末弥文之制，其初当如中形，而于中之上横，凿空以立算，达于下横，其中央一直，乃所以持之，且可建之于他器者也。考古者简与算为一物，古之简策，最长者二尺四寸，其次二分取一，为一尺二寸，其次三分取一，为八寸，其次四分取一，为六寸，算之制，亦有一尺二寸与六寸二种，射时所释之算，长尺二寸，投壶，算长尺有二寸，计历数之算，则长六寸。《汉书·律历志》，算法用竹，径一分，长六寸。《说文解字》，算长六寸，计历数者，尺二寸与六寸，皆与简策同制。故古算筭二字，往往互用。《既夕礼》，主人之史，请读赗执算，从柩东。注：古文算皆作筭。《老子》，善计者不用筹策，意谓不用筹算也。《史记·五帝本纪》，迎日推筴。《集解》引晋灼曰：筴，数也，迎数之也。案筴无数义，惟《说文解字》云：算，数也。则晋灼时本，当作迎日推算，又假算为算也。汉荡阴令张迁碑：八月筭民。案《后汉书·皇后纪》：汉法尝以八月算人，是八月筭民，即八月算民，亦以筭为算，是古算筭同物之证也。射时舍筭，既为史事，而他事用筭者，亦史之所掌，筭与简策，本是一物，又皆为史之所执，则盛筭之中，盖亦用以盛简。简之多者，自当编之为篇。若数在十简左右者，盛之于中，其用较便。《逸周书·尝麦解》：宰乃承王中，升自客阶，作筴执筴从中，宰坐尊中于大正之前。是中筴二物相将，其为盛筴之器无疑。故当时簿书亦谓之中。《周礼·天府》：凡官府乡州及都鄙之治中，受而藏之；小司寇以三刺断庶民讼狱之中，又登中于天府；乡士、遂士、方士狱讼成，士师受中。《楚语》：左执鬼中，盖均谓此物也。然则史字从又持中，义为持书之人，与尹之从又持丨者同意矣。（《观堂集林》卷六）

此其所释之大略也。考《说文》所释，以良史不隐为持中之道，而中正为无形之物德，非可手持，引起后贤之不满，故不从许氏，而别求解释之方。江氏据"治中受中"诸文，以"中"为簿书，手持簿书为史，正与掌文书之义合，然簿书何以谓"中"？江氏亦未有解释也。吴氏意谓簿书亦为简册之一，故以中从册省为说，章氏更从而引申之，诚足以补江说之未备矣。王氏取《周礼》郑注，以"中"为盛算之器，谓其初制当如中形，是则中字象形，而无正字之义，又以盛算之中，亦用以承简册，簿书为简册之一，故簿书亦谓之中，此又自吴氏所说引申得之。夫盛算之器称中，诚与"治中受中"之中，同为物名，而非无形之物德，故以中正之说为不雠。惟王氏谓中作兽形，为周末弥文之制，必以凿空立算其形如中为释，是否合于古义，尚待商榷；且盛算之中，本为周制，制字之初，有无此器亦有疑问（朱希祖先生《史学概论》）。终以吴、章二氏，较为明白可据，准此以谈，史之本义，无论为手持簿书，或简册，胥与掌书起草之义相符。且史之一辞，本指人而言，非以指记事之书，故《说文》以记事者释之也。

愚考中字之释义，尚有不止如上文所说者，《周礼·春官》之属有"天府"，"掌祖庙之守藏与其禁令，凡官府乡州及都鄙之治中，受而藏之以诏王，察群吏之治"。又《地官》"乡老"及"乡大夫""群吏献贤能之书于王，王再拜受之，登于天府，内史贰之"。又《秋官》"大司寇"："凡邦之大盟约，涖其盟者而登之天府，大史、内史、司会及六官皆受其贰而藏之。""小司寇"："以三刺断庶民讼狱之中，岁终则群士计狱弊讼，登中于天府，及大比民数，自生齿以上登于天府，内史、司会、冢宰贰之，以制国用。"按郑注云"治中谓职簿书之要"，此即江、吴诸氏以簿书释中之所本也。至其所谓贰，即簿书之副本，亦犹今世称分类存贮之簿书为档案；所谓天府，即储藏档案之库，略如清代之内阁大库。周制以档案正本之中，藏之天府，而大史、内史、司会及六官诸司受其贰而分藏之，此即保存档案之法也。愚谓中之得名，盖对贰而言也。登于天府，等于中秘，外人无故不得而窥，故以中名之，此档案之正本也。副本对中而言，故曰贰。凡中与贰，皆为档案之专名，或以册释中，或以盛算之器释中，固各有其胜义。然《说文》何以释中为内，以别于外，置此而不数，未善解。窃谓中有内义，或由秘藏簿书引申得之，如此则两义为一贯矣。老子为周室守藏史，所守之藏，必为天府，天府掌祖庙之守藏，是其证也。现代档案，即为他日之史料，古人于档案外无史，古史即天府所藏之中也。保藏之档案谓之中，持中之人谓之史，一指书言，一指人言，分际至明，后世乃以史为书，而别以吏名史，遂不知中字含有簿书档案之义，此可于诸氏所说之外，又进一解者也（文始所释中字可供参考）。

周代之五史：一曰大史、二曰小史、三曰内史、四曰外史、五曰御史，前已略论之矣。五史之秩以内史为尊（中大夫），大史次之（下大夫），外史又次之（上士），小史、御史为下（中士），此皆诸史之长属于春官者也。《礼记·玉藻》《汉书·艺文志》皆谓古有左史、右史之官：一则曰，动则左史书之，言则右史书之；一则曰，左史记言，右史记事，事为《春秋》，言为《尚书》。两书所记，既有歧异，而左史、右史之名，何以不见于《周礼》？宜一为考释之。按《大戴礼·盛德篇》云："内史大史，左右手也。"卢辨注云："大史为左史，内史为右史。"熊安生申之云："《周礼》大史之职云，大师抱天时与大师同车。左氏襄二十五年传曰：大史书曰，崔杼弑其君，是大史记动作之事，在君左厢记事，则大史为左史也。《周礼》内史掌王之八柄，其职云，凡命诸侯及孤卿大夫则策命之；僖二十八年传曰：王命内史叔兴父策命晋侯为侯伯；是皆言诰之事。是内史在君之右，故为右史。《酒诰》郑注亦云：大史内史，掌记言记动，是内史记言，大史记行也。"（熊说见《周礼》孔疏）。清贤黄以周本其说论之云：

《盛德篇》：内史大史，左右手也。谓内史居左，大史居右。《觐礼》曰：大史是右，是其证也。古官尊左，内史中大夫，尊，故内史左，大史右。《玉藻》：动则左史书之，言则右史书之，左右字今互讹。《汉·艺文志》、郑《六艺论》并云，左史记言，右史记事，可证。熊氏谓大史左史，内史右史，非也。其申《酒诰》大史内史掌记言记行，谓大史记行，内史记言，是已。郑注《玉藻》云：其书《春秋》《尚书》具在，谓右史书动为《春秋》，左史书言为《尚书》也。荀悦《申鉴》云：古者天子诸侯有事，必告于庙，朝有二史，左史记言，右史书事，事为《春秋》，言为《尚书》。与郑注合。（《礼书通故》三十四）

依此所论，则古之左史即《周礼》之内史，右史即《周礼》之大史。《玉藻》之左右字，以互讹而异，宜从《汉志》作左史记言，或言则左史书之；右史记事，或动则右史书之，其论辨至为明晰矣。熊氏所说，虽于大史何以为左史，内史何以为右史之故，未能质言。而内史记言、大史记事之旨，则由其说而证明，盖其所释，亦仅一间之未达耳。

至章学诚则不信记言、记事由史官分任之说。其论有云：

记曰，左史记言，右史记动，其职不见于《周官》，其书不传于后世，殆礼家之惩文欤。后儒不察，而以《尚书》分属记言，《春秋》分属记动，则失之甚也。夫《春秋》不能舍传而空存其目，则《左氏》所记之言，不啻千万矣。《尚书》典、谟之篇，记事而言亦具焉。训、诰之篇，记言而事亦见焉。古人事见于言，言以为事，未尝分事与言为二也（《文史通义·书教上》）。

章氏所论，诚当于理，然考之《周礼》，内史掌书王命，同于唐宋之知制诰，即左史记言之谓也。大史掌建邦之六典，同于魏晋六朝之著作郎，即右史记事之谓也。《尚书》之《酒诰》《顾命》，即内史所撰之王命，《春秋》为事典，《周礼》为政典，《仪礼》为礼典，即大史所掌之六典，所记之言，不必限于《尚书》，而其体必近于《尚书》，所记之事，不必限于《春秋》，而其体必近于《春秋》。如黄氏所释左史即内史、右史即大史之说为不误，则左史记言、右史记事之说，亦渊源甚古之记载也。章氏虽未释左右二史当于《周礼》之何史，而于《周礼》之书则深信不疑，则左史记言、右史记事之说，亦不得谓为无据矣。然记言者未尝不载事，如内史所撰之王命，必以事为依据是也。记事者未尝不载言，如大史所掌之六典，其中亦言事兼载是也。不过一重在言，一重在事，非谓言中无事，事中无言，《汉志》举《尚书》《春秋》为喻，亦举其大者言之耳。

古代史官表

氏名	时代	职名	出处	附考
仓颉	黄帝	史	《说文叙》、卫恒《四体书势》	
沮诵	黄帝	史	《风俗通》、卫恒《四体书势》	
大挠	同上	史	《世本》宋衷注	
隶首容成史皇	同上	史	同上	
孔甲	黄帝或夏初	史	《史通·史官篇》又注引《归云集》	

氏名	时代	职名	出处	附考
伯夷	虞舜	史	《大戴礼》	又尧舜时之历官有重、黎、羲、和四氏，且世其职，亦史官也
终古	夏桀	大史令	《吕览·先识》	
迟任	商盘庚	大史	《书·盘庚》郑注	
向挚	商纣	内史	《吕览·先识》。《通典》《通考》俱作高势	
尹逸	商末	史	《周书·克殷》《史通·史官》	
辛甲	商末周初	大史	《左》襄四、《晋语》《韩非·说林》	《汉书·艺文志》谓：辛甲，纣臣，七十五谏而去，周封之
史佚	周武王	内史	《史记·晋世家》	疑与尹逸为一人，《晋语》作大史
史㐵	周	史	《文选》注引《六韬》	
周任	周	大史	《左》隐六、《论语·季氏》	
鱼	周	大史	《周书·王会解》	
戎夫	周	左史	《周书·史记解》，汲冢古文亦然	《汉书·人表》作右史，疑误
武	周	右史	宋衷《世本注》	
史豹	周穆王	左史	《文选·思玄赋》注引	原文称曰左史氏
史良	同上	左史	古文《周书》	
史籀	周宣王	大史	《汉·艺文志》《说文叙》	

氏名	时代	职名	出处	附考
史角	周	史	《吕览·当染》	
史伯	周	史	《郑语》韦注	《史记·郑世家》称大史伯
过	周	内史	《左》庄三十二、《周语上》	
叔兴	周	内史	《左》僖十六、二十八，《周语上》《说苑》	
叔服	周	内史	《左》文元	
大玻	周	史	《庄子·则阳》	《人表》有周史大弢，当是一人
柏常骞	周	史	《晏子春秋·内篇·问下》	
友	周	大史	《酒诰》	
友	周	内史	同上	
伯阳父	周	大史	《周语》《史记·周本纪》	或谓即老聃
辛有	周	大史	《左》僖二十二、昭十五、《晋语四》	
聚子	周	内史	《汉书·人表》	一作掫之
州黎	周	大史	《左》襄七、《说苑·君道》	
苌弘	周	史	《左》昭十一、《国语》《淮南子》	《汉志》称为周史
蔡公	周	大史	《晋语》	原作咨于蔡原、访于辛尹。蔡蔡公、原原公、辛辛甲、尹尹佚。注：皆周大史
原公	周	大史	同上	
阙名	周	大史	《左》哀六	时居楚

氏名	时代	职名	出处	附考
阙名	周	内史	《左》桓二、襄十	
老聃	周	守藏史	《史记·老子传》	
儋	周	大史	同上	
克	鲁	大史	《左》文十八	《鲁语》作里克
固	鲁	大史	《左》哀十一	
阙名	鲁	大史	左昭二	韩宣子观《书》于大史氏
左丘明	鲁	大史	《汉书·艺文志》	
掌恶臣	鲁	外史	《左》襄二十三	
阙名	郑	大史	《左》襄三十、昭元	《说苑》有史叟，亦郑人
阙名	齐	大史	《左》襄二十五	兄弟三人，其中二人为崔杼所杀
南史	齐	史	同上	《左传序正义》谓南史为大史之副，应是小史之官
柳庄	卫	大史	《檀弓》《韩诗外传》	
华龙滑	卫	大史	《左》闵二	又有史朝、史鱼、史狗，皆卫人
礼孔	卫	大史	同上	
伯黡	晋	史	《左》昭十五	司典籍之史
辛有二子	晋	董史 大史	同上	董史即董典籍之史。董狐，其后也
史赵	晋	史	《左》襄三十、昭八、哀九	
史龟	晋	史	《左》哀九	
董狐	晋	大史	《左》五十二	

氏名	时代	职名	出处	附考
屠黍	晋	大史	《吕览·先识》《史通·史官》	《说苑·权谋篇》作屠馀
史苏	晋	史	《左》僖十五《晋语》	
阙名	晋	左史	襄十四	左史谓魏庄子云云
史墨	晋	史	《左》昭二十九、哀九、襄二十作史黯	赵简子之史时,三家尚未分晋
倚相	楚	左史	《左》昭十二、《楚语》	
史皇	楚	史	《左》定四	楚又有史疾,战国时人
史嚚	虢	史	《晋语二》	
阙名	邾	史	《说苑·君道》	
阙	宋	史	《国策》	宋康王使占雀生鵗
廖	秦	内史	《史记·秦本纪》	缪公时
阙名	秦	御史	《史记·廉蔺列传》	
阙名	赵	御史	同上	
周含	赵	史	《说苑》	
阙名	韩	御史	《韩策》	
史起	魏	史	《吕览·乐成》	魏襄王时人,有民歌为邺圣令史公之语
敫	田齐	大史	《国策》	
阙名	田齐	侍史	《史记·孟尝君传》	
胡母敬	秦始皇	太史令	《汉·艺文志》《说文叙》	
司马谈	汉	太史令	《史记·自序》	
司马迁	汉武帝	太史令	同上	

甲骨文、金文中时见古史官之名，兹不具引。

按此即黄帝以迄汉武之史官，所可考见之大略也。兹更取表列周代史官，分为王室史官、列国史官二类，将其官名人数，综计如下。

王室史官	人数	列国史官	人数
内史	六人	大史	十四人
大史	十二人	左史	二人
左史	三人	内史	一人
右史	一人或二人	外史	一人
史	六人	御史	三人
守藏史	一人	史	十一人
		董史	一人
		侍史	一人

《周礼》所载五史，即所谓王室史官也。兹则有内史而无外史，有大史而无小史，何也？据黄以周所考，内史为左史，而大史即为右史，是则戎夫、史豹、史良三人之称左史者，即为内史之异称，而右史仅见名武者一人，即为大史之异称，此可推而知之也。外史小史秩卑，故无可称之人，或只称为史，所见史六人，其中或为外史小史之官。孔颖达《左传序正义》云："齐大史书崔杼弑其君，南史闻大史尽死，执简而往。明南史是佐大史者，当为小史。"此其所说，虽为列国史官，正可借喻王室之有小史。五史中有御史，而王室史官中则不之见，亦以秩卑故耳。列国史官是否备有五史，颇有疑问。内史秩尊于大史，为王室所专有，孔颖达谓诸侯无内史，其说颇谛，于是有大史兼掌内史之说。然内史一称

左史，而列国又有左史，何也？考春秋时，左史凡二见，一为晋左史，失其名，一为楚左史倚相。左氏哀公六年传，谓有周大史之在楚者。以此例之，安知非周内史之在晋楚者乎？藉令列国备五史之官，而改称内史为左史，亦以明其不敢同于王室之义，虽有左史无碍也。或谓鲁为周公之后，故得备立其官，韩宣子观书于大史氏，谓周礼尽在鲁，是也。惟鲁有无内史，则不可考，而有外史之官。左襄二十三年传，季孙召外史掌恶臣而问盟首焉，孔氏释以史官之居外者。盖诸侯有外史，自必有内史与之对立，孔谓诸侯无内史，则无外史可知也。然《史记》谓秦有内史廖，而晋楚二国皆有左史，左史即内史也。内史或为秦左史之别称，否则为秦之僭制。夫列国既有左史，则有外史，亦无碍也。至其所见之史十一人，疑为外史、小史、御史之简称，以其秩卑，不为分别，亦与王室之史同。或疑晚周之御史之见于秦、赵、韩三国者，在君左右，职司记事，高于《周礼》掌赞书之御史，因而疑其不根于周制。然秦汉以后，御史之官，且副丞相而为三公矣。其职司因时而变，又何足异。至其官名，必原于《周礼》之御史，不待问而知也。大抵列国之制，大史之官，在所必设，故见于记载者有十一人之多。至于左史、外史，则或有或无，小史则虽有而只称为史，如南史之为小史是也。若夫守藏史、董史，皆由董守典籍而名。而侍史则下比于周官之诸史，更不得与外史、小史、御史比伦矣。《汉书·张苍传》云，秦时为御史，主柱下方书。师古注云，居殿柱之下，若今侍立之御史，故《十三州志》谓侍御史周官，即柱下史（《后汉纪》注引）。是则周之御史，又一名柱下史。《史记·老子传注》引《张苍传》，因谓老子为柱下史，柱下者即藏书之柱下也。然御史所主之方书，方谓版也，记事于版，本为官府之档案，亦犹《周礼》掌赞书之谓，非老聃所守典籍之藏也。取以比附，恐未得实，应如《史记》称为守藏史，斯已可矣。此吾所释周代史官之大略也。

周代以前之史官，其可考者，已具列于表。昔者班彪谓唐虞三代，世有史官，以司典籍，即指记事之史而言。宋衷《世本》云，沮诵、仓颉为黄帝左右史，其语盖不足据。谓其时有记事之史则可，谓有左右史之名，则尚失之过早也。终古为夏之大史令，向挚为殷之内史，似夏殷之世已有大史、内史之称，而周因之。然大史称令，为秦汉以后之官，周有大史而无令，由是推之，夏或有大史，而未必有大史令之称。近年在殷墟发见之甲骨文字，上刻贞人之名甚夥，凡甲骨上所刻之文字，悉为殷代之卜辞。其文中贞字之上一字，皆为人名，称之为贞人，贞人即为某事而贞卜之人，亦即当代之史官也。殷墟发见之卜辞，武丁之世最多，有所谓由贞宾贞者，由宾二字为贞人之名，亦即武丁时代之史官。依近年发见之甲骨，分为三期：一为武丁时代之贞人，二为祖庚祖甲时代之贞人，三为廪辛康丁时代之贞人。依其贞人之名，即可断言甲骨属于某一时代，贞人记其所贞之事于甲骨之版，正为记事者之所司，故称贞人为当代之史官，其说甚确，此近人董作宾之所考定者也。由此可知，周代以前凡职司记事之人，皆谓之史；其为帝王记事者，其位稍尊，故亦谓之内史大史；究之其职司记事则一也。

晚周以前，有大史而无令，大读如泰，而义同大小之大，如《周礼》之大卜、大祝皆是。汉以后始改大为太，称为太史。《说文·叙》云："秦始皇帝初兼天下，太史令胡母敬作《博学篇》。"而《汉书·艺文志》亦有是语。是则改大为太，称太史令，盖自秦时始矣。《汉书·百官公卿表》，奉常之属官有太史令。《续汉书·百官志》云："太史令一人，六百石，掌天时星历，凡岁将终，奏新年历，凡国祭祀丧娶之事，掌奏良日，及时节禁忌，国有瑞应，掌记之。"按汉之大中大夫二千石，谏大夫千石，而太史令为六百石，仅当于下大夫。故司马迁自云，常厕下大夫之列，亦周代大史之品秩也。《史记·太史公自序》谓司马氏世典周史，而谈为太史公，大史公学天官于唐都。此所谓天官者，即自序所谓，颛顼命南正重以司天，北正黎以司地，若在《周礼》，则属于春官，以当大史、大卜、大祝诸职，而无与于冢宰之天官者也。司马迁又述其父谈之言曰："余先世周室之太史也，自上世常显功名于虞夏，典天官事，后世中衰，绝于予乎，汝复为太史，则续吾祖矣。"（《史记·自序》）又自言："仆之先人，非有剖符丹书之功，文史星历，近乎卜祝之间，固主上之所戏弄，倡优畜之，流俗之所轻也。"此皆可与《汉志》相印证。故汉制以太史令掌天时星历之任，亦犹尧时有治历明时之羲、和也。古之史官，有司天事者，有司人事者，星历属于天事，文史属于人事，皆由记事之史司之（本刘氏师培说）。故司马氏以掌天官之太史，而自当载笔修史之任，此亦古代史官与历官合而不分之证也。第《汉仪注》谓："武帝置太史公，位丞相上，天下计书先上太史公，副上丞相，如古春秋，迁死后，宣帝以其官为令，行太史公文书而已。"而刘知幾、钱大昕皆信之，吾谓此说非也。按《汉书·百官公卿表》，太史有令而无公，且秩仅六百石，去食禄万石之丞相远甚；即如《汉旧仪》所说，实有太史公秩二千石之官，亦不得位丞相上。司马贞《索隐》谓，迁尊其父故称公，而斥位丞相上之语为谬，允矣。吾考《汉书·律历志》及《兒宽传》，皆称司马迁为太史令，而不称公，即为汉无太史公一官之反证。且天下计书，先上太史公副上丞相之语，亦失之夸。《索隐》谓："修史之官，别有著撰，则令州县所上图书，皆先上之，后人不晓，以在丞相上耳。"此解得之。汉世史有专官，职司记载，故命天下计书，于上丞相之外，分上太史，以为记撰之依据。计书即当日之政务报告，以有数字者为主，易言之，即史料之一种也。再证以迁所自言，文史星历，近乎卜祝之间，固主上之所戏弄，流俗之所轻，益知位丞相上，绝无其事，而其职实合古大史、大卜、大祝三职而一之，亦不待烦言而解矣。且考《周礼》以大史介乎大祝、大卜之间，而同属于春官大祝之属；又有司巫；而大史所职，如正岁告朔卜日读谍，亦与卜祝为近；周尝以祝宗卜史赐鲁（见《左》定三年）；故古人尝以巫史祝史并言，巫祝之事，尝以瞽者为之，又称瞽史。盖古人所重为鬼神灾祥之事，考记其事者，亦名为史。缘是可知汉世史官之置，实缘古制，亦如周代之有大史，位非甚尊，此盖应诠之义也。

《汉书·艺文志》，原于刘歆之《七略》，其叙诸子十家，谓皆出于某官；又谓道家者流，盖出于史官。所谓某官，即周代王官之所掌也。章学诚尝于所著《校雠通义·原道篇》，畅发此义云：

> 刘歆盖深明乎古人官师合一之道，而有以知私门无著述之故也。何则？其叙六艺而后，次及诸子百家，必云某家者流，盖出于古者某官之掌，其流而为某氏之学，失而为某氏之弊。其云某官之掌，即法具于官，官守其书之义也；其云流而为某家之学，即官司失职而师弟传业之义也；其云失而为某氏之弊，即孟子所谓生心发政作政害事；辨而别之，盖欲庶几于知言之学者也。

又云:

六艺乃周官之旧典也。《易》掌太卜、《书》掌外史、《礼》在宗伯、《乐》隶司乐、《诗》领于太师,《春秋》存于国史。夫子自谓述而不作,明乎官司失守,而师弟子之传业,于是判焉。秦人禁偶语《诗》《书》,而云欲学法令者,以吏为师。其弃《诗》《书》,非也,其曰以吏为师,则犹官守学业合一之谓也。由秦人以吏为师之言,想见三代盛时,《礼》以宗伯为师,《乐》以司乐为师,《诗》以太师为师,《书》以外史为师,《三易》《春秋》,亦若是而已矣。

此所谓官师合一,即古人学在王官之证。古人之要典,皆由百司之史掌之,故百家之学,悉在王官,而治学之士,多为公卿之子弟,就百官之史而学之,故其学不能下逮于庶民。迨周之衰,王官失守,散而为诸子百家,民间亦得以其业私相传授。而刘、班二氏溯其源,曰某家者流,出于古者某官,虽其所说,未必尽雠,而古人官师合一之旨,藉是以明,章氏所说,最为得古人之意者也。秦人以吏为师,吏即史也,惟古今有不同者,一则学下逮于庶民,而百家之学以兴;一则所学以法令为限,而百家之学以绝耳。《汉志》谓道家出于史官,其为说之当否,姑不具论,惟章学诚谓六经皆史,近人多宗其说。至谓六经百家之学,悉出于史官,究有断限不明之嫌,若谓其书悉掌于百司之史,则无可疑者也。《庄子·天道篇》谓:"孔子西藏书于周室,见老聃,翻十二经以说。"《史记·十二诸侯年表·序》又谓:"孔子西观周室,论史记旧闻。"而同书《孔子世家》及《老子列传》,皆谓孔子适周,问礼于老子，而老子固周之守藏史也。或谓老子世为史官，掌周室之典籍，故孔子从而问礼焉，此亦古人官师合一之证。孔子身非史官，而修《春秋》，诚由王官失守，学下逮于庶民之故。然非西适周室，以观藏书，问礼于守藏之史，亦无以考文献而证旧闻。司马迁以身为史官，而修《史记》，正为合于古法，此亦应诠之义也。

最后更有一义，应为之阐明者，则汉以前未有以史名书是也。古人以乙部之书，原出于《尚书》《春秋》，而汉以后诸史多称书，吕不韦、孔衍、司马彪之作，亦称春秋、尚书。《管子·法法篇》，言春秋之记；《墨子·明鬼篇》，谓周、齐、宋、燕皆有春秋，又言吾见百国春秋；《楚语》申叔时言，教太子箴以春秋；《晋语》，司马侯言叔向习于春秋；此又孔子修《春秋》之同时，各国之史多名春秋之证也。或又称志：《周礼》"小史掌邦国之志，外史掌四方之志"。《左传》尝称"周志"，又曰"前志有之"，"史佚之志有之"，又称"仲虺之志"，《孟子》亦称"志曰"，是也。或又称书：子产、叔游皆称"晋书有之"是也。《论语》记孔子两言史，一曰"吾犹及史之阙文也"，一曰"文胜质则史"，并指史官而言。《孟子》之论《春秋》则曰，"其事则齐桓、晋文，其文则史"，以史与齐桓、晋文对言，亦言人而非书。司马迁因《春秋》而撰《太史公书》百三十卷，其文中尝称秦记、牒记、史记，后人摭其语，称为《史记》，亦以其书为史官所记，犹邦国之志、四方之志云耳。汉人曾直称《春秋》为史，如《公羊》齐高偃纳北燕伯于阳，传云，《春秋》之信史也，然亦未为通名。汉末刘芳作《小史》，三国张温作《三史略》，谯周撰《古史考》，始以史名书，然谯周之作，亦可曰考古史官之所记。至萧子显作《晋史草》，吴均作《通史》，许亨作《梁史》，李延寿更作

《南史》《北史》，《隋志》亦改题《太史公书》为《史记》，至《宋史》之不称"宋书"，又以与南北朝之《宋书》同名之故，以下诸史皆因之，而史之一词，遂由官名，迻而为书名矣。是故研秦汉以前之史，应知设置史官之初，职司记事，品秩甚卑，其后乃有内史、大史诸号，侪于大夫之列。至于以史名书，则非古义，此不可不辨者也。

　　总上所说，可得数义：史为官名，其初如吏，后乃进当记言记事之任，一也。周代之左史、右史，即为《周礼》之内史、大史，而《周礼》五史，又为经制，不得轻疑，二也。汉世去古未远，史官之制未废，故司马迁以世为史官而修《史记》，三也。史为书名，起于汉后，古代无之，只以名官，四也。古代学在王官，典籍为史官所专掌，故私家无由修史，欲考古代之史学，舍史官外，别无可征，五也。兹叙吾国史学，上溯其源，必首史官，义不外此。至于司马迁以后，已无累世相守之史官，即偶有之，多以他职兼典，而不能举其职，故改于他章述之。

第二章　古代史家与史籍

　　吾国史籍之生，应在制字之后，故远古无史可言，近世考古学家，发掘地下之藏，就所得之骨骼器物，以推断有史以前人类之状况，是之谓史前史，然此为晚近产生之史学，而与古人无与者也。《左传》载楚灵王谓其左史倚相能读三坟、五典、八索、九丘；《周礼》外史掌三皇五帝之书，郑注即以灵王所谓三坟、五典释之；贾公彦疏引《孝经纬》，谓三皇无书，此云三皇之书者，以有文字之后，仰录三皇时事。按《尚书·伪孔传叙》云：伏羲、神农、黄帝之书，谓之三坟；少昊、颛顼、高辛、唐、虞之书，谓之五典；八卦之说，谓之八索；九州之志，谓之九丘；语或有据。章太炎先生云：所谓三坟、五典、八索、九丘者，坟丘十二，宜即夷吾所记泰山刻石十有二家也；五典者五帝之册；八索者以绳索为编，外史所谓三皇五帝之书。吾考三皇之书，既由后人仰录，且不传已久，可弗置论。今《尚书》有《尧典》，当为五典之一，或疑其文字不古，岂亦由后人仰录使然欤？要为古代之典籍，而具史之一体者。今所传之三坟，既属伪作，自《尧典》外，其他亦无考。故榷论吾国古代之史籍，应自《尚书》《春秋》二书始。

章学诚云："六经皆史也。古人未尝离事而言理，六经皆先王之政典也。"龚自珍亦云："六经者，周史之宗子也。易也者，卜筮之史也；书也者，记言之史也；春秋也者，记动之史也；风也者，史所采于民而编之竹帛付之司乐者也；雅颂也者，史所采于士大夫也；礼也者，一代之律令，史职藏之故府，而时以诏王者也。故曰五经者周史之大宗也。"（《古史钩沉论》）夫古人之典籍，掌于百司之史，前已言之。掌于史官之典籍，不得概名为史，左史记言，言为《尚书》，右史记事，事为《春秋》，《尚书》《春秋》之为史，不待言矣。古人之于礼，实兼法而言。《周礼》所记为典章制度，一称《经礼》；《仪礼》所记，为节文仪注，一称《曲礼》；《礼记》曰，经礼三百，曲礼三千，是其证也。《周礼》本名《周官》，一称《周官经》，所载成周之官制，实为一代之法典，可比于后代之《唐六典》，前汉之末，乃有《周礼》之名，自周以来，有吉、凶、军、嘉、宾之五礼，而唐有《开元礼》，宋有《政和五礼》，而溯其源多本于《仪礼》及大戴、小戴二记，合以《周礼》，可称"四礼"。研其因革损益，是为典礼之史，如《通典》《文献通考》《五礼通考》诸书是，而非谓《周礼》《仪礼》为史。此其一也。近人之言研古史者，谓《毛诗》所载玄鸟、长发、生民、公刘等篇，为殷周时代之史诗。所谓史诗者，即以史事寓于韵语之中也。以今语言之，可谓史诗为史料。然《诗》三百篇中，如此类者甚少，与其谓《诗》三百篇为史，无宁谓为古诗之总集。此其二也。（王通谓《诗》与《尚书》《春秋》同出于史，即诗为史官所采之意）若夫《易》为卜筮之书，尤远于史。古人以祝卜与史并言，故《周礼》以大史侪于大卜大祝之列，而《易》亦掌于大卜。韩宣子聘于鲁，观于大史氏，见《易

象》与《春秋》，曰《周礼》尽在鲁矣。此谓《易象》《春秋》俱
为古典，掌于大史氏，而未尝谓《易》为史。此其三也。龚氏之
论《诗》《礼》，不过谓为史官所掌，其谓《易》为卜筮之史，则
殊涉牵强，未为得实。故以严格论之，不惟《易》《诗》非史，
即《官礼》之属于政典者，亦不得与《尚书》《春秋》比。依章氏
所说，若谓《周礼》《仪礼》为先王之政典，则无可议，《易》与
《诗》无与于制度，谓之政典尚不可，况谓之为史哉。龚自珍又
云：诸子也者，周史之支孽小宗也（《古史钩沉论》）。张尔田本
之，以作《史微》，乃云，不惟六经皆史，诸子亦史之支与流裔
也。近人刘师培亦云九流学术皆源于史，江瑔本之，乃作《百家之
学俱源于史》一文。然考其所引之证，皆缘古代典籍概掌于史为
说。古人学不下于庶民，士夫必从史官而学，史官指人而言，尚非
谓记事记言之史。六经掌于百司之史，而谓之为史，诸子之学，由
从学史官而得畅其流，而于所撰之书，亦被以史称，则古史之范
围，何其漫无纪极耶？兹论古史，壹以《尚书》《春秋》为断，其
他诸经及诸子，皆不得谓之为史。

　　《史记·孔子世家》谓：周室微而礼乐废，诗书缺，追迹三代
之礼，序书传，上纪唐虞之际，下至秦缪。编次《尚书》，是即
《尚书》之所由作也。或谓孔子观书于周室，得虞、夏、商、周
四代之典，乃删去其重者，定为百篇。孔子删《书》之说，亦见
《书纬》，而今人多不之信。王充云："《尚书》者，上古帝王之
书，或以为上所为，下所书，故谓之《尚书》。"（《论衡·正
说》）王肃云："上所言，下为史所书，故曰《尚书》。"（《史
通·六家篇》引）此又《尚书》之所以名也。盖自司马迁、班彪之
伦，咸谓虞夏之世已有史官，故《书》有《尧典》《禹贡》诸篇，

皆当代史官之所记，而或以为悉由后人仰录，亦疑莫能明也。今本《尚书》凡五十六篇，其中真伪参半，据清代学者考定，只有伏生口授之二十八篇为真，谓之《今文尚书》；此外之二十余篇，则谓之《伪古文尚书》；而《今本尚书》之《孔传》亦为伪作，称为《伪孔传》。今考二十八篇中之《盘庚》，唐人称为诘曲聱牙者，实为殷代之古文。证以晚近所出之甲骨文，辞句相类，益为可信。而周代之诸诰亦不易读，盖古今语法文法不同之故。或以《尧典》《禹贡》《甘誓》《汤誓》四篇，皆在《盘庚》之前，而文辞易解，疑为伪作，此殊不然。试证以周秦古书，屡见称引，岂有古人未疑其伪，而今人能断其为伪者？与其直断为伪，以邻于妄，何若谓为后人追记之为得哉。章学诚之论《书教》则云："后来纪事本末一体，实出于《尚书》，《尚书》之中如《金縢》《顾命》，皆具一人一事之本末，实为古史之具体而微者。"其说是也。古人尝谓《尚书》为记言之史矣。今考《尚书》诸诰诸命，即同于秦汉以来帝王之诏谕，王莽曹丕之篡两汉，皆模拟《尚书》以自文饰，而苏绰亦为后周制大诰，藉令不考其事，但专读其文，鲜有不以为舜、禹、汤、武之再世者。是以誓、诰之文，亦不得径称为史。史以记事，其中亦非无言，《左传》为《春秋》而作，其中所记之言，与事相等，章学诚谓古人未尝分事与言为二，亦为至论。《尚书》诸篇，记言而兼记事者，如《金縢》《顾命》之类，则不多见。章氏谓纪事本末一体出于《尚书》，亦举其一端言之耳。孔子以前古史之可考者，不多见，故取典、谟、诰、誓之文而删存之，以当于古史。且司马迁之作《史记》，于《春秋》以往之事，多采《尚书》，故曰述陶唐以来至于麟止（《史记·自序》）。盖以研考古事舍《尚书》外，别无可据之故，故后人亦以古史视之。论古代之史籍，应有广狭二义：如章氏谓六经皆史，龚氏谓诸子为周史之支孽小宗，皆属广义；若就狭义言之，盖必有组织，有义例，始得为成文之史。亦惟《春秋》及《左氏传》，始足以当史称，而《尚书》亦非有组织有义例之史。此又二者之辨也。

《春秋》为鲁史之故名，其记事之法，以事系日，以日系月，以月系时，以时系年，所以记远近，别同异，史之所记，必表年以首事，年有四时，故错举以为所记之名，此杜预之所释也。盖《春秋》者编年之书，故举春以包夏，举秋以赅冬，总之，明其以年为纲而已。及孔子因而修之，亦名《春秋》。其修《春秋》之旨趣，《史记》言之最详。《史记·孔子世家》云：

> 乃因史记作《春秋》，上至隐公，下讫哀公十四年，十二公，据鲁，亲周，故殷，运之三代，约其文辞而指博。故吴楚之君自称王，而《春秋》贬之曰子；践土之会，实召周天子，而《春秋》讳之曰天王狩于河阳。推此类以绳当世，贬损之义，后有王者举而开之。《春秋》之义行，则天下乱臣贼子惧焉。孔子在位听讼，文辞有可与人共者，弗独有也。至于为《春秋》，笔则笔，削则削，子夏之徒，不能赞一辞。

又《十二诸侯年表》云：

> 故西观周室，论史记旧闻，兴于鲁而次《春秋》，上记隐，下至哀之获麟。约其辞文，去其烦重，以制义法。王道备，人事浃，七十子之徒口授其传指，为有所刺激褒讳挹损之文辞，不可以书见也。鲁君子左丘明惧弟子人人异端，各安其

意，失其真，故因孔子史记，具论其语，成《左氏春秋》。

《汉书·艺文志》亦于《春秋》后论之云：

周室既微，载籍残缺，仲尼思存前圣之业，乃称曰，夏礼吾能言之，杞不足征也；殷礼吾能言之，宋不足征也，文献不足故也，足则吾能征之矣（本《论语》）。以鲁周公之国，礼文备物，史官有法，故与左丘明观其史记，据行事，仍人道，因兴以立功，败以成罚，假日月以定历数，藉朝聘以正礼乐，有所褒讳贬损，不可书见，口授弟子，弟子退而异言，丘明恐弟子各安其意，以失其真，故论本事而作传，明天子不以空言说经也。

孔子亦自言："知我者其惟《春秋》乎，罪我者其惟《春秋》乎。"其以修史自任为何如，马、班所述，固不诬也。

孔子修《春秋》之旨，孟子亦屡发之，尝曰，春秋，天子之事也；又为之说曰，其事则齐桓、晋文，其文则史；复引孔子之言曰，其义则丘窃取之矣。盖《春秋》所记者事，而事必载之以文，而义则穿贯乎文与事之中，所谓义者，即《史记》所谓制义法，后人或谈史法，或明史义与史意，皆即今人所谓史学也。孔子之前，典籍守于史官，大事书之于策，小事记之于简牍，只可谓为记载之法，而不得谓之有史学。左丘明尝称《春秋》之称有五：一曰微而显，二曰志而晦，三曰婉而成章，四曰尽而不污，五曰惩恶而劝善。而杜预《春秋左氏传序》亦云：

仲尼因鲁史策成文，考其真伪，而志其典礼，上以遵周公之遗制，下以明将来之法。其教之所存，文之所害，则刊而正之，以示劝诫。其余皆即用旧史，史有文质，辞有详略，不必改也。故《传》曰其善志，又曰非圣人孰能修之，盖周公之志，仲尼从而明之。左丘明受经于仲尼，以为经者不刊之书也，故传或先经以始事，或后经以终义，或依经以辨理，或错经以合异，随义而发其例之所重，旧史遗文，略不尽举，非圣人所修之要故也。身为国史，躬览载籍，必广记而备言之。

盖《春秋》一书，本为鲁史，仲尼因而修之，而详其事迹、明其义例者，实为《左氏传》，必合观之，而其义始明。此即孔子之史学，而与左丘明同其作述者也。昔者刘知幾尝谓《春秋》有"十二未喻""五虚美"，而王安石乃有"断烂朝报"之讥。然《春秋》之可贵者，初不在此，章太炎先生论之云：

> 《春秋》之所以独贵者，自仲尼以上，《尚书》则阙略无年次，百国春秋之志，复散乱不循凡例，又以藏之政府，不下庶人，国亡则人与事偕绝。是故本之吉甫史籀，纪岁时月日，以更《尚书》，传之其人，令与诗、书、礼、乐等治，以异百国春秋，然后东周之事，灿然著明。令仲尼不次《春秋》，今虽欲观定哀之世，求五伯之迹，尚荒忽如草昧。夫发金匮之藏，被之萌庶，令人不忘前王，自仲尼左丘明始。

据此，则孔子之修《春秋》，实为整齐官府之旧典，以下之于庶人，并以所创之义法，开后世私家撰史之风。此则功在百世不可泯灭者也。

孔子何为而修《春秋》？昔者壶遂以此为问，而太史公答之矣。语具于《太史公自序》，其说云：

> 上大夫壶遂曰：昔者孔子何为而作《春秋》哉？太史公曰：余闻董生曰，周道衰废，孔子为鲁司寇，诸侯害之，大夫壅之，孔子知言之不用，道之不行也，是非二百四十二年，以为天下仪表，贬天子，退诸侯，讨大夫，以达王事而已矣。子曰，我欲载之空言，不如见之行事之深切著明也（此语亦见赵岐《孟子题辞》，又见《春秋繁露·俞序篇》惟字句微异）。夫《春秋》，上明三王之道，下辨人事之纪，别嫌疑，明是非，定犹豫，善善恶恶，贤贤贱不肖，存亡国，继绝世，补敝起废，王道之大者也。……拨乱世，反之正，莫近于《春秋》。《春秋》文成数万，其指数千，万物之散聚，皆在《春秋》。《春秋》之中，弑君三十六，亡国五十二，诸侯奔走不得保其社稷者，不可胜数，察其所以，皆失其本已。故曰，臣弑君，子弑父，非一旦一夕之故也，其渐久矣。故有国者，不可以不知《春秋》，前有谗而弗见，后有贼而不知；为人臣者，不可以不知《春秋》，守经事而不知其宜，遭变事而不知其权；为人君父而不通《春秋》之义者，必蒙首恶之名；为人臣子而不通《春秋》之义者，必陷篡弑之诛，死罪之名。

寻此所论，及《汉书》所述，乃知孔子之修《春秋》，一因载籍残缺，文献无征，思存前圣之业，以垂方来；二因言之不用，道之不行，载之空言，不如见之行事之深切著明。其用意至为深远，亦即修《春秋》之动机也。

　　左丘明与孔子同时，左氏之书，作于丘明，亦为释《春秋》而作，汉代马、班诸家，皆无异说。《严氏春秋》引《观周篇》云："孔子将修《春秋》，与左丘明乘如周，观书于周史，归而修《春秋》，丘明为传，共为表里。"近人之为今文学者，多不信是说，乃谓左氏别为一人，非与孔子同时之丘明。且其说曰：司马迁答任安书，左丘失明，厥有《国语》，左氏即为左丘，其名不带"明"字；又以其人生于晚周，故《左传》之文，不类春秋人所作；又谓《齐论》无"左丘明耻之"一章，故左丘明亦不必与孔子同时。此议固起于宋之郑樵及朱熹，然不过姑为疑辞，以待后人之考断耳。丘明既为春秋传，又稽其逸文，纂其别说，分周、鲁、齐、晋、郑、楚、吴、越八国事，起周穆王，终鲁悼公，别为《春秋外传》，号曰《国语》，故亦号《左氏传》为《春秋内传》。自司马迁、班固、韦昭诸氏，所说皆同，其流传盖已久矣。近代学者，以今古文家法不同之故，抨击《左传》，几无完肤，如刘逢禄、康有为、崔适诸氏，皆谓今本《左传》，颇经刘歆窜乱，凡其中释经文者，多非左氏之旧，引歆所称诸儒博士谓左氏不传《春秋》为证；或又谓作《国语》者，即为左丘，而非丘明，刘歆取《国语》之一部，以伪制《左氏传》，以其弃余为今本之《国语》；或又以《左传》《国语》之多歧，断其作者不为一人；其为说之是非，宜有以辨之。愚谓司马迁之世，去古未远，所见古文典记甚夥，其称鲁君子左丘明，必非妄语；杜预称丘明身为国史，又与班固称丘明为鲁太史之语合；纵令后贤所说，各能自完其说，然不信《史记》本书，而取短书杂说，或单文孤证，以明其说之为是，度亦无以服古人之心也。近世今文家重恶刘歆，故谓汉代之中秘书，多为其窜乱，弗恤深文周内，以成其罪。不悟《史记》之作，远在歆前，采用《左传》，言非一端，且其书早经杨恽、褚少孙之徒布之于外，为时贤所共见，藉令歆果作伪，必为太常博士之徒察觉发覆，而哄然不容于世矣。夫刘歆作伪之说，已不可信，而谓左氏为晚周人，为可信乎？故愚仍以马、班之说为可据，而以作《左氏传》者，即为与孔子同时之丘明，而备闻修《春秋》之义法者也。夫必如是，古史乃可信，而有讨论之余地矣。若夫《国语》之作，是否与作《左传》为一人，本不甚关重要，惟二书各有详略异同，可资互证之处甚多，凡研《左传》者，必读《国语》，其为春秋时代古史之一，又不待论也。

《左氏传》为释《春秋经》而作，经既为传之纲领，而传亦为经之节目。杜预作注，始合经传而为一，所谓传或先经以始事，或后经以终义，或依经以辨理，或错经以合异者，皆可一览而得。后来朱熹作《纲目》，大书以提要，分注以备言，使人了然于开卷之顷，实作史之良法也。然左氏作传，为备《春秋》二百四十二年之事迹，与孔子同其作述，称之为传，其实史也。公羊、穀梁二家，亦为《春秋》作传，不详其事，而详其义，初则师弟之间，口耳授受，至于汉代，乃著之版业，写以隶书，所谓今文之学也。晚近讲今文学者，推崇《公羊传》，以为深得孔子之旨，公羊家有所见所闻所传闻之三世，《史记》有据鲁亲周故殷之语，于是乃有"立三统""张三世"之说；又谓孔子端门受命，为汉制法，以明白可据之书，寓怪诞不经之说。不知公羊之三世，犹今人修史之有上古、中世、近代，以鲁史为据，故曰据鲁，尊周王而书春王正月，故曰亲周，周因于殷礼，故曰故殷，此为修史之通例，而非有甚深之义也。汉魏之世，已有人曰，仲尼为素王，丘明为素臣，而杜氏则力斥其非矣。或谓左氏所传，为其文则史之文，《公》《榖》所传为其义则丘窃取之义，此亦不然。左氏之义，即寓于文中，如"五十凡"及"君子曰"是也，不必求之于《公》《榖》，而其义已大明。总之，研史与说经不同，公、榖二氏之说，或可备一家之言，为说经者之所撷取；若研史者，则应以史实为主，空说其义，于史何裨？此《左氏传》所以得为古史之一也。

《春秋外传》之名，始见于《汉书·律历志》所引之"三统术"，"三统术"为刘歆所作，盖前汉所传之古说也。韦昭叙云："昔孔子发愤于旧史，左丘明因圣言以撼意，其明识高思未尽，故复采录前世穆王以来，下迄鲁悼智伯之诛，以为《国语》，其文不主于经，故号曰外传。"其释义可谓昭晰矣。宋人叶梦得尝谓古有左氏、左丘氏，《春秋传》作者为左氏，而《国语》作者为左丘氏（见《习学记言》，亦见《困学纪闻六引》），即以太史公称左丘失明，厥有《国语》为证。然史公之去明字，正缘行文之便，其不称丘明而称左丘，亦以免与下文犯复耳。古人文中截取人名为称者，不乏其例，如方朔葛亮，亦其证也。左氏既传《春秋》，又作《国语》，起于先秦，渊源甚远，后人非有极真极确之证据，未可以彼而易此也。诘《国语》之短者，一曰鄢陵之败，苗贲皇之所为也，《楚语》则云，雍子之所为，与传不同（此隋人刘炫说）；一曰《左传》以伐吴后三年围吴，又三年而灭之，《越语》后四年遂居军，三年待其自溃而灭之，《左传》自伐吴至灭吴凡六年，《越语》则为三年，《左传》自吴及越平至灭吴凡二十二年，《越语》则为十年，此又《国语》之文异于《左传》之大者（近人徐元诰说，见《国语集解序》）。惟左氏身为史官，所见之典籍非一，安知非故为存异，以待后人之论定耶？今考《国语》，凡《周语》三篇、《鲁语》二篇、《齐语》一篇、《晋语》九篇、《郑语》一篇、《楚语》二篇、《吴语》一篇、《越语》二篇，凡二十一篇。《晋语》独多，必出于晋《乘》，《左传》多载晋事，亦以此故。周王为天子，鲁齐以下为诸侯，而以天子下侪于诸侯，称为一国之语，殊不可解。然而以有此体，遂为后来国别史之祖矣。

《尚书》《春秋左氏传》《国语》之外，其书为古史，而有研讨之价值者凡四，曰《逸周书》，曰《竹书纪年》，曰《世本》，曰《战国策》是也。

《晋书·束皙传》云：

初太康二年，汲郡人不准，盗发魏襄王墓，或言安釐王冢，得竹书数十车。其《纪年》十三篇，记夏以来，至周幽王为犬戎所灭，以事接之，三家分，仍述魏事，至安釐王之二十年，盖魏国之史书，大略与《春秋》皆多相应。其中经传大异，则云夏年多殷，益干启位，启杀之，太甲杀伊尹，文丁杀季历，自周受命，至穆王百年，非穆王寿百岁也。幽王既亡，有共伯者摄行天下事，非二相共和也。其《易经》二篇，与《周易》上下经同。《易繇阴阳卦》二篇，与《周易》略同。《繇辞》则异。《卦下易经》一篇，似《说卦》而异。《公孙段》二篇，公孙段与邵陟论《易》。《国语》三篇，言楚晋事。《名》三篇，似《礼记》，又似《尔雅》《论语》。《师春》一篇，书《左传》诸卜筮，师春似造书者姓名也。《琐语》十一篇，诸国卜梦妖怪相书也。《梁丘藏》一篇，先叙魏之世数，次言丘藏金玉事。《缴书》二篇，论弋射法。《生封》一篇，帝王所封。《大历》二篇，邹子谈天类也。《穆天子传》五篇，言周穆王游行四海，见帝台、西王母。《图诗》一篇，画赞之属也。又《杂书》十九篇，周食田法、周书论楚事、周穆王美人盛姬死事。大凡七十五篇，七篇简书折坏，不识名题。冢中又得铜剑一枚，长二尺五寸。漆书皆科斗字。初发冢者，烧策照取宝物，及官收之，多烬简断札，文既残缺，不复诠次。武帝以其书付秘书，校缀次第，寻考指归，而以今文写之。皙在著作，得观竹书，随疑分释，皆有义证。

又同书《荀勖传》云：

及得汲郡冢中古文竹书，诏勖撰次之以为《中经》，列在秘书。勖又尝叙《穆传》曰：古文《穆天子传》者，太康二年汲县民不準盗发古冢所得书也。皆竹简丝编，以臣勖前所考定古尺度，其简长二尺四寸，以墨书一简四十字，汲者战国时魏地也。案所得《纪年》，盖魏惠成王子令王之冢也，于《世本》盖襄王也。案《史记·六国年表》，自令王二十一年，至秦始皇三十四年燔书之岁，八十六年，及至太康二年初得此书，凡五百七十九年（《左传集解后序》正义、《玉海》一四七俱引王隐《晋书》，荀勖《上穆天子传序略》所纪与此略同，可供参考）。

据上文所记，汲冢所得古书如下：

《纪年》十三篇，《易经》二篇，《易繇阴阳卦》二篇，《卦下易经》一篇，《公孙段》二篇，《国语》三篇，《名》

三篇，《师春》一篇，《琐语》十一篇，《梁丘藏》一篇，《缴书》一篇，《生封》一篇，《大历》二篇，《穆天子传》五篇，《图诗》一篇，《杂书》十九篇。

上凡六十八篇，合以折坏之七篇，正为七十五篇。其中纯属于史籍者，曰《纪年》，即世所称之《竹书纪年》；曰《国语》，言楚晋事，盖即今本《国语》之残简也。

《汉书·艺文志》，书九家中，著录《周书》七十一篇，为周史记，刘向谓即周时之诰誓号令，而颜师古则以为孔子所论百篇之余也。自来《说文解字》《论语》《马注》《周礼》《仪礼》郑注，皆引《周书》，亦皆在今本《逸周书》七十篇之中，惟《隋书·经籍志》于《周书》十卷下注曰，《汲冢书》，《唐书·艺文志》仍之，后人遂于今本《周书》，冠以"汲冢"二字。然考之诸书，《晋书·束皙传》杂事十九篇中虽有《周书》之名，而篇帙太少；而杜预《左传序》，叙汲县发冢事，亦未尝一语及之；况晋武以前引《周书》逸文，不在今本中者，盖不下数十事；其书故盛传于世，何得谓出于汲冢而世始见之耶。前人释今本《周书》，谓其篇数少于《汉志》一篇者，即缘其序散入各篇之首，一若今本之《尚书序》，理或然矣。究之其书之一部，不免出于后人依托，故多与《尚书》不类；又诸书所引，多不见于今本。然其书仍为世人所重者，即以其出于依托之一部，亦必多有典据，古籍无多，不可轻弃，故宁过而存之，是也。

其次则《竹书纪年》，实出于汲冢，《晋书·束皙〔传〕》叙之备矣。而《隋书·经籍志》亦云：

　　至晋太康元年，汲郡人发魏襄王冢，得古竹简书，字皆科斗，发冢者不以为意，往往散乱。帝命中书监荀勖、令和峤，撰次为十五部，八十七卷，多杂碎怪妄，不可训知。唯《周易》《纪年》最为分了。其《周易》上下编，与今正同。《纪年》皆用夏正建寅之月为岁首，起自夏、殷、周三代王事，无诸侯国别，唯特记晋国，起自殇叔，次文侯、昭侯，以至曲沃庄伯，尽晋国灭，独记魏事，下至魏哀王，谓之今王，盖魏国之史记也。其著书皆编年相次，文意大似《春秋经》，诸所记事，多与《春秋》《左氏》扶同（案杜预《左传后序》扶作符）。

　　兹考《隋志·古史》一目，著录《纪年》十二卷，谓为《汲冢书》，当为束晢、荀勖所见十三篇之竹简，无可疑也。案《史记注》《水经注》《穆天子传注》《文选注》，皆屡引《纪年》，而今本或有或无，即证以刘知幾所见之本，已与今本不同。清王宏撰《山志》，即以今本《纪年》为不可信，而徐文靖撰《纪年统笺》，则力辨之，以为可信。清朱右曾始取诸书所引之文，辑为一编，题曰《汲冢纪年存真》。近人王国维因之，以成《古本竹书纪年辑校》；又撰《今本纪年疏证》，以明其伪，其言曰："纪年佚于两宋之际，今本乃后人所搜集，复杂采《史记》《路史》《通鉴外纪》诸书成之。今一一求其所出，始知今本所载，殆无一不袭他书，其不见他书者，不过百分之一，又率空洞无事实，所增加者年月而已。事实既具他书，则此书为无用，年月既多杜撰，则其说为无征，无用无征则废此书可。朱氏辑本，尚未详备，又诸书异同，亦未尽列，至其所取，亦不能无得失，乃以朱书为本，而以余所校注补正之，凡增删改正若干事。"据此则伪者之迹为不可掩，而真者亦因以明，于是王氏疏通证明之功，为前人所不及矣。要之汲冢所出之《纪年》，间有骇人听闻之纪载，然其大体多同《左氏传》，是即古史之较可信者。兹屏伪本，而专取辑本，以存其真，斯已可矣。

再次则为《世本》。《后汉书·班彪传》云："又有记录黄帝以来至春秋时帝王公侯卿大夫，号曰《世本》，一十五篇，其子固本之，遂著录其书于《汉书·艺文志》。"或曰楚汉之际，有好事者，作《世本》，上录黄帝，下逮汉末，惟未言作者究为何人。颜之推始云，《世本》左丘明所书，说出皇甫谧《帝王世纪》。章太炎先生信之，其说云，盖左丘明成《春秋内外传》，又有《世本》以为肱翼，近之矣。《世本》者，不画以《春秋》，其言竟黄顼，将上攀《尚书》，下侪周典，广《春秋》于八代者也。《隋志》史部谱系一目，著录《世本·王侯大夫谱》二卷，疑即古十五篇之《世本》；又有刘向《世本》二卷，宋衷《世本》四卷，盖就古《世本》而为之注释。其书盖亡于宋代。今可考者，有《帝系篇》，有《氏姓篇》，有《居篇》，有《作篇》，又有世家，有传，有谱。《史记·魏世家·索隐》，引《世本》传文；或谓《史记·伯夷传》其"传"曰之"传"，即出于《世本》之"传"。其略见于钱大昭、孙冯翼、洪饴孙、秦嘉谟、雷学淇、茆泮林、张澍诸家之辑本，其何者为古本，何者为刘、宋二氏所补辑，则不易明。司马迁撰《史记》，多采取古《世本》，此亦古史之仅见者也。

再次则为《战国策》，著录于《汉志》者，凡三十三篇。内计西周一篇、东周一篇、秦五篇、齐六篇、楚赵魏各四篇、韩燕各三篇、宋卫合为一篇、中山一篇，记春秋后迄秦二百四十五年之事，即号为战国者是也。据刘向《校书录序》中书本号或曰《国策》，或曰《国事》，或曰《短长》，或曰《事语》，或曰《长书》，或曰《修书》。向以为战国时游士辅所用之国，为之策谋，宜为《战国策》。《隋志》著录两本，一为二十二卷，刘向录；一为二十一卷，高诱注。今传高诱注本，即为二十一卷，是为真本，古今皆无异词，亦即见采于《史记》者也。

上述四书之外，又有二种，不可不述，一曰《穆天子传》，一曰《山海经》。《穆传》见于汲冢书目，原为五篇。今本则为六卷，前五卷皆纪穆王西巡事，后一卷纪美人盛姬事。按《束皙传》所纪《杂书》十九篇中，有纪穆王美人盛姬死事之语，殆即此篇，而后人合之也。晋郭璞为之注，并传于今，其中言穆王西巡事，皆有月日可寻，并详纪所行里数。郭璞《序》谓其体与今"起居注"同，故隋唐各志以之列入起居注。近人丁谦更为之作考证，以西图案其地望，言甚博辨，可指数者甚多。此其一也。《山海经》著录于《汉志》，前有刘秀校上奏，称为伯益所作，秀即刘歆之易名也。《史记》亦称，《山海经》所有怪物，余不敢言，是其书已为子长所见。《列子》亦称大禹见而行之，伯益知而名之，夷坚闻而志之。或疑《列子》为伪书，不尽可据。然考书中所纪，人名有夏后启、周文王，地名有秦汉郡县，是则其书虽不必为周代之古籍，然必有一部为晚周秦汉人所附益。清代毕沅为作校注，郝懿行为作笺疏，皆力言《山经》实古地理书，且以《水经注》证其域内地名，亦十得五六。此其二也。《四库书目》以二书夸诞不经，列入小说，尚非得实，考古史者，不宜置之。至若赵煜之《吴越春秋》，袁康之《越绝书》，虽详吴、越二国事迹，而皆撰于汉代，非上述诸书之比，故亦不复具论焉。

夷考春秋以往，诸侯皆有国史，外史所掌四方之志，即为列国之史。杜预所称大事书于策，小事简牍而已，亦诸侯修史之成法也。孔子修《春秋》，得见百二十国宝书，盖即墨子所见之百国春秋；孟子曰，晋之《乘》，楚之《梼杌》，鲁之《春秋》，一也；晋韩献子聘鲁，见鲁《春秋》，曰周礼尽在鲁矣。《乘》与《梼杌》，即春秋之异名，而鲁《春秋》，又孔子修《春秋》之所本也。《汲冢琐语》又云有《晋春秋》（见《史通·六家》），当即晋《乘》之别名。又如《竹书纪年》，本为魏国之史，魏上承晋，故叙晋事独详，一如鲁之有《春秋》，是即魏之《春秋》，而原于晋《乘》者也。是则周代盛时，列国之史，林林总总，不可胜记。左丘明得见列国之史，故据以撰《国语》，而《战国策》亦列国史之支与流裔也。迨至晚周，诸侯恶其害己，始去其籍，又厄于秦火，于是所存者仅矣。

两汉经师，具有家法，递相传授，其学有今文、古文之分，盖自孔子以后师弟间口耳相传，至汉初始以隶体书之于册者，谓之今文学。其古人原本尚在，所书悉为古籀者，即就本书肄习，或以汉隶通之者，谓之古文学。因今文古文之异体，解者缘以纷纷而各立门户，是谓之家法，而争端亦由此起矣。古人以六经皆为王官之典籍，未尝有经史之别。《尚书》《春秋》皆为古史，伏生所口授之二十八篇，为《今文尚书》，前已论之。又如著录《汉志》之《古文经》四十六卷，即《古文尚书》也。公羊、穀梁二氏之传《春秋》，皆书以今文，是为今文学；左氏所传古经十二篇，传三十卷，原本具在，是为古文学；是则《尚书》《春秋》之有今古文学，亦即古史之有今古二派也。《汉书·艺文志》云：《古文尚书》者，出孔子壁中，武帝末，鲁恭王坏孔子宅，欲以广其宫，而得《古文尚书》及《礼记》《孝经》，凡数十篇，皆古字也。《尚书》之出于壁中，亦犹《纪年》之出于汲冢，自秦人燔书，古籍之不绝如缕，正赖壁中及地下之藏，得保十一于千百，此考古史者，所宜郑重记之也。凡古史之流传至今者，不为口耳相传，即为保藏原本，然后世之载籍，繁于古代者千万倍，徒恃口耳相传，为不可能，于是又有资乎古籍之流传。清代禁毁之书，不可指数，而终有其一部，不因禁毁而失传者，则保藏之效也。古代简编，非甚繁重，师弟尤重传授，故历数百年，传十数世，而其书仍能不亡，非惟保藏，亦口耳相传之效矣。汲冢之发，所得古简独多，是为明证，可无述欤。

再进而言古代之史学，试以刘知幾所论证之。知幾论史，概以"六家""二体"。所谓六家者：一《尚书》家、二《春秋》家、三《左传》家、四《国语》家、五《史记》家、六《汉书》家，是也。《尚书》所载，多为典、谟、诰、誓之文，所以宣王道之正义，发话言于臣下，其体略如后世所集之两汉诏令、唐大诏令、宋大诏令及明清两代之圣训，亦犹《毛诗》一编，为后代总集之开端，不惟后代继其体者为难，亦不得谓为史体之正宗。《春秋》本鲁史而成，左氏缘经以作传，经为纲而传为目，言见经文，而事详传内，或传无而经有，或经阙而传存，是二家者，以编年体而垂为百代之法者也。其后司马迁以纪传书表之体，创为《史记》；班固继作《汉书》，改书为志，断代为史；后有作者，遵而不易，于是纪传一体，遂树正史之规模。若夫《国语》《国策》二书，以国为别，而无复年月可寻，后世之书，惟陈寿《三国志》、崔鸿《十六国春秋》、路振《九国志》、吴任臣《十国春秋》，差可比拟，然亦乙部之支流，不得以大宗拟之矣。是以知幾综其前说，约为"二体"；"二体"者，纪传与编年是也。《春秋》《左传》为一体，是为编年；《史记》《汉书》为一体，是为纪传。系日月以为次，列时岁以相续，中国外夷，同年共世，莫不备载，其事形于目前，理尽一言，语无重出，此编年体之所长也；纪以包举大端，传以委曲细事，表以谱列年爵，志以总括遗漏，逮于天文地理，国典朝章。显隐必赅，洪纤靡失，此纪传体之所长也；刘氏论之详矣。以事系日，以日系月，言春以包夏，举秋以兼冬，或为鲁史旧法，然垂为不刊之典，以传之于后世者，则孔子与左丘明也。章学诚有言，刘知幾得史法，而不得史意，此《文史通义》所由作也。愚谓古代史学，只有史法，而史法当与史意并重。所谓系日月以为次，列时岁以相续，即史法也；所谓微而显，志而晦，婉而成章，尽而不污，惩恶而劝善，即史意也；史法即其文则史之文，史意即则丘窃取之义，曰法与意，曰文与义，皆为孔子之史学。是故推论吾国之史学，必萌芽于孔子。至博采列国之史，萃为一编，以羽翼孔子之作，以阐发孔子修《春秋》之旨趣，是为左丘明之史学，而公羊、穀梁二氏，专明一家之学者，不得与焉。吾于古代之史家，仅得二人，首推孔子，其次则左丘明也。

总上所论，古代之史家，应为孔子与左丘明，古代之史籍，应为《尚书》《春秋左氏传》《国语》《国策》，而《周书》《纪年》《世本》之残缺不完及仅见佚文者，亦以附焉。孔子曰："君子于其所不知，盖阙如也。"治古史者，不可不知此义。

第三章　司马迁与班固之史学

吾国史学，萌芽于孔子、左丘明，而大成于司马迁、班固。故继孔子、左丘明之后，而述司马迁及班固。

司马迁，字子长，龙门阳夏人也。汉武帝时，嗣其父谈而为太史令，职掌文史星历，故得䌷金匮石室之书而作《史记》。晚年官尚书令，尊崇任职，友人任安责以不能进贤，迁以书报之，论及《史记》，即《汉书》本传及《文选》所载《报任少卿书》是也。班固，字孟坚，扶风安陵人也。后汉明帝时官兰台令史，因其父彪之业以作《汉书》。后参大将军窦宪军事，及宪得罪，坐系死狱中，年六十一，时和帝永元四年也。迁之卒年无考，据王国维所撰《太史公行年纪》，迁约卒于汉昭帝始元元年，年六十。此二氏事迹之大略也。

古人修书莫不有其动机与背景。孔子之辑《尚书》与修《春秋》，史官失职，文献无征，其动机也。王官失守，散为百家，其背景也。司马迁之作《史记》，亦有其动机与背景焉。试一考之。

《史记·太史公自序》云：

　　是岁天子始建汉家之封，而太史公留滞周南，不得与从事，故发愤且卒。而子迁适使反，见父于河洛之间。太史公执迁手而泣曰：……今天子接千岁之统，封泰山，而余不得从行，是命也夫，命也夫。余死汝必为太史，无忘吾所欲论著矣。……夫天下称诵周公，言其能歌论文武之德，宣周召之风，达太王王季之思虑，爰及公刘以尊后稷也。幽厉之后，王道缺，礼乐衰，孔子修旧起废，论《诗》《书》，作《春秋》，则学者至今则之。自获麟以来四百有余岁，而诸侯相兼，史记放绝。今汉兴，海内一统，明主贤君忠臣死义之士，余为太史而弗论载，废天下之史文，余甚惧焉，汝其念哉。迁俯首流涕曰：小子不敏，请悉论先人所次旧闻弗敢阙。卒三岁而迁为太史令，䌷史记石室金匮之书，五年而当太初元年（公元前一〇四年）。

　　盖司马氏世为史官，封禅为古今旷见之大典，而身任史官者，不得与其役，实为毕生之憾事，故司马谈至于发愤而卒。迁禀承其父之遗言，而作《史记》，其以《封禅书》列于八书之一，即以示禀承先志之意。其动机一也。

　　《汉书·司马迁传》、迁《报任安书》云（亦见《文选》四十一）：

　　　　古者富贵而名摩灭，不可胜记，惟倜傥非常之人称焉。盖文王拘而演《易》，仲尼厄而作《春秋》，屈原放逐，乃赋《离骚》，左丘失明，厥有《国语》，孙子膑脚，《兵法》修列，不韦迁蜀，世传《吕览》，韩非囚秦，《说难》《孤愤》，《诗》三百篇，大抵贤圣发愤之所为作也。此人皆意有所郁结，不得通其道，故述往事，思来者。乃如左丘无目，孙子断足，终不可用，退而论其策，以舒其愤思，垂空文以自见。仆窃不逊，自托于无能之辞，网罗天下放失旧闻，略考其行事，总其终始，稽其成败兴坏之纪，上计轩辕，下至于兹，为十表，本纪十二，书八章，世家三十，列传七十，凡百三十篇。亦欲以究天人之际，通古今之变，成一家之言，草创未就，会遭此祸，惜其不成，已就极刑，而无愠色。仆诚以著此书，藏之名山，传之其人，通邑大都，则仆偿前辱之责，虽万被戮，岂有悔哉。然此可为智者道，难为俗人言也。

迁因保李陵不降敌，而受腐刑，本为奇耻大辱，特以著书未就，故甘受刑而不悔，以自况于古人之发愤。其动机二也。

《太史公自序》又云：

迁生龙门，耕牧河山之阳，年十岁，则诵古文。二十而南游江淮，上会稽，探禹穴，窥九疑，浮于沅湘，北涉汶泗，讲业齐鲁之都，观孔子之遗风，乡射邹峄，厄困鄱薛彭城，过梁楚。于是迁仕为郎中，奉使西征巴蜀以南，南略邛筰昆明，还报命。

是则迁之足迹，实由今之晋豫，而南游江浙，转至湘鄂，北还齐鲁，徘徊鲁苏二省之交界，又经武汉而归长安，再南适川滇，再北返，中国之内地，多经涉历。故苏辙谓，太史公行天下，周览四海名山大川，与燕赵豪杰交游，故其文疏宕颇有奇气。此又《史记》一书之所由成。其动机三也。

若夫作《史记》所有之背景，司马迁亦略言之。其《自序》云：

> 维我汉，继五帝末流，接三代统业。周道废，秦拨去古文，焚灭《诗》《书》，故明堂石室金匮玉版图籍散乱。于是汉兴，萧何次律令，韩信申军法，张苍为章程，叔孙通定礼仪，则文学彬彬稍进，诗书往往间出矣。自曹参荐盖公言黄老，而贾生晁错明申商，公孙弘以儒显，百年之间，天下遗文古事，靡不毕集太史公。

据此可知汉兴九十余年间，遗文间出，而毕集于司马氏父子之所掌，则是朝廷右文之效，而又为作《史记》之背景矣。

迁之作《史记》，尝比于孔子之作《春秋》。其述先人之言曰：“自周公卒五百岁而有孔子，孔子卒后，至于今五百岁，有能绍明世，正《易传》，继《春秋》，本《诗》《书》《礼》《乐》之际，意在斯乎，小子何敢让焉？”然又不敢自居以示谦，故曰：“余所谓述故事，整齐其世传，非所谓作也，而比之于《春秋》，谬矣。”然如所谓究天人之际，通古今之变，成一家之言；所谓拾遗补艺，厥协六经异传，整齐百家杂语，藏之名山，副在京师，俟后世圣人君子，其自命如是之高，谓其不比于孔子之作《春秋》，不可得也。

夷考其时，正孔子所谓文献不足征之日也。孟子曰：“诸侯恶其害己也，而皆去其籍。”此典籍之厄于晚周者也。太史公曰：“秦烧天下《诗》《书》，诸侯史记尤甚，为其有所刺讥也，《诗》《书》所以复见者，多藏人家，而史记独藏周室，以故灭。"此史籍之厄于秦火者也。《史记》一书，本杂采群书而成，于《尚书》《春秋左氏传》《国语》《世本》《战国策》而外，又有《五帝德》《帝系姓》，亦称《五帝系牒》，有《春秋历谱牒》，亦称《牒记》，有《秦记》，于楚汉之间事，则采陆贾《楚汉春秋》。以上或见本书，或为班固所述。是则迁之修史，亦致憾于文献之不足征，不及其身而纂述之，则后人益难为力。此又为其背景之一矣。

《后汉书·班彪传》载彪所撰《略论》云：

　　孝武之世，太史令司马迁采《左氏》《国语》，删《世本》《战国策》，据楚汉列国时事，上自黄帝，下讫获麟，作本纪、世家、列传、书、表，凡百三十篇，而十篇缺焉。迁之所记，从汉元至武以绝，则其功也。至于采经摭传，分散百家之事，甚多疏略，不如其本，务以多闻广载为功，论议浅而不笃，其论术学，则崇黄老而薄五经，序货殖，则轻仁义而羞贫穷，道游侠，则贱守节而贵俗功，此其大敝伤道，所以遇极刑之咎也。然善述序事理，辩而不华，质而不野，文质相称，盖良史之才也。

其子固本之，以作《汉书·司马迁传》赞云：

　　……故司马迁据《左氏》《国语》，采《世本》《战国策》，述《楚汉春秋》，接其后事，讫于天汉，其言秦汉详矣。至于采经摭传，分散数家之事，甚多疏略，或有抵牾，亦其涉猎者广博，贯穿经传，驰骋古今上下，数千载间，斯以勤矣。又其是非颇缪于圣人，论大道，则先黄老而后六经，序游侠则退处士而进奸雄，述货殖则崇势利而羞贱贫，此其所蔽也。然自刘向、扬雄博极群书，皆称迁有良史之才，服其善序事理，辨而不华，质而不俚，其文直，其事核，不虚美，不隐恶，故谓之实录。

又《汉书·扬雄传》录雄《自序》云：

> 太史公记六国，历楚汉，讫麟止，不与圣人同是非，颇谬于经。

比观三文，皆于《史记》致不满之辞。然长短互见，贤者不免，班氏父子虽盛讥子长，而不能不服其善叙事理。彪本续《史记》而为后传，而固又因《史记》之体例而别撰《汉书》，皆承子长之衣钵，有因而无革者也。

桓谭《新论》谓迁著此书，示东方朔，朔署之曰"太史公"，署之者，名其书也；而韦昭则以为书中之太史公，皆其外孙杨恽所加，王国维是之（见所著《太史公行年考》）。《汉志》列《太史公》百三十篇于《春秋》之后，又著录冯商所续《太史公》七篇，《汉书》叙传、扬雄传，《后汉书》窦融、范升、陈元诸传，皆以"太史公"称之，是则《太史公》为《史记》之本名，无疑也。又称曰《太史公书》，初见于本书《自序》，又见《汉书·宣元六王传》《后汉书》班彪、杨终等传，亦称曰《太史公记》，见《汉书·杨恽传》。曰书，曰记，皆于太史公之下，附缀一字，以明其为太史公所书所记耳。《班彪传》又称，武帝时司马迁著《史记》，然出于载笔之辞，与彪之自称曰《太史公书》者异趣。钱大昕谓此为范蔚宗所增益，非《东观》旧文，是也。"史记"之称，屡见《史记》本书，悉指旧史而言，故迁未尝以此二字，自名其书。《三国·魏志·王肃传》：明帝称迁著《史记》；荀悦《汉纪》十四则云："司马子长遭李陵之祸，发愤而作《史记》，始自黄帝以及秦汉为《太史公记》。"按悦为后汉末人，在王肃之前，时已有"史记"之称；晋人司马彪撰《续汉书》，于《天文志》中，亦一言之；《隋志》据以著录，而"史记"遂为《太史公记》之简称。钱氏谓"史记"之称，出于魏晋以后，语固不诬。《史通》（六家）乃谓因鲁史记旧文，目之曰史记，不知此实后起之义。盖"史记"为古史及周代诸国史之通名，初不限于鲁史，《汉书·五行志》屡引"史记"即泛指诸国史而言，《颜注》谓凡称"史记"者皆为迁书，殊误，知幾本之，乃有此说。

《汉书·司马迁传》云："十篇缺，有录无书。"（亦见《艺文志》）注引张晏曰："迁殁之后，亡《景纪》《武纪》《礼书》《乐书》《兵书》《汉兴以来将相年表》《日者列传》《三王世家》《龟策列传》《傅靳列传》。元成之间，褚先生补缺，作《武帝纪》《三王世家》《龟策日者传》，言辞鄙陋，非迁之意也。"是则所缺十篇，犟然可指。然据王鸣盛之所考，惟《武纪》全亡，褚先生取《封禅书》补之；《三王世家》《日者龟策》二传，为未成之笔，但可云阙，不可云亡；其余皆不见所亡何文；其余为褚先生所附缀者多为天汉以后事，为迁所不及见，补之殊为多事。据此则《史记》之所亡佚亦仅矣。

迁殁之后，其外孙杨恽，祖述其书，遂宣布于外。至元成间，而褚少孙补之。少孙者，颍川人，梁相大弟之孙，宣帝时寓居沛，受《诗》于王式，为博士，于是鲁诗有褚氏之学，名见《汉书·儒林传》（王式）。今《史记》中称"褚先生曰"者，皆少孙所补也。少孙所补殊浅陋，不为世所重。迁之本书，自谓迄于太初，其后阙而不录，其后为之踵继其书者，褚少孙之外，有刘向、向子歆、扬雄、冯商、阳城衡、史岑、梁审、肆仁、晋冯、段肃、金丹、冯衍、韦融、萧奋、刘恂，俱有撰述。至光武建武中，班彪乃采前史遗事，傍贯旧闻，作后传六十五篇。寻其自撰之略论，谓后篇慎核其事，整齐其文，不为世家，唯纪传而已。则又因时无累世相及之诸侯，而变通其体例焉（见本传）。

至彪之子固，遂本其父作，而撰《汉书》。《后书》本传叙其事云：

固以彪所续前史未详，乃潜精研思，欲就其业。既而有人上书显宗告固私改作国史者，有诏下郡，收固，系京兆狱，尽取其家书。……固弟超，恐固为郡所核考，不能自明，乃驰诣阙上书，得召见，具言固所著述意，而郡亦上其书，显宗甚奇之。召诣校书部，除兰台令史，与前睢阳令陈宗、长陵令尹敏、司隶从事孟异，共成《世祖本纪》。迁为郎，典校秘书。固又撰功臣平林新市公孙述事，作列传载记二十八篇，奏之。帝乃复使终成前所著书。固以为汉绍尧运，以建帝业至于六世，史臣乃追述功德，私作本纪，编于百王之末，厕于秦项之列，太初以后，阙而不录。故探撰前记，缀集所闻，以为《汉书》。起元高祖，终于孝平王莽之诛，十有二世，二百三十年，综其行事，傍贯五经，上下洽通，为春秋考纪表志传凡百篇。固自永平中，始受诏，潜精积思二十余年，至建初中（章帝建初元年为公元七六年）乃成。

班固因其父作，而修《汉书》，亦为父子世业。其与太史公父子异者，一则世为史官，一则以郎官令史典校秘书，而非史官。是其修史虽同，而非皇古以来史官世守之旧法矣。

固之自赞其书曰"综其行事，旁贯五经，上下洽通"；又曰"准天地，统阴阳，阐元极，步三光，穷人理，该万方，纬六经，缀道纲，总百氏，赞篇章，函雅故，通古今"；以视司马迁之自称者，可谓后先映照。然晋人傅玄评其书云："论国体则饰主阙而折忠臣，叙世教则贵取容而贱直节，述时务则谨辞章而略事实。"范晔《后汉书·班固传·论》则云：

> 司马迁、班固父子，其言史官载籍之作，大义粲然著矣。议者咸称二子有良史之才，迁文直而事覈，固文赡而事详。若固之叙事，不激诡，不抑抗，赡而不秽，详而有体，使读之者亹亹而不厌，信哉其能成名也。彪、固讥迁，以为是非颇谬于圣人，然其议论，常排死节，否正直，而不叙杀身成仁之为美，则轻仁义，贱守节，愈矣。固伤迁博物洽闻，不能以智免极刑，然亦身陷大戮，智及之而不能守之。呜呼，古人所以致论于目睫也。

《宋书》本传，载晔《与甥书》，亦云：

> 详观古今著述及评论，殆少可意者。班氏最有高名，既任

情无例，不可甲乙辨，后赞于理近无所得，唯志可推耳。博赡不可及之，整理未必愧也。

是其为抑扬高下之辞，亦一如班氏父子之于子长也。刘知幾持论，每抑《史记》而扬《汉书》，其《史通·六家篇》云：

> 寻《史记》疆宇辽阔，年月遐长，而分以纪传，散以书表，每论家国，一政而胡越相悬，叙君臣，一时而参商是隔，此其为体之失者也。兼其所载，多聚旧记，时采杂言，故使览之者，事罕异闻，而语饶重出，此撰录之烦者也。……如《汉书》者，究西都之首末，穷刘氏之废兴，包举一代，撰成一书，言皆精练，事甚该密，故学者寻讨，易为其功；自尔迄今，无改斯道。

盖创始者难免疏略，继起者易于该密，《汉书》之优于《史记》，其势然也。自来为《史》《汉》优劣之论者，烦不胜理，如晋张辅，以《史记》叙三千年事，惟五十万言，《汉书》叙二百年事，乃八十万言，以为两书高下之判。不悟《史记》记春秋以前数千年事，限于文献不足，多所阙略，且仅居全书十之二三；叙汉初迄太初事，为时不及百年，乃居全书之过半；持此一段，以与《汉书》较，亦未见孰为多少。张氏所说，乃目见毫毛而不见其睫之论也。其后郑樵则盛讥班固，而推崇司马迁。其言曰：自《春秋》之后，惟《史记》擅制作之规模，不幸班固非其人，遂失会通之旨（通志序）。盖樵之修《通志》，实取法于《史记》，会通古今史事为一书，章学诚推为百世宗师者，宜其不满于班氏之断代史也。

班固之作《汉书》，其体一依于《史记》，本如云礽之与祖父，强区为二，理有难言。然语其原，虽为一体，而究其流，则有二致，即《史记》为通史之开山，而《汉书》为断代之初祖是已。范、陈而后诸正史，以断代为主者，皆仰汲班氏之流；杜佑之修《通典》，司马光之修《通鉴》，郑樵之修《通志》，穿贯古今以为一书，又闻司马氏之风而兴起者也。

《史通·正史篇》亦云：

> 固后坐窦氏事，卒于洛阳狱，书颇散乱，莫能综理。其妹曹大家，博学能属文，奉诏校叙，又选高才郎马融等十人，从大家受读，其八表、天文志等，犹未克成，多是待诏马续所作。而《古今人表》，尤不类本书。

袁宏《后汉纪》十九云：

> 马融兄续，博览古今。同郡班固，著《汉书》，缺其七表及天文志，有录无书，续尽踵而成之。

《后汉书·列女·曹世叔妻班昭传》云：

> 兄固著《汉书》，其八表及《天文志》，未及竟而卒。和帝诏昭，就东观藏书阁踵而成之。……时《汉书》始出，多未能通者，同郡马融伏于阁下，从昭受读，后又诏融兄续，继昭成之。

《后书》不言马续所续是何篇目，惟司马彪《续汉书·天文志》，谓孝明帝使班固叙《汉书》，而马续述《天文志》，是则马续所述者，仅天文一志，有明文可考；然《史通》谓八表、天文志等，多是马续所作，则又因"续继昭成之"一语，推而得之也。愚谓固所撰之八表及天文志，非不略具规模，故曰未及竟而卒；班昭踵成之，亦未能毕功，故又有待于马续之继作；至天文一志，则多出自续手；此又因续书所记，推而得之也。盖《汉书》未成之一部，有待后人之补辑，亦犹《史记》十篇之有录无书。然褚少孙之补《史记》，实有狗尾续貂之诮，不若班昭所续之后先媲美，如出一手，此又为才力所限，无可如何者矣。

汉献帝颇好典籍，常以《汉书》文繁难省，乃命秘书监侍中荀悦，依《左氏传》体，以为《汉纪》三十篇。而悦亦自云：

> 先王光演大业，肆于时夏，亦惟翼翼，以监厥后，永世作典。夫立典有五志焉：一曰达道义、二曰章法式、三曰通古今、四曰著功勋、五曰表贤能，于是天人之际，事物之宜，粲然显著，罔不备矣。……汉四百有六载，拨乱反正，统武兴文，永为祖宗之洪业，思光启乎万嗣，圣上穆然，惟文之恤，瞻前顾后，是绍是继，阐崇大猷，命立国典，于是缀叙旧书，以述《汉纪》，中兴以前，明主贤臣得失之轨，亦足以观矣。

又云：

> 谨约撰旧书，通为叙之，总为帝纪，列其年月，比其时事，撮要举凡，存其大体，旨少所缺，务存约省，以副本书，

以为要纪（《汉纪》一）。

悦撰是书之体，壹仿《左传》，故《史通》以其书列入《左传》家，称为编年体。又谓，荀氏翦裁班史，篇才三十，历代褒之，有逾本书，后来作者，不出班、荀二体，故晋史有王、虞，而附以干《纪》，《宋书》有徐、沈，而分为裴《略》，各有其美，并行于世。盖其后自后汉以至南北朝，如张璠、袁宏、孙盛、干宝、徐广、裴子野、吴均、何之元、王劭等所著书，或谓之春秋，或谓之纪，或谓之略，或谓之典，或谓之志，其名各异，大抵皆依《左传》（以上略本《史通·六家·二体》）。盖编年体本为古史记载之成法，《春秋》一书，即其明证。惟自丘明作传，广采列国之史，羽翼《春秋》，事具首尾，言成经纬，条理始密，然犹为释经而作。迨于荀悦，始取《汉书》各传及志表之文，按其年月前后，散入本纪各年之下，以成一代之典，与《左传》之与《春秋》相为表里者有间。见存乙部诸书，仅袁宏之《后汉纪》，可与是书伯仲。而宋代司马光之撰《通鉴》，则自五季以往，穿贯一千六百余年之事，实包举荀、袁二氏之书，而一新其面目，遂集编年体之大成。此又仰食荀悦之赐，而可以一览得之者。

《汉纪》之作，悉撮取班书入录，此外采录绝少，故顾炎武病其叙事索然无意味，间或首尾不备，是诚然矣。然据宋李焘所跋及《四库提要》所考，曾举详于班书者数事，盖别有所本，是则其书与班书之多同，正由荀氏之矜慎。然吾谓荀书之可贵者，不在内蕴，而在义例。义例维何？即悦所自称达道义、章法式、通古今、著功勋、表贤能五者是也。五者之中，尤以二、三两例为最要。所谓章法式，即修史之成法，《左传》所举之五十凡，《史通》所论之史法，皆此物也。所谓通古今，即太史公所谓通古今之变，亦章学诚所宗尚之通史。悦亦自言，约撰旧书，通而叙之。杜佑、司马光、郑樵诸氏之作，悉自"通而叙之"一语引申得之。吾国谈史法者，始于刘知幾，谈史意者，始于章学诚，抑知荀氏于千余年前，已深明其会通之旨，而于《汉纪》一书著其法式，其有功于史学为何如。纪事本末一体，创于袁枢，其书皆钞撮《通鉴》而成，非有旁搜博综之功，然而后贤盛称之者，亦以其能别创义例，为来学示之准的耳。《汉纪》之足称，亦以是而已。

《汉书·艺文志》春秋家曾著录《汉著记》百九十卷，颜注云，若今之起居注，其意似谓著记即注记也。考《汉书·五行志》曾举《汉著纪》之名，自高祖至孝平凡十二世，《律历志》亦屡称《著纪》，所记悉为年世，或日食朔晦之数。《后汉书》则作《注记》，见《和熹邓皇后纪》及《马严传》。王应麟《汉志考证》引刘毅语云，汉之旧典世有《注记》，是记又作纪，著又作注。据《五行志》所载十二著记之文，多属五行历数天人相应之事，盖太史令之所掌也（参阅朱希祖先生《汉十二世著纪考》，见《北京大学季刊》二卷三号）。则是《汉著记》未必属于起居注，颜注所说未为得实。《汉书》又著录《太古以来年纪》二篇，《汉大年纪》五篇。《太古以来年纪》所记，当为三代以往之纪年，为《史记》所本。或谓《汉书本纪注》臣瓒所说《汉帝年纪》，悉出《汉大年纪》，或又谓其体似《大事记》，其详不可考矣。要之《汉著记》《汉大年纪》二书，皆在《汉书》以前，且为汉史之一种，故不惮烦而附述之。

章学诚谓："三代以上记注有成法，而撰述无定名，三代以下，撰述有定名，而记注无成法。"（《文史通义·书教上》）所谓记注，即旧日所称之掌故，亦今日所称之史料；所谓撰述，即旧日所称纪传、编年二体之史，亦今日所称之史书。三代盛时，有史官世掌典籍，记言记事，职有专司，所谓掌故史料之书，皆为史官之所典掌，故曰记注有成法。而于是时，盖无一人如孔子之修《春秋》，司马迁之作《史记》，整齐千百年事，以垂为百代之大典者，故曰撰述无定名。质言之，即有史料而无史书是也。春秋之世，孔子观书周室，因鲁史记而修《春秋》，即将旧存之记注，为史官所掌者，始终条理，撰成一书。司马迁亦以《尚书》《世本》《左传》《国语》《国策》《楚汉春秋》等书及当代郡国所上之计书为史料，而作《史记》。后世之修史者，悉沿斯例而无改，故曰撰述有定名。然自周室衰微，史官失职，典守之籍，逐渐散亡，迨汉之中叶，司马氏父子殁后，所有记言记事之役，掌故史料之藏，改由他职兼领，而史官之制，遂与古不侔矣，故曰记注无成法。此其可考之大略也。吾谓古代史官，有记注而无撰述，如所谓《虞书》《夏书》《周书》、鲁之《春秋》，未经孔子删定者，皆记注也。后世史家，则重撰述而轻记注，自孔子、左丘明、司马迁、班固、荀悦以来，所修编年纪传之史，皆撰述也。记注为史官世守之业，撰述开私家修史之风，史官世守之业，极于司马迁，而隋唐以后官修诸史，犹有告朔饩羊之意存焉。私家修史之风，导源于孔子、左丘明，而大成于司马迁、班固，而魏晋六朝所修诸史，皆其支与流裔也。或谓司马氏父子世为太史令，职典记事，乃作《史记》，班固官兰台令史，奉明帝之命，以成所著《汉书》，皆非私史之比，此殊不然。寻《太史公自序》所记，盖奉父命作史，故曰悉论先人所次旧闻，又自比于孔子之修《春秋》，曰，大抵贤圣发愤之所作也；王肃谓孝武览孝景及己本纪大怒，削而投之，于是两纪有录无书；卫宏曰，迁作景帝本纪，极言其短，及武帝过，武帝怒而削去之，后人或证其言之妄，今本景武二纪，俱为后人所补，宏言未必无据；至固本因其父业，私作国史，为人所讦发，明帝奇其书，乃使因而成之；是皆私家修史之明证。自马班二氏，发凡起例，创为纪传一体，后贤承之，多有名作，遂于魏晋南北朝之世，大结璀璨光华之果。当此之时，记注固无成法，撰述已有定名，于古虽有未合，于今亦未为失也。

吾国古史之体多为编年，如《春秋》及《竹书纪年》皆是。司马迁始改为纪传体，为班固以下所祖，此固创而非因也。或谓《史记·大宛传》尝两引"禹本纪"，而《伯夷传》亦有其"传曰"之语，是为本纪、列传二体所本。又或谓《世本》有世家，有传，有谱，有帝系、氏姓、居、作等篇，而迁亦自言采及《春秋历谱谍》，为世家、书、表各体之所本。梁启超亦论之曰，本纪以事系年，取则于《春秋》，八书详纪政制，蜕形于《尚书》，十表稽谍作谱，印范于《世本》，世家、列传既宗杂记，亦采琐语，则《国语》之遗规也（《过去之史学界》）。是则《史记》之各体虽有所因，非由自创，而迁能整齐条理，上结前代史官之局，下开私家作史之风，其功侔于左氏，而几于孔子争烈矣。班固因《史记》之体以成断代之作，改世家以入传，易书而称志，又称其大名曰书，为后来史家所本，几为一成不易之规。固又别为平林新市公孙述作"载记"，为《晋书》"载记"所本，是亦世家一体之易名也。吾谓汉人称古代之典籍曰经，古史如《尚书》《春秋》亦有经名，《汉志》著录之《尚书古文经》《春秋古经》是也。释经之作或曰传，或曰记，左氏、公羊、穀梁三氏之书，皆为释《春秋》而作，故以传称之。而《周官经》及《礼经》亦别有传，《汉志》有《周官传》四篇，《仪礼·丧服》内有"传曰"之文，《丧服》正文即礼经，而"传曰"以下之文，即《礼经》之传也。传又称记，故古《礼经》之外又有记，而不必为今本之《礼记》，是则记与传皆为释经而作也。《史记》之有本纪（《汉书叙传》称为春秋考纪），以编年为体，义同于《春秋经》，本纪之外而别作列传，义同于《左氏传》，凡本纪不能详者，皆具于列传，即列传为释本纪而作也。然本纪之义同于记事，故记事亦称纪事，记为释经而作，义正同传，而迁何以称古史为"史记"，自作之史何以又称本纪，盖纪帝王之事，有"禹本纪"为例，而又不能僭称经，故用本纪之名以拟经，此可意度而知之者也。《周礼》外史掌三皇五帝之书，而古人尝称史诵书（《左》襄十四年），而《汉书》亦著录《周书》七十一篇，故班氏以下称史曰书，而《史记》亦称详故事典制者曰八书。然古人概称记事之书曰志，义正同书，是班氏之易书为志，亦有未安，不如易志称记，取以相配，亦理之宜也。或易纪人之传为录，而称纪一事之本末者为传，以免记与本纪相溷，亦属允当。总之无论其名为何，皆取以传释经之义，纪传一体创自司马氏，而班氏承之，后世奉为圭臬，异乎此者，则谓之杂史，此即二氏所建立之史法也。

若夫马、班二氏之史学，亦有可得而言者。《史记》之善叙事理，辨而不华，质而不野，其文直，其事核，不虚美，不隐恶，即司马迁之史学也。《汉书》之叙事，不激诡，不抑抗，赡而不秽，详而有体，使读之者亹亹而不倦，即班固之史学也。左丘明之赞《春秋》曰，非圣人孰能修之，然其所举，乃微而显、志而晦、婉而成章、尽而不污、惩恶而劝善之五事。马班二氏作史之旨，不期而与孔子暗合，此即章学诚所谓史意也。刘知幾作《史通》以明史法，又备言史例之要。曾谓：史之有例，犹国之有法，国无法则上下靡定，史无例则是非莫准（《史通·序例》），所谓史例，即史法也。《春秋》之例，具于"五十凡"，而左氏明之。《史记》《汉书》未明言有例，然《史记》有《自序》，《汉书》有《叙传》，而例即寓于自序、叙传之中。迁所谓究天人之际，通古今之变，成一家之言，厥协六经异传，整齐百家杂语，固所谓该万方，纬六经，函雅故，通古今，皆属言之有物，非好为大言者比，谓之史法也可，谓之史例也亦可。且即本书而细求之，亦非无例可寻，惜后人无仿杜预成式为《史记》《汉书》作释例者，遂致古良史之美意，湮没而不彰，可慨也夫。是则史意也，史法也，史例也，皆二氏史学之可考见者也。

第四章　魏晋南北朝以迄唐初私家修史之始末

　　自马、班二氏出，已大畅私家修史之风，迨魏晋南北朝，以迄唐初，而私家修史尤盛，大别言之，可分五类：其一为后汉史、其二为三国史，其三为晋史、其四为十六国史、其五为南北朝史。凡此五类之史，初皆由多家纂集，最后勒定一编。然其源虽同，其流则异，如刘宋以前，后汉史有九家，自范晔《后汉书》成，而九家之书皆废。又如唐以前晋史有十八家，唐太宗官修之《晋书》成，而十八家之书皆废，陈寿《三国志》未成之前，三国之史，各有作者，不只一家，自陈书行，而诸家之书，日就湮废，正与汉晋二史同符，此之谓源亡流存，一例也。晋代之十六国，亦各有史，流传颇盛，后魏崔鸿本之，以作《十六国春秋》，诸国之史，既渐以湮废，而自宋以来，鸿之本书，亦不见著录，此之谓源流俱绝，二例也。南朝有宋、齐、梁、陈四书，北朝亦有魏、齐、周、隋四书，李延寿因之以撰《南史》《北史》，今则八书俱存，与南北史并列于正史，此之谓源流俱存，三例也。依此三例，衍而述之，大略具矣。

　　后汉史作者甚多，兹据《隋书》《旧唐书》两《经籍志》，

《新唐书·艺文志》，考得要略，列表明之：

书名	卷数	著者	存亡	附考
《东观汉记》	《隋》一百四十三 《唐》一百二十七	汉刘珍等	亡	今有清代辑本二十四卷
《后汉书》	《隋》一百三十 《唐》一百三十三	吴谢承	亡	有辑本
《后汉书》	《隋》原百卷、存六十五 《唐》一百	晋薛莹	亡	莹本吴人，后入晋，所作亦称《后汉书》，有辑本
《续汉书》	《隋》八十三 《唐》同	晋司马彪	亡	志三十卷未亡，附范晔之书以行，纪传亡，别有辑本
《后汉书》	《唐》五十八	刘义庆	亡	疑即撰《世说新语》之刘孝标，而两唐系于华峤之前，似为晋人，存疑待考
《汉后书》	《隋》原九十七、存十七 《唐》三十一	晋华峤	亡	有辑本，原作《后汉书》，据《晋书·华表传》及《史通·正史》本作《汉后书》
《后汉书》	《隋》原一百二十二、存八十五 《唐》一百又二	晋谢沈	亡	有辑本
《后汉南记》	《隋》原五十五、存四十五 《唐》五十八	晋张莹	亡	两《唐书》仅称《汉南记》

书名	卷数	著者	存亡	附考
《后汉书》	《隋志》原一百、存九十五 《唐志》一百又二	晋袁山松	亡	有辑本
《后汉书》	《隋志》九十七 《唐志》九十二 《宋志》九十	宋范晔	存	
《后汉书》	《隋志》一百	梁萧子显	亡	
				以上为纪传体
《后汉纪》	三十	晋袁宏	存	
《后汉纪》	三十	晋张璠	亡	
				以上为编年体

上可考者，凡十三种，而见存之本，仅范氏之《后汉书》，袁氏之《后汉纪》，二种而已。其他则多有辑本，清姚之骃《后汉书补逸》二十一卷，中凡辑《东观汉记》八卷，谢承书四卷，薛莹、张璠、华峤、谢沈、袁山松书各一卷，司马彪书四卷，章宗源、黄奭、黄恩纶各有辑本，而汪文台更汇而成七家后汉书，此其可考之大略也。

汉明帝尝诏班固同陈宗、尹敏、孟异，作《世祖本纪》，又撰《功臣列传载记》二十八篇，此即唐代以后官修诸史之滥觞。其后乃诏刘珍、李尤修《东观汉记》，东观者，为章和以后聚藏图籍之所，为修史者所取资，范书称，延笃与朱穆、边韶，著作东观是也。《东观汉记》之作，珍、尤而外，有伏无忌、黄景、边韶、崔寔、朱穆、曹寿、延笃、马日磾、蔡邕、杨彪、卢植，初未有名，后乃称《汉记》，其题为《东观汉记》，则自《隋志》始。范书未出之前，世人宝重其书，在诸家《后汉书》之上，魏晋南北朝之学

者，尝称"六经三史"，"三史"者，《史记》，《汉书》及此书是
也。此亦为官修史籍之一，故撰述不出一手，历时甚久，而终未成
书。衡以章学诚之所论，此书盖属于撰述，体例一依《史记》《汉
书》，大异古史官记注之成法，是为吾国史学界一大变革，而有一
往难返之势者也。自时厥后，迄于范氏，私家之作，缘以大盛，有
若二谢、薛、张、马、华、刘、袁八家之作，具如上表所载者，皆
为三国两晋时之名著，而卓然成一家之言者。往者刘勰推论及此，
其言曰："后汉纪传，发源东观，袁、张所制，偏驳不伦，薛、谢
之作，疏谬少信，若司马彪之详实，华峤之准当，则其冠也。"
（《文心雕龙·史传篇》）刘知幾亦独举司马彪、华峤两家，置他
家而不数，且云推其所长，华氏居最，其心折可谓至矣。近人或推
谢承，以为后汉诸史第一，然仅由逸文窥其厓略，遽加论定未必衷
于情实，仍当以二刘所论为当。八家之书，合以《东观记》，是为
九家后汉书，皆承用《史记》之纪传体，各有所长，亦各有所短，
且其中未成之作，实居半数，故有待于范晔之订定，范书既行，而
诸家之史皆废，夫岂不以是欤。在范氏之前者，又有袁宏、张璠两
家，皆著《后汉纪》，为编年体，为范氏所取资，今则袁《纪》独
存。又梁萧子显亦撰纪传体之《后汉书》，时在范氏之后，书亡于
隋前，故不晓其与范书孰为优劣，今并具列于表。

　　《宋书·范晔传》，载晔左迁为宣城太守，不得志，乃删众家
后汉书，以为一家之作。又载晔狱中《与甥侄书》，以自序云：

　　　　（上略）本未关史书，政恒览其不可解耳。既造后汉，转
　　得统绪。详观古今著述，及评论，殆少可意者。班氏最有高
　　名，既任情无例，不可甲乙辨，后"赞"于理近无所得，唯

"志"可推耳。博赡不可及，整理未必愧也。吾杂"传论"，皆有精意深旨，既有裁味，故约其词句。至于循吏以下及六夷诸"序论"，笔势纵放，实天下之奇作，其中合者，往往不减《过秦》篇，尝共比方班氏所作，作但不愧之而已。欲遍作诸"志"，前汉所有者，悉令备，虽事不必多，且使见文得尽。又欲因事就卷内发论，以正一代得失，意复未果。"赞"自是吾文之杰思，殆无一字空设，奇变不穷，同含异体，乃自不知所以称之，此书书行，故应有赏音者，纪传例，为举其大略耳，诸细意甚多，自古体大而思精，未有此也。恐世人不能尽之，多贵古贱今，所以称情狂言耳（下略）。

今本《后汉书》，无晔《自序》，其撰述之旨趣，可由此书窥之。范氏撰《班固传论》，盛持其短，又用华峤之辞，谓固不能以智免极刑，身陷大戮，然晔亦与于彭城王义康之祸，其结局视固为酷，亦所谓目能察毫毛，而不自见其睫者也。观此书辞，露才扬己，毋乃太甚，何异自衒求售。然曹丕有言："常人贵远贱近，向声背实，古之作者，寄身于翰墨，见意于篇籍，不假良史之辞，不托飞驰之势，而声名自传于后。"（《典论·论文篇》）衡以此文，盖与丕有同慨，其曰世人多贵古贱今，所以称情狂言，岂得已乎？且良工心苦，读书者未必尽喻，故曰，吾杂"传论"，皆有精意深旨，诸"序论"笔势纵放，实天下之奇作，"赞"自是吾文之杰思，殆无一字空设，皆自道其甘苦也。《文选》所录范氏之作，《凡论》一首，《赞》一首，皆为杰作，其他杰作尚多，咸可诵览。如以批评文学之态度，持论班范两书，一则极博赡渊雅之能事，一则有奇情壮采之可味，诚未知其孰为后先，而执笔为纪事文者，倘由范书入手，又能别具心裁，自出手眼，造文为史家之工具，研史之士，不能薄而不为，班书而外，范氏其首选也。

陈振孙《书录解题》，谓范氏删取《东观汉记》以下诸家之书，以为一家之作，是诚然矣。其所采取之迹，今犹有可考者：范氏撰史，多采华峤，峤书易"外戚"为"后纪"，范亦仍之，而肃宗"纪论"、二十八将"传论"、桓谭冯衍"传论"、袁安"传论"、刘赵淳于江刘周赵"传序"、班彪"传论"，其文中之一部，章怀并注为峤之辞；王允"传论"，章怀漏注，以《魏志董卓传注》参校，知亦峤辞；又以《东观记》为本书，复广集学徒，穷览旧籍，删烦补略，以成一代大典。第近人王先谦则谓，范书因于华氏之六事，大都寥寥数句，不关纪传正史，实因峤辞未善，而加以改正，不得因此，遂谓其悉本华书（《后汉书集解述略》），其说是也。不惟于华书如是，其于《东观记》亦然。

《史通》称晔作《后汉书》，凡十纪、十志、八十列传，合为百篇，会以罪被收，其"十志"未成而死（《史通·正史》）。《隋志》著录其书，作九十七卷，两《唐志》皆作九十二卷，唯《宋志》作九十卷，与今本合，其不同者，或以中有子卷多出，今本非有阙佚也。范氏《自序》云：欲遍作诸志，前汉所有者，悉令备，故其目中有十志，以拟《汉书》。或谓晔所撰十志，一皆托谢俨搜撰，垂毕，遇晔败，悉蜡以覆车，宋文帝令丹阳尹徐湛之就俨寻求，已不复得，一代以为恨。其事之有无不可知，藉令垂成而毁，诚可惜也。梁人刘昭曾为范书作注，凡得一百八十卷，昭以范书无"志"，乃取司马彪《续汉书》之八"志"，并作为注，得三十卷，以补其阙，其"序略"所谓借旧"志"以补之，是也。范书与《续志》合刊，始于宋真宗乾兴元年孙奭所请，其奏中仅言刘昭

注补《后汉志》，又云，范晔作之于前，刘昭述之于后，似未知其
出于《续书》者。至陈振孙《书录解题》，乃明言《后汉志》三十
卷，晋司马彪撰，梁刘昭补注，且考章怀注所引，称《续汉》者，
文与今"志"同，其为彪书无疑，至此疑案始决。而两书经此合
刊，《续志》亦不复能别白，不细考者，不以为范书，必以为刘昭
所补矣。

范氏既讥班固任情无例，又自称有纪传例，是则其书必有凡
例，特以身罹极刑，随之俱散，乃不可考。然刘知幾之论，则曰：
"范晔之删《后汉》也，简而且周，疏而不漏。"王鸣盛亦谓：
"范书贵德义，抑势利，进处士，黜奸雄，论儒学则深美康成，褒
党锢则推崇李杜，宰相无多述，而特表逸民，公卿不见采，而特尊
独行。"（《十七史商榷》六十一）是又能鉴马、班二家之失，而
匡正之。是则其书一如《史记》之善序事理，辨而不华，质而不
俚，文质相称，《汉书》之不激诡，不抑抗，赡而不秽，详而有
体，诚不愧一代良史之才，而其史学之梗概，亦可于此窥见焉。

袁宏《后汉纪》作于东晋康帝之世，在范晔之前，其《自
序》云：

> 予尝读《后汉书》，烦秽杂乱，睡而不能竟也。聊以暇
> 日，撰集为《后汉纪》。其所掇会汉纪：谢承书、司马彪书、
> 华峤书、谢忱（即谢沈）书、《汉山阳公记》《汉灵献起居
> 注》《汉名臣奏》，旁及诸郡耆旧先贤传，凡数百卷。前史阙
> 略，多不次叙，错谬同异，谁使正之。经营八年，疲而不能
> 定，颇有传者，始见张璠所撰书，其言汉末之事差详，故复探
> 而益之。

　　袁宏所采之汉纪即《东观记》，马、华、二谢之四书外，他所征引，多著录于《隋志》。宏著是书之动机，由于病诸家《后汉书》之烦秽杂乱，而改效编年体之汉纪。其论班、荀二家之书则曰："班固源流周赡，近乎通人之作，然因藉史迁，无所甄明，荀悦才智经纶，足为嘉史，所述当世，大得治功。"是则以繁而难理，与简而易寻，为两书之轩轾。盖其本书既依仿荀氏而作，明其渊源所自，不能不左班而右荀，不自知其失于议论之公。然而袁氏之作，视上举诸家之书，为便于循览矣。

　　据王鸣盛所考，宏书所采虽博，乃竟少有出范书外者，是诸书精实之语，范氏撷拾已尽，而袁、范两书之价值，亦可想见。《四库提要》谓，荀悦书因班固旧文，剪裁联络，此书则抉择去取，自出鉴裁，又难于悦，斯论诚然，此《史通》所以谓世言汉中兴史者，唯袁、范二家也。

　　其次则三国史，就可考者表列于下：

书名	卷数	著者	存亡	附考
《魏书》	四十八（《隋志》，下同）	晋（魏）王沈	亡	纪传体
《魏氏春秋》	二十	晋孙盛	亡	编年体
《魏纪》	十二	晋阴澹	亡	《唐志》作魏澹。编年体
《后魏春秋》	九	晋孔衍	亡	一作《汉魏春秋》。编年体
《魏尚书》	八	同上	亡	《唐志》作《后魏尚书》

(续表)

书名	卷数	著者	存亡	附考
《魏略》	五十	魏鱼豢	未全亡	《隋志》作《典略》八十九卷，此实为《魏略》《典略》之合本，应作《魏略》五十卷，《典略》三十九卷，有辑本
《魏国统》	十（《隋志》）	晋梁祚	亡	《唐志》作《魏书·国纪》，误
				以上魏。
《蜀书》		蜀汉王崇	亡	
《蜀记》	七（《唐志》）	晋王隐	亡	
《蜀本纪》		晋汉谯周	亡	见《三国志》裴注
《汉春秋》	（《唐志》）	晋习凿齿	亡	即《汉晋春秋》五十四卷之一部，其所谓汉即后汉及蜀汉也，《隋志》作《汉晋阳秋》，盖由避讳
				以上蜀汉
《吴书》	五十五（《隋志》，下同）	吴韦昭	亡	纪传体
《吴记》	九	晋环济	亡	
《吴录》	三十	梁张勃	亡	
				以上吴
《三国志》	六十五	晋陈寿	存《叙录》一卷亡	内《魏书》三十卷，《蜀书》十五卷，《吴书》二十卷
				以上合三国为一书

　　上所著录者，可分官修、私修两类，如王沈之《魏书》，韦昭之《吴书》，属于官修者也；其他诸作，多属于私修。至陈寿乃合诸氏之史，以为《三国志》，而集官私各书之大成焉。纂魏书者，有卫觊、缪袭、韦诞、应璩、王沈、阮籍、孙该、傅玄等多人，而终就其业者则王沈也。纂吴书者，有丁孚、项峻、韦昭、周昭、薛莹、梁广、华覈，其后韦昭独终其书。以上二书，皆承魏、吴二主之命而修者也。陈寿尝谓蜀汉国不置史，记注无官，而刘知幾以为厚诬诸葛，蜀以王崇补东观，许盖掌礼仪，邰正为秘书郎，广求益部书籍，其事具载《蜀志》（《史通·史官》）。兹考《华阳国志》（十一）《后贤志》，王崇于蜀为东观郎，入晋后著《蜀书》，颇与陈寿不同，今陈书不见崇名，知幾所见《蜀志》，若非崇之《蜀书》，即《华阳国志》也。《三国·蜀志·后主传》，景曜元年，亦有"史官言，景星见"之语，此所谓"史官"乃太史令之异称，实历官也。或据此以为蜀有史官之明证，殊为失考；而知幾谓寿之父为诸葛所髡，故加兹谤议，则亦未必可信也。王崇虽官于东观，而所作《蜀书》，仍为私修之史，其不著录《隋志》，以已早亡故也。《史通》谓鱼豢私撰《魏略》，事止明帝（《正史篇》），其时盖在王沈《魏书》之前，今其书佚文甚多，可以窥见大略，裴松之据以补注陈书之阙略，亦可称之名著已。

　　《晋书·陈寿传》云：

　　　　寿仕蜀为观阁令史，及蜀平，除著作郎，撰魏吴蜀《三国志》，凡六十五篇，时人称其善叙事，有良史之才。夏侯湛时著《魏书》，见寿所作，便坏己书而罢，张华深善之，谓寿曰，当以《晋书》相付耳，其为时所重如此。……卒年六十

五。梁州大中正尚书郎范頵等上表曰：故治书侍御史陈寿，作
《三国志》，辞多劝戒，明乎得失，有益风化，虽文艳不若相
如，而质直过之，愿垂采录。于是诏下河南尹、洛阳令，就家
写其书。

《华阳国志·后贤传》亦云：

> 吴平后，寿乃鸠合三国史，著魏、吴、蜀三书六十五篇，
> 号《三国志》。……中书监荀勖、令张华深爱之，以班固史迁
> 不足方也。

《三国志》成于晋初，是时后汉史，仅有东观纪谢承书可资采
撷，而谢书恐未大传于世，至范晔之撰《后汉书》，则远在陈寿之
后，故其《外夷传》多取材于寿书，《隋志》以下，迄于今之二十
四史，列范书于陈前者，盖以朝代为次，非论作者之先后也。《晋
书》陈寿本传《论》云："丘明既没，班马迭兴，奋鸿笔于西京，
骋直词于东观，自斯已降，可以继明先典者，陈寿得之，江汉英灵
信有之矣。"其推许甚至，当代称寿有良史之才，以为马班之亚，
不诬也。或谓寿不帝蜀汉，而为魏作本纪，又曾厚诬诸葛，谓将略
非其所长，《晋书》又载其因乞米不与，而不为丁仪、丁廙立传，
不悟晋以承魏，魏以承汉，寿身为晋臣，若帝蜀汉，必蒙骈首之
诛，寿于《诸葛亮传》后，盛称其才，又为诸葛撰《集》，表上
之，即有微词，绝非谤语，至乞米事，尤为影响之辞，《晋书》好
采杂说，故以入传，然于其上冠以"或云"，以明其事之难信（于
诸葛瞻其父亦然），究之马班而后，应推寿作为佳史，则千载以

来，无异议者。故刘勰论之曰："魏代之雄，纪传互出，《阳秋》《魏略》之属，江表《吴录》之类，或激抗难徵，或疏阔寡要，唯陈寿《三志》，文质辨洽，荀张比之于迁固，非妄誉也。"

晋人习凿齿作《汉晋春秋》，起汉光武，终于晋愍帝，于三国之时，蜀以宗室为正，魏武虽受汉禅晋，尚为篡逆，至文帝平蜀，乃为汉亡，而晋始兴焉，其用意盖以裁正桓温之觊觎非望（《晋书》本传）。说者谓习氏生于晋室南渡之后，与蜀汉之偏安相类，异于陈寿所处之境地，故得奋笔而申其所见。其后朱熹作《纲目》，帝蜀伪魏，亦当南宋偏安之日，正其显证。若宋萧常、元郝经之作《续后汉书》，明谢陛之作《季汉书》，皆承习氏，而以帝蜀伪魏为旨趣者也。然陈书虽未帝蜀，而亦未尝尊魏，其以三国之史，并列而分署，曰《魏书》《蜀书》《吴书》，用示三分鼎足之势，若以帝魏为旨趣，则必仿《晋书》之例，为蜀、吴二国各撰载记，而统署曰《魏书》，不得以"三国志"题之矣。且寿虽官著作，而所撰实为私史，当撰著之时，见其稿者，虽有张华、荀勖、夏侯湛，而未尝上之于朝，又以撰魏志有失勖意，摈之于外。盖晚年归老于家，其书始就，殁后，范頵乃得表上之。《晋书》纪之曰，官就家写其书，则不同于王沈、韦昭等官修之史明矣。

晁公武《郡斋读书志》，称寿书高简有法，允矣。然宋文帝病其简略，乃命裴松之兼采众书，补注其阙（本《史通·正史》），及其奏上，文帝善之，称为不朽之作（《宋书》本传）。松之自谓作注之旨趣有四：一曰补阙，二曰备异，三曰惩妄，四曰论辨。清《四库提要》则曰："松之受诏为注，杂引诸书，亦时下己意，综其大致有六：一曰引诸家之论以辨是非，一曰参诸书之说以核讹异，一曰传所有之事详其委曲，一曰传所无之事补其阙佚，一曰传所有之人详其生平，一曰传所无之人附以同类。"考裴注采录之书，约一百五十种，故推论属于三国时之史料，谓之异闻错出，其流最多（本《史通·正史》），而裴氏悉加采撷，可谓极注家之能事，然吾谓与其谓裴氏为注史，无宁谓为补史，读《三国志》裴注，应作《三国志补编》读之，与读《史记》之三家注、《汉书》之颜注、《后汉书》之章怀注，大异其趣。惟刘知幾则讥其喜聚异同，不加刊定，恣其击难，坐长烦芜，观其书成表献，自比蜜蜂兼采，但甘苦不分，难以味同萍实，则失之过甚。盖刘氏之世旧典多在，可资博览，故深病裴注之繁，若在今日，转藉裴注以考见古籍之鳞爪，故弥觉其可珍，此因处境之异，而见地不同，未可执彼而议此也。

其次则晋史，唐太宗时，诏修《晋书》，有前后晋史十八家之语，兹以《晋书》及隋、唐二《志》考之，所得各家撰述，略如下表，《唐志》之卷数有异同者，亦附记焉。

书名	卷数	著者	存亡	附考
《晋书》	《隋》九十三 《唐》八十九 存八十六	晋王隐	亡	荀绰有《晋后书》十五篇，见《晋书》本传。
《晋书》	《隋》四十四 《唐》五十八 存二十六	晋虞预	亡	
《晋书》	《隋》十四 《唐》十四 存一十	晋朱凤	亡	
《晋书》	三十余	晋谢沈	亡	仅见《晋书》本传，隋唐二《志》无之。

书名	卷数		著者	存亡	附考
《晋中兴书》	《隋》七十八 《唐》八十		晋 何法盛	亡	《南史》三十三，言法盛窃郗绍之稿而撰《中兴书》
《晋书》	《隋》三十六 《唐》三十五		宋 谢灵运	亡	
《晋书》	《隋》 《唐》	一百一十	齐 臧荣绪	亡	
《晋书》	《隋》一百又二 《唐》九	存十一	梁 萧子云	亡	
《晋史草》	三十		梁 萧子显	亡	
《晋书》	七		梁郑忠	亡	
《晋书》	一百一十		梁沈约	亡	
《东晋新书》	七		梁庾铣	亡	
					以上纪传体
《晋纪》	四		晋陆机	亡	
《晋纪》	二十三		晋干宝	亡	《晋书》本传作二十卷
《晋纪》	十		晋曹嘉之	亡	
《汉晋春秋》	《隋》四十七 《唐》五十四		晋习凿齿	亡	《隋志》作《汉晋阳秋》，由于避讳
《晋纪》	十一		晋邓粲	亡	《晋书》本纪作《元明纪》十篇
《晋阳秋》	三十二		晋孙盛	亡	简文帝太后郑氏讳阿春，改春为阳，见《宋书·州郡志》

书名	卷数	著者	存亡	附考
《晋纪》	二十三	宋 刘谦之	亡	
《晋纪》	十	宋 王韶之	亡	
《晋纪》	四十五	宋徐广	亡	
《续晋阳秋》	二十	宋 檀道鸾	亡	
《续晋纪》	五	宋 郭李产	亡	
				以上编年体

上所列者，凡二十三家，谢沈之书，不见《隋志》，盖已不传，郑忠、沈约之《晋书》，庾铣之《东晋新书》，皆亡于唐前，故《隋志》注亡字以明之。唐初可考者，应为十九家，而刘氏谓之十八家者，岂以习氏之书，上包后汉三国，不专纪晋事，故去而不之数欤？或以其书主汉斥魏，故废不用，则臆说也。

陆机《晋纪》，仅纪宣、景、文三世之事，谓之三祖，而三祖皆为追号；干、习二氏皆纪至愍帝；王隐、虞预、朱凤、谢沈，皆东晋初人，故所撰《晋书》，亦仅西晋四朝之事；何法盛始为东晋撰史，故称曰《中兴书》；邓粲之《纪》，仅记元明二帝，一称曰《元明纪》；徐广之书，虽无明文，所纪亦当限于东晋。其他如孙、王、檀、郭诸氏，或专详东晋，或兼记两晋，则史所未详，不能臆定。谢灵运之书，撰于晋亡之后，当兼详两晋，而书竟不就，本传亦明言之矣。其能囊括两晋之事，以成一代之典者，仅臧荣绪、萧子云、沈约三氏耳。据《南齐书·高逸传》，称荣绪之书一百十卷，纪录志传俱备。同时之褚渊，尝谓其蓬庐守志，沈

深典素，追古著书，撰《晋书》十袠，赞论虽无逸才，亦足弥纶一
代，是其书之价值，可以窥见。往者王鸣盛考论及此，以谓荣绪既
勒成司马氏一代事迹，各体具备，卷帙繁富，谅有可观，即以垂
世，有何不可，乃唐贞观中，房玄龄奏令狐德棻重修《晋书》，号
为太宗御撰，而荣绪之书竟废，吾为荣绪愤之，是可为臧氏千载下
一知己矣。萧、沈二氏之书，虽亦为完作，然《隋志》著录时，沈
书已亡，萧书仅存十一卷，其视臧书何若，无从质证，可以勿论，
惟刘知幾谓贞观撰《晋书》成，言晋史者，皆弃其旧本，竟从新撰
（《史通·正史》），是诸家旧史之渐就湮废，本为自然之趋势。
知幾又称，房玄龄所主修者为《新晋书》（见《史通》《题目》、
《暗惑》二篇），是亦因臧氏之书具在，而系新旧之名以别之，亦
犹两《唐书》、两《五代史》，各系以新旧之称也。臧氏《旧晋
书》，当亡于安史之乱，其后唯存贞观新撰书，而后世遂不复知有
《新晋》之名，此考《晋书》者所宜知也。

　　评骘诸家《晋书》之得失者，具于《晋书》"传论"，《晋
书》第八十二卷所载，除陈寿、王长文、虞溥、司马彪四家之外，
如王隐、虞预、孙盛、干宝、邓粲、谢沈、习凿齿、徐广，皆为私
修《晋书》之史家，而复为之"总论"云：

　　　　王氏虽勒成一家，未足多尚，令升（干宝《晋纪》）安国
　　（孙盛字），有良史之才，而所著之事，惜非正典，悠悠晋
　　室，斯文将坠，邓粲、谢沈，祖述前史，茸宇重轩之下，施床
　　连榻之上，奇词异义，罕见称焉。习氏、徐公，俱云笔削，彰
　　善瘅恶，以为惩劝，夫蹈忠履正，贞士之心，背义向荣，君子
　　不取，而彦威（习凿齿字）迹沦寇壤，遂巡于伪国，野民（徐

广字）运遭革命，流连于旧朝，行不违言，广得之矣。

贞观二十年闰三月诏修《晋书》之文，亦云：十有八家，虽存记注，才非良史，书非实录，荣绪烦而寡要，行思（谢沈字）劳而少功，叔宁（虞预字）味同画饼，子云学埋涸流，处叔（王隐字）不预于中兴，法盛莫通乎创业，洎乎干、陆、曹、邓，略纪帝王，鸾、盛、广、松，才编载祀，其文既野，其事罕有（《玉海》四十六）。此即唐之君臣对《晋书》所下之评语也。所评骘未必悉当，然可窥见大略。至唐太宗贞观十八年，始命房玄龄等主修《晋书》。《旧唐书·房玄龄传》，谓玄龄与褚遂良受诏重撰《晋书》，与其事者，有许敬宗、来济、陆元仕、刘子翼、令狐德棻、李义府、薛元超、上官仪等八人，分功撰录，以臧荣绪《晋书》为主，参考诸家，甚为详洽，然以好采诡谬碎事，论者所病。又以李淳风深明星历，主修天文、律历、五行三志，最为可观。而太宗自著宣、武二帝纪及陆机、王羲之二传之四论，于是号其书为御撰。至二十年书成，凡一百三十卷，大略如此。此书为鸠集多人，设局纂修而成，虽用后汉东观修史之成法，亦实开后来官修诸史之先例，大异于往者私修诸史。是时所成诸晋史，以臧书为最完整，故取以为主，是又可考而知之者。

其次则十六国史，其可考者，多见《隋志》，具载后表；其有不见《隋志》者，亦撷其要籍列入，惟注所出于附考栏中，再有不足于此，则近人所辑《晋书》艺文、经籍等志，可覆按也。

书名	卷数	著者	存亡	附考
《汉赵记》	十	前赵和苞	亡	记前赵刘氏事
《赵书》	十	燕田融	亡	记后赵石氏事，一名《二石集》，《唐志》作《赵石记》二十卷，徐光等撰《上党国记》早亡
《二石传》	二	晋王度	亡	度又作《二石伪治时事》二卷
《汉之书》	十	晋常璩	亡	记蜀李氏事，《唐志》又作《蜀李书》九卷
《燕记》	〇	燕杜辅	亡	纪前燕事，见《史通》
《后燕书》	三十	后燕董统	亡	见《史通》
《燕书》	二十	后燕范亨	亡	合纪前燕、后燕慕容氏事，申秀亦撰《燕书》
《燕书》	〇	后燕封懿	亡	见《魏书》本传
《南燕录》	五	燕张诠	亡	纪慕容德事，下同。《唐志》作《南燕书》
《南燕录》	六	燕王景晖	亡	
《南燕书》	七	游览先生	亡	不详何时人
《燕志》	十	魏高闾	亡	纪北燕冯跋事，此书实韩显宗撰
《秦书》	八	何仲熙	亡	记前秦苻氏事。又有车频《秦书》三卷
《秦记》	十一	宋裴景仁	亡	此书实因赵整车频之《秦记》
《秦记》	十	魏姚和都	亡	记后秦姚氏事
《凉记》	八	燕张谘	亡	记前凉张氏事，下同
《凉国春秋》	五十	凉索绥	亡	见《史通》
《凉记》	十二	凉刘庆	亡	
《凉书》	十	凉刘昞	亡	
《西河记》	二	晋逾归	亡	
《凉记》	十	凉段龟龙	亡	纪后凉吕氏事
《凉书》	十	魏高道谦	亡	纪北凉沮渠事

(续表)

书名	卷数	著者	存亡	附考
《凉书》	十	魏宗钦	亡	同上
《托跋凉录》	十	无撰人	亡	纪南凉秃发氏事
《敦煌实录》	十	凉刘昞	亡	纪西凉李氏事
《夏国书》		赵思群等	亡	纪赫连氏事，早亡
以上十六国史单行本，独缺西秦乞伏氏				
《十六国春秋》	一百	魏崔鸿		原书亡，有伪本、辑本
《三十国春秋》	二十一	梁萧方等	亡	有辑本，此书以晋为主，附刘渊以下二十九国
《三十国春秋》	一百	武敏之	亡	同上，名见《唐志》
《战国春秋》	二十	李槩	亡	同上亦纪十六国之事
以上十六国史合辑本				

唐初撰《隋书·经籍志》，始著"霸史"之目。其序云：

自晋永嘉之乱，皇纲失驭，九州君长据有中原者甚众，或推奉正朔，或假名窃号，然其君臣忠义之节，经国字民之务，盖亦勤矣。而当时臣子，亦各纪录，后魏克平诸国，据有嵩华，始命司徒崔浩，博采旧闻，缀述国史，诸国记注，尽集秘阁，尔朱之乱，并皆散亡，今举其见在，谓之霸史。

同时刘知幾于所著《史通·正史篇》中，榷论十六国史之原委较详，然自《十六国春秋》书行，而十六国史尽归散亡。其可述者，独有崔氏之书而已。

《魏书·崔光传》云：

从子鸿，少好读书，博综经史，弱冠，便有著述之志，见晋魏前史，皆成一家，无所措意，以刘渊、石勒、慕容儁、苻健、慕容垂、姚苌、慕容德、赫连屈子、张轨、李雄、吕光、乞伏国仁、秃发乌孤、李暠、沮渠蒙逊、冯跋等，并因世故，跨僭一方，各有国书，未有统一，鸿乃撰为《十六国春秋》，勒成百卷，因其旧记，时即增损褒贬焉。鸿二世仕江左，故不录僭晋刘、萧之书，又恐识者责之，未敢出行于外。世宗闻其撰录，诏鸿送呈，鸿以其书有与国初相涉，言多失体，且既未讫，迄不奏闻。后典起居，乃妄载其表曰：（中略）自晋永宁以后，虽所在称兵，竞自尊树，而能建邦命氏，成为战国者，十有六家；善恶兴灭之形，用兵乖会之势，亦足以垂之将来，昭明劝戒；但诸史残缺，体例不全，编录纷谬，繁略失所宜，审正不同，定为一书。（中略）始自景明之初，搜集诸国旧史，属迁京甫尔，率多分散，求之公私，驱驰数岁，暨正始元年，写乃向备。谨于吏案之暇，草构此书，区分时代，各系本录，破彼异同，凡为一体，约损烦文，补其不足，三豕五门之类，一事异年之流，皆稽以长历，考诸旧志，删正差谬，定为实录，商校大略，著《春秋》百篇。至三年之末，草成九十五卷，唯常璩所撰李雄父子据蜀时书，寻访不获，所以未及缮成，辍笔私求，七载于今。此书本《江南撰录》，恐中国所无，非臣私力所能终得，其起兵僭号事之始末，乃亦颇有，但不得此书，惧简略不成，乞敕缘边求采。臣又别作《序例》一卷，《年表》一卷，仰表皇朝统括大义。鸿意如此。后永安中，鸿子子元为秘书郎，乃奏其父书曰：臣亡考鸿刊著赵、燕、秦、夏凉、蜀等遗载，为之赞序，褒贬评论，先朝之日，草构悉了，唯有李雄蜀书，搜索未获，阙兹一国，迟留未成，去正光三年，购访始得，讨论适讫，而先臣弃世。凡十六国，名为《春秋》，一百二卷，今缮写一本，乞藏秘阁。

盖鸿于生前迄未敢将书进呈，虚撰表文，以求免祸，至殁世后，其子乃表上之，细按传文可知也。又《史通·正史篇》云：

> 魏世黄门侍郎崔鸿，乃考核众家，辨其异同，除烦补阙，错综纲纪，易其国书曰"录"，主纪曰"传"，都谓之《十六国春秋》。鸿始以景明之初，求诸国逸史，逮正始元年，鸠集稽备，而犹阙蜀事，不果成书，推求十有五年，始于江东购获，乃增其篇目，勒为一百二卷。鸿殁后，永安中，其子缮写奏上，请藏诸秘阁，由是伪史宣布，大行于时。

凡上所述，即崔鸿撰书之始末及其命意之所在也。考崔氏之书，以晋为主，又有表、赞、序、例（见前），区分时代，各系本录，体裁详备，足以包举诸家。惜其书于宋代之《崇文总目》即不见著录，晁、陈以下更无其名，然《太平御览》撰于宋初，犹见称引，司马光撰《通鉴考异》，亦屡及之，光所见者，固非全帙，而其书亡于北宋中叶以后，则无可疑也。世所流传之《十六国春秋》一百卷，经清代考定，为明人屠乔孙、项琳、姚士粦辈之伪作。今细检之，乃取《晋书》张轨、李暠（原作李玄盛）两传，及载记三十卷之专详十六国事者，并《艺文类聚》《太平御览》诸书，所引《十六国春秋》佚文，一一书录联缀而成一编，撷拾略备，用心颇苦；惟《魏书》所叙十六国事，其文不必悉同崔书，而作伪者亦为采入，称为鸿作，则谬妄之尤者也。吾谓后人重辑十六国史，应不出两途：其一，应以辑逸为主，先就《类聚》《御览》所引，明知其为崔书者，录为一辑，再就他书所载之虽未明言为崔书，而确知其必出于是者，取而附益之，如清代汤球《十六国春秋》辑本是其例也。其二，应以史事为主，不必限为崔书，凡古籍中涉及十六国事者，悉以入录，不遗只字，而一一注明所出于下，如马骕之撰《绎史》，即其例之最佳者。屠氏所作，实同《绎史》，诚能将所辑之书，一一注明，则不失为十六国史之佳本，何必托名崔鸿，而以作伪为哉。浦起龙曾谓，屠氏欲起斯废，毋假初名，毋袭卷数，显号补亡可也，匿所自来，掩为己有，真书悉变为赝书矣，所论诚为中肯。然屠氏之书，署为鸿作，则非攘人之善以为己有者，实以崔鸿原作，大略不出于是，至其已蹈于作伪，则不之知，何若自署其名称为辑本之为得也。

　　唐修《晋书》，兼引十六国史，而撰三十《载记》，《史通》已言之矣（《正史篇》）。其所采者，固以崔书为多，然亦兼采各国史之原作。汤球辑本，以《汉魏丛书》之简本《十六国春秋》为主，而以《晋书》张、李两传及《载记》全文补足之，其中有与诸书所引不同者，再据以改正之。球谓《晋书·载记》所叙十六国事，实采崔书而成，尚无大误，然遽谓《载记》之文，即同于崔书，一一录出，以为不异原作，虽异乎屠氏之作伪，亦不免失于武断矣。《隋志》于《十六国春秋》下，附载《纂录》一十卷，未注为何氏之作，汤球谓即《汉魏丛书》著录之简本（凡十六卷），由后人摘录崔书而成，校以《通鉴考异》所引，悉与此同，例所称《十六国春秋钞》者，即此本也。又据北齐修《文殿御览·偏霸部》所载，亦悉与简本相同，遂名是书曰《十六国春秋纂录》，并改订十六卷为十卷，以蕲合《隋志》之数，是亦可谓史学界之一发见矣。好学深思，心知其意，汤氏有焉。

其次则南北朝史，部次颇多，有修于唐以前者，有修于唐初者，其中有官修者，有私修者，兹就可考者，列表明之，表中所列，悉据隋唐二志，非有异同，则不复别白云。

书名	卷数	著者	存亡	附考
《宋书》	六十五	宋徐爰	亡	
《宋书》	六十一	无撰人	亡	宋大明中
《宋书》	六十五	齐孙严	亡	
《宋书》	一百	梁沈约	存	以上纪传体
《宋书》	三十	王智深	亡	
《宋略》	二十	宋裴子野	亡	《唐志》：王智深《宋纪》三十卷
《宋春秋》	二十	梁王琰	亡	《唐志》：鲍衡卿《宋春秋》二十卷。以上编年体
《齐书》	六十存五十九	梁萧子显	存	今本佚其叙传一卷
《齐纪》	十	梁刘陟	亡	《唐志》作《齐书》
《齐纪》	二十	梁沈约	亡	以上纪传体
《齐史》	十三	梁江淹	亡	
《齐春秋》	三十	梁吴均	亡	
《齐典》	五	隋王逸	亡	
《齐典》	十	齐熊襄	亡	《唐志》作《十代记》。以上编年体
《梁书》	一百存四十九	梁谢贞	亡	
《梁史》	五十三	陈许亨		
《梁书帝纪》	七	隋姚察		
《梁书》	三十四	谢昊、姚察	亡	
《梁书》	五十	唐姚思廉	存	以上纪传体

（续表）

书名	卷数	著者	存亡	附考
《梁典》	三十	隋刘璠	亡	
《梁典》	三十	陈何之元	存	
《梁后略》	十	隋姚最	亡	以上编年体
《陈书》	四十二	陈陆琼	亡	
《陈书》	三	顾野王	亡	
《陈书》	三	傅縡	亡	
《陈书》	三十六	唐姚思廉	亡	以上纪传体
				以上南朝各史
《后魏书》	一百三十	北齐魏收	存	今本只称《魏书》
《后魏书》	一百	隋魏澹	亡	《隋志》作魏彦深，彦深即澹之字
《魏书》	一百	唐张太素	亡	以上纪传体
《北齐未修书》	二十四	隋李德林		
《北齐书》	二十	唐张太素	亡	
《北齐书》	五十	唐李百药	存	以上纪传体
《齐志》	十	隋王劭	亡	《唐志》作《北齐志》十七卷
《齐书》	一百	同上	亡	
《北齐纪》	二十	隋姚最	亡	以上编年体
《周史》	十八	隋牛弘	亡	
《后周书》	五十	唐令狐德棻	存	今本只称《周书》
《隋书》		隋王劭	亡	仿《尚书》纪言体
《隋书》	三十二	唐张太素	亡	
《隋书》	八十五　内"志"三十卷	唐魏徵等	存	以上纪传体
				以上北朝各史
《南史》	八十	唐李延寿	存	
《北史》	一百	同上	存	
				以上南北朝合史

　　上所列南朝诸史，为宋、齐、梁、陈四代，此《南史》所据以成书者也。北朝诸史，为魏、齐、周、隋四代，此《北史》所据以成书者也。南北朝诸史之已亡者，多属私修，《史通·正史篇》，已略论之，可供研考，无事赘述。兹第就见存诸史论之，仅萧子显之《南齐书》，出于自撰，书成而上之于朝，若沈约之《宋书》，则于齐武帝永明五年，被诏纂修，六年二月上之，魏收之《魏书》，则齐文宣帝天保二年，被诏纂修，又命房延祐、辛元植、刁柔、裴昂之、高孝幹、陆仲让等同预其役，实开唐初设局修史之先声。书成上之。至梁、陈、北齐、周、隋五史，私家不乏作者，多未成书，唐高祖武德中，令狐德棻始议纂修，久而未就，至太宗贞观三年，乃诏令狐德棻、岑文本修《周书》，李百药修《齐书》，姚思廉修《梁》《陈》二书，魏徵修《隋书》，而以房玄龄总监诸史，至贞观十年五史俱成，合称《五代纪传》，凡二百二十五卷，此为唐初官修之五史，一称《五代史》者是也。隋姚察始撰梁、陈二史，《隋志》著录之《梁书》帝纪七卷，即察未成之稿也，察亦仅成《陈书》二卷，唐太宗因其父子世业，故命其子思廉踵成之。隋李德林亦成《北齐书》二十四卷，著于《隋志》，称曰"未修书"，以明为未成之作，唐太宗命其子百药，续成《北齐书》，亦犹姚思廉之继姚察耳。是则梁、陈、北齐三书，官修其名，而私撰其实也。依此求之，沈约之修《宋书》，虽受命时君，而奋笔一室，不假众手，亦与私撰无殊，即魏收之书，多人为助，亦与唐以后设局纂修之史不同，谓为出于魏收之私撰，亦无不可也。唐代所修五史，惟令狐德棻主修之《周书》、魏徵主修之《隋书》，成于众手，是为官撰，与魏晋南北朝私家所修诸史，大异其趣，是则与梁、陈、北齐三书，不可并论者耳。

李延寿之作《南史》《北史》，本为承其父大师之遗志，《北史·序传》，曾详言之。其略云：

大师少有著述之志，常以宋、齐、梁、陈、齐、周、隋，南北分隔，南书谓北为索虏，北书指南为岛夷，又各以其本国周悉书，别国并不能备，亦往往失实，尝欲改正，将拟《吴越春秋》，编年以备南北，……宋、齐、梁、魏四代有书，自余竟无所得，……家本多书，因编辑前所修书，贞观二年终，……既所撰未毕，以为没齿之恨。子延寿，与敬播俱在中书侍郎颜师古、给事中孔颖达下删削，既家有旧本，思欲追终先志，其齐、梁、陈五代旧事所未见，因于编辑之暇，昼夜抄录之，至五年以内忧去职，服阕，从官蜀中，以所得者编次之；然尚多所阙，未得终。十五年任东宫典缮丞，令狐德棻又启延寿修《晋书》，因兹复得勘究宋、齐、魏三代之事所未得者。褚遂良奉敕修《隋书》十志，复准敕召延寿撰录，因此遍得披寻，五代史既未出，延寿不敢使人抄录，家素贫罄，又不办雇人书写，至于魏、齐、周、隋、宋、齐、梁、陈正史，并自手写，本纪依司马迁体，以次连缀之，又从此八代正史外，更勘杂史，于正史所无者一千余卷，皆以编入，其烦冗者，即削去之，始末修撰，凡十六载，始宋凡八代，为《南史》《北史》二书，合一百八十卷。其《南史》先写讫，以呈监国史国子祭酒令狐德棻，始末蒙读了，乖失者亦为改正，次以《北史》谘知，亦为详正。

又延寿《进上〈南史〉〈北史〉表》云（见《序传》）：

不揆愚固，私为修撰，起魏登国元年，尽隋义宁二年，凡三代，二百四十四年，兼自东魏天平元年，尽齐隆化二年，又四十四年行事，总编为本纪十二卷，列传八十八卷，谓之《北史》。又起宋永初元年，尽陈祯明三年，四代，一百七十年，为本纪十卷，列传七十卷，谓之《南史》。合为二书，一百八十卷，以拟司马迁《史记》。就此八代，而梁、陈、齐、周、隋五书，是贞观中敕撰，以十志未奏，犹未出，然其书始末，是臣所修，臣既凤怀慕尚，又备得寻闻，私为抄录一十六年，凡所猎略千有余卷，连缀改定，止资一手，故淹时序，迄今方就。

寻此所论，《南》《北》二史悉由延寿自造，不假众力而成，故一则曰私为修撰，再则曰止资一手，以示别异于贞观官撰之五史，此诚陈寿、范晔以后所仅见者也。司马光称延寿之书，乃近世之佳史。虽于机祥小事无所不载，然叙事简净，比之南、北正史，无烦冗芜秽之辞，陈寿之后，唯延寿可以亚之（《贻刘道原书》）。此由修《通鉴》时，细心称量而出，自属确评。大抵二史之效，即为删繁就简，往者赵翼尝取八史核对，延寿于宋、齐、魏三史，删汰最多，以其芜杂太甚也；于梁、陈、北齐、周、隋五史，则增删俱不甚多，以五史本唐初所修，延寿亦在纂修之列，已属善本故也。故翼又总称之曰，大概较原书事多而文省，洵称良史。此盖与陈振孙《直斋书录解题》所谓"南北史粗得作史"之体一语同其意旨者。尝谓三代以下，汉唐为盛，而汉之前有秦，唐之前有隋，皆所以为其统一之先驱。隋开国未久，即灭陈而统一南北，不得侪于南北对峙之七朝，而李氏必以列入《北史》，何也？

夫陈氏《国志》，称曹魏为本纪，所以明晋统，李氏《北史》，侪隋代于七朝，所以尊唐宗，皆所谓有意为之，不协于议论之公者也。

今本宋、南齐、魏、北齐、周五史，皆有阙略，而《北齐》《周书》尤甚，除《南齐》外，多取李氏《南》《北》二史补之，《魏书》之中，间有采魏澹书补入者，今取诸史观之，似为整齐之作，而实则残阙不完。梁章钜谓自《南》《北》二史行，而八书俱微，诵习者鲜，故愈久而阙佚愈甚（《退庵随笔》十四），信为笃论。是则八书转赖《南》《北》二史以传，而《南》《北》二史之有功于史学，亦大矣哉。

唐太宗贞观十五年，以梁、陈、北齐、周、隋五史无志，诏修《五代史志》，以长孙无忌监修，至高宗显庆元年成书奏上，此即附于《隋书》之十志凡三十卷者是也。《史通·正史篇》叙及此事，谓修志者为令狐德棻、于志宁、李淳风、韦安仁、李延寿等五人，太宗崩后，刊勒始成，其篇第虽编入《隋书》，其实别行，俗呼为《五代史志》，所论最为辨晰，其编入《隋书》者，以其序为最后耳。吾谓此等编次之法，最得史体，其他四史，则不必一一作志，以省卷帙，厥后钱大昕撰《元史·艺文志》，兼举辽金，即用此法，不知此者，乃谓《隋志》上及梁、陈、齐、周，失于断限，抑何不考之甚耶？

综上所述，源流略具，官修之史，十才一二，私修之史，十居八九，其上者如陈寿《国志》、范晔《后书》、李延寿《南》《北》二史，次者如司马彪之《续汉志》、华峤之《汉后书》、臧荣绪之《晋书》，皆私史也。沈约《宋书》，名为敕修，实出一人之手，亦私史之比也。故论本期之史，以私修者为多为佳，而官修之史，不过随以附见而已。

当此之时，私家作史，何以若是之多，其故可得而言。两汉经师，最重家法，至后汉郑玄，而结集古今学之大成。魏晋以后，转尚玄言，经术日微，学士大夫有志撰述者，无可发抒其蕴蓄，乃寄情乙部，壹意造史，此原于经学之衰者一也。自班固自造《汉书》，见称于明帝，当代典籍史实，悉集于兰台东观，于是又命刘珍等作《汉纪》，以续班书，迄于汉亡，而未尝或辍。自斯以来，撰史之风，被于一世，魏晋之君，亦多措意于是，王沈《魏书》，本由官撰；陈寿《国志》，就家迻写；晋代闻人，有若张华、庾亮，或宏奖风流，或给以纸笔，是以人竞为史，自况马、班，此原于君相之好尚者二也。古代史官世守之制，至汉已革，又自后汉灵、献之世，天下大乱，史官更失常守，博达之士，愍其废绝，各纪见闻，以备遗亡，后则群才景慕，作者甚众，《隋志》论之详矣，此原于学者之修坠者三也。若乃晋遭"八王之乱"，南则典午偏安，以逮宋、齐、梁、陈，北则诸国割据，以逮魏、齐、周、隋，历年三百，始合于一。割据之世，才俊众于一统，徵之于古，往往而然。当时士夫各有纪录，未肯后人，因之各有国史，美富可称，此原于诸国之相竞者四也。综上所论，具此四因，私史日多，又何足怪。虞预私撰《晋书》，而生长东南，不知中朝故事，数访于王隐，并借隐所著书窃写之，所闻渐广（《晋书·王隐传》）。郄绍作《晋中兴书》，数以示何法盛，法盛有意图之，谓绍曰，卿名位贵达，不复俟此延誉，我寒士无闻于时，如袁宏、干宝，赖有著述，流声于后，宜以为惠。绍不与，至书成，在斋内厨中。法盛诣绍，绍不在，直入窃书。绍遂失之，无复兼本，于是遂行何书（《南史·徐广传》）。以此二事证之，乃至不惮攘窃，以成己名，修史之重，又可知矣。自司马迁撰《自序》一文，系于《史记》之末，述其先世所自，及世为史官，兼明作史之意，是其本旨未为失也。班固《叙传》，自侈家世，乃于其父班彪撰《史记后传》之事，不著一字，若无范书，即无从晓其本末。或谓以子继父，无烦注明，颜籀注班，即其显例。此殊不然，事实具在，讵得泯没，以班例马，亦其失也。厥后作史诸家，竞相仿效，侈述先德，累牍连篇，有若沈约、魏收、李延寿诸作，或云自序，或称叙传，虽云有例在前，多无关于作史，盖于是时，人人以拟孔、左，家家自况马、班，若非从事侈陈，其名无由而显，是则风气使然，贤者不免，而作史动机，亦由于此矣。

本期史家等第，亦可一为推论，陈寿、范晔、沈约、李延寿，是为上选，司马彪、华峤、袁宏、习凿齿、干宝、臧荣绪、崔鸿、裴子野、王劭，抑其次也。其余诸家半归散佚，就其存者论之，非上述诸家之比矣。往者刘勰《文心》谓春秋经传，举例发凡，自《史》《汉》而下，莫有准的，至邓粲《晋纪》，始立条例（《史传篇》），是史之有例，始于邓粲矣。刘知幾《史通》更纵论之，其言曰：

　　昔夫子修史，始发凡例，左氏立传，显其区域，科条一辨，彪炳可观。降及战国，迄乎有晋，年逾五百，史不乏才，虽其体屡变，而斯文中绝。唯令升先觉，远述丘明，重立凡例，勒成《晋纪》。邓（粲）孙（盛）已下，遂蹑其踪，史例中兴，于斯为盛，若沈《宋》之《自序》，萧《齐》之《序录》，虽皆以序为名，其实例也。干宝、范晔理切而多功，邓粲、道鸾辞烦而寡要，子显虽文伤蹇踬，而义甚优长，斯一二家，皆序例之美者。夫师不事古，匪说攸闻，苟模楷曩贤，理非可讳，而魏收作例，全取蔚宗，贪天之功，以为己力，异夫（《序例》）。

是则史例之作，始于干宝，而邓粲效之，范晔《后书》有例，已具论于前，证以《史通》，语益不诬，而魏收袭之，尤为有据已。寻《史通》所论，不惟干宝、邓粲、孙盛、范晔、檀道鸾、沈约、萧子显、魏收之书有例，而李百药《北齐书》、唐修《新晋书》亦莫不有例，今虽亡佚莫考，然发凡起例，为作史之良法，创于孔、左，而大盛两晋、南北朝矣。见存之书，若范氏之《后汉书》，沈氏之《宋书》，则最得此意者也。陈寿《国志》，成于范书之前，当代已推为良史，然其可称道者，乃在仿《国语》《国策》之体，而造成三国分峙之国别史。其后若崔鸿之《十六国春秋》，路振之《九国志》，吴任臣之《十国春秋》，皆闻陈寿之风而兴起者，亦《国语》家之支与流裔也。范氏作史，高自位置，见于《自序》，论者亦以为然，无待详论。若夫李延寿之作《南》《北》二史也，一用《史记》之法，取在南之宋、齐、梁、陈，在北之魏、齐、周、隋，合而纵述之，以成通史之一段；一用《三国志》之法，南北并述，而为国别史之后劲；其后薛居正、欧阳修，合梁、唐、晋、汉、周而为一史，即承用延寿之成法；若衡以《史通》所论，则《南》《北》二史，盖合《史记》《国语》两家而兼之矣。李氏自称依司马迁体，连缀以拟《史记》，今考其书，出于一人之手，成为一家之学，马、班、陈、范而后，盖所罕见，以云拟马，非夸词也。沈约《宋书》繁简失当，尝为后人所嗤，所撰八志，亦谓失于断限。不悟《宋书》之长，正在诸志，约《序》

自称，损益前史诸志为八门：曰律历，曰礼，曰乐，曰天文，曰五行，曰符瑞，曰州郡，曰百官，是则前史之有志者，约已撷其菁英，其无志者，又藉此补其未备，是犹《隋书》之附载《五代史志》，必合而观之，始可考见前代典章之全，作史良法，无过于此，昧者不达，众而嗤之，抑何陋也。南北八朝之史，唯沈约《宋书》，详赡有法，所撰诸志，上继史、汉以弥陈寿以来诸作之缺，其体略如后来之《五代史志》，如此编次，尤具史识。沈氏本已编撰晋、宋、南齐诸史，斐然可观，惜今存者，独《宋书》耳。此书保存史实最多，实在《晋书》之上，李氏《南史》，于宋事剪裁过甚，《宋书》之不可废，亦其一因。故吾推论魏晋南北朝之史家，以陈、范、沈、李四氏为上选焉。司马彪、华峤、袁宏、习凿齿、臧荣绪之书，略论于前，皆不愧为作者，刘知幾极推干宝、裴子野、王劭，其于干宝则曰："宝议撰晋史，以为宜准丘明，其臣下委曲，仍为补注，于时议者，莫不宗之。"（《史通·载言》）又曰："其书简略，直而能婉，甚为当时所称。"（又《正史》）其于裴子野则曰："世之言宋史者，以裴《略》为上，沈约次之。"（《正史》）又曰："大抵史论皆华多于实，理少于文，必择其善者，则干宝、范晔、裴子野，是其最也。"（《论赞》）又称："裴氏者，众作之中，所可与言史者。"（《杂说》）其于王劭则曰："近有裴子野《宋略》、王劭《齐志》，并长于叙事，无愧古人，而世人议者，皆雷同誉裴，共诋王氏，夫江左事雅，裴笔所以专工，中原迹秽，王文由其屡鄙，且幾原（子野字）务为虚词，君懋（王劭字）志存实录，此美恶所以为异也。"（《叙事》）又曰："王劭《齐》《隋》二书，其所取也，文皆诣实，理多可信，至于悠悠之饰辞，皆不之取，此实得去邪存正之理，捐华撷实之义也。"（《载文》）由其推挹之至，知其为史家之良者矣。崔鸿撰十六国之国别史，综此群书，取材繁富，悉就陶冶，诚为难能，陈氏《国志》之亚也。或谓萧子显曾撰晋、齐二史，不愧一代作者，魏收之书，虽以秽史见嗤，然实详赡有法，其《官氏》《释老》二志，更为创作，姚察、思廉，李德林、百药两父子，俱两世作史，亦应侪于史家之林，然以视上举诸家，殊有逊色，抑居其次，亦协于议论之公者也。

上私家诸史，仅举其荦荦大者而已。上述之外，如梁吴均之《通史》，魏元晖之《科录》，《史通》讥其全录旧史，芜累尤深，学者宁习本书，怠窥新录（《正史篇》）。然实为乙部之总录，亦本期之钜制也。若乃衍本纪之体，而为《汉纪》《魏纪》《晋纪》；衍列传之体，而为耆旧传、先贤传、高士传、孝子传、列女传；衍书志之体，而为舆地志、方物志、文章志；衍表谱之体，而为帝王谱、百家谱、姓氏谱、宗族谱、中表簿；皆正史之支与流裔，而有不暇悉述者矣。综论本期私家诸作，与史体相近者，计有二端：一曰典礼，二曰方志。昔者周公初制官体，垂为一代大典，复有经礼三百，典礼三千，以为仪文之节制，于是有《周礼》《仪礼》二经，其后应劭注《汉官》，复撰《汉官仪》，卫宏亦撰《汉旧仪》，而丘仲孚撰《皇典》，何胤撰《政礼》，齐、梁之世亦大修五礼，与其役者，前为王俭、何胤，后为沈约、徐勉，疑何胤所撰之《政礼》，即为五礼之一部，皆自《周礼》《仪礼》推而出之者也。古有《世本历谱牒》，司马迁因之以作年表，而后世乃有氏族谱牒之学，更因之而造家传，又由谱牒而变为目录，刘向、刘歆父子始撰《七略》，班固本之以作《艺文志》，荀勖本之以造《文章家集叙》，挚虞本之以造《文章志》，是盖由簿录记载，而渐成专门名家，凡兹所录，亦为典礼之一。《周礼》之纪职官，《仪礼》之载节文，委曲繁缛，亦近谱录。此其部次应属于典礼者一也。古有《禹贡》《山海经》以志舆地，为后世图经之所始，其后有《水经》，而郦道元注之，阚骃更有《十三州志》，而常璩撰《华阳国志》，最为有法，所志曰巴，曰汉中，曰蜀，曰南中，曰公孙述、刘二牧，曰刘先主，曰刘后主，曰大同，曰李特、雄、期、寿、势，曰先贤士女，曰后贤，曰序志，所载皆巴蜀一方之史事，而无一语及于舆地山川，是又源出于《越绝书》《吴越春秋》（有赵晔、皇甫遵二本），而不属于图经者也。往者章学诚尝论方志与图经异趣，方志如列国之史，无所不载，山川、都里、名胜应汇入地理，人物当详于史传，艺文当详载书目，依此求之，如陈寿之《益部耆旧》，周裴之《汝南先贤》，徐整之《豫章烈士》，悉名为传，实具方志之一体，而艺文目录之属于一方者，亦应编入方志，至如司马彪《九州春秋》，亦不专属于图经，是则方志一体，实兼图经而有之矣。此其部次属于方志者二也。今取《隋志》阅之，若斯之类，杂然并陈，骤数之不能终其物，是即史学盛于魏晋南北朝之明徵。吾谓王官失守，而诸子之学以兴，史官失守，而乙部之书日盛，当此之时，笃学之士，竞以作史相尚，有日新月异之势，亦如诸子之在晚周，以异学争鸣，而结璀璨光华之果，研史之士，可无述乎。

第五章　汉以后之史官制度

　　古者史官，近于卜祝，实典记言记事之任，至汉司马迁以官太史令而修《史记》，犹为能举史官之职者。其后则史官分为二途：其一则仍称太史，职掌天时星历，一如明清两代之钦天监正，而无与记言记事；其一则以别职来知史务，或另设著作起居之官，以当撰述记注之任，而亦得称太史。自汉中叶，迄于清末，无不如是，此其变迁之迹，又不可以无述也。

　　《续汉书·百官志》，以太史令隶于太常，掌天时星历，此就后汉之制度而言也；文中仅言星历，而不及文史，则典籍之守，记注之任，已不复属于太史矣。盖自司马迁卒后，太史之署，唯知占候，非复记言之司，如《史通·史官篇》所论是也。兹考《晋书·职官志》，《宋书》《隋书》"百官志"皆以太史令隶于太常，自后汉迄隋而未之改，唐宋又与著作局同隶于秘书省，犹有古代史卜并称之意。唐改太史为司天台，设监领之，监亦称太史令，有李淳风久任是职；宋、辽皆有太史令，金称司天监，元复称太史令，后改司天台监，明初仍元称，后改钦天监正（俱见诸史《百官志》《职官志》），清仍明制。总之，以掌天时星历为其职司，而无与于文史记注，若仍予以史官之称，则为名不副实矣。

后汉以来，史官之名凡三变：其初名为著作。汉明帝以班固为兰台令史，诏撰《世祖本纪》，斯时盖以兰台为著作之所，章、和二帝以后，图籍盛于东观，撰《汉记》者，相继在乎其中，谓之著作东观，然亦仅有著作之名，而未有其官也。魏明帝太和中，始置著作郎，以当撰著之任，晋称著作郎为大著作，掌撰国史、集注起居，又增置佐著作郎，刘宋、南齐以来，又以佐名施于作下，称著作佐郎，佐郎职知博采，正即资以草传。此其一也。次则名为史官。南朝齐、梁之世，曾置撰史学士及撰史著士，亦为著作郎之亚，至北齐始置史馆，以宰相领之，谓之监修国史，周隋仍之，至唐太宗贞观三年重置史馆于禁中，仍以宰相监修，更以他官兼典史职，谓之修撰，资浅者谓之直馆，亦统称为史官，如唐之刘知幾、吴兢，皆其选也。自斯以来，官著作者，只掌撰碑志祝文、祭文，而不与于修史。同时别有记注起居之制。考汉武帝时，宫中有起居注，后汉明帝、献帝亦俱有起居注，王莽时置柱下五史，听事侍旁，记迹言行，以比古代之左右史，魏晋时起居注，由著作掌之，后魏始置起居令史，隋更置起居舍人，唐宋之世又置起居郎与舍人对掌记注天子言动，以当古者左史记言右史记事之职，并于每季，汇送史馆。唐时宰相自有时政记，始于姚璹（见《旧书》本传及《新书·百官志》）。宋时因之，更命著作郎，就起居注、时政记，以撰日历，其时纂修会要，亦以省官掌之。辽金史馆之制，略如唐宋，修撰之外，更有史官学士。是时史官，虽由他官兼典，而史馆则为常置，其规制视旧日之著作，为闳扩矣。此其二也。再次则为翰林院所兼掌。翰林之官，始于唐玄宗时，初名翰林待诏，继名学士，别置学士院以宠异之。至德宗时，始定学士系衔于翰林，与中书舍人对掌内外制，初则职掌批答表疏，应和文章，其后乃兼掌制诰书敕，号为内相，如陆贽之于德宗是也。迄于宋代，相沿无改，然无与修史之任。元世祖中统二年，立翰林国史院，以王鹗为翰林学士，并立国史院之官制，以翰林学士知制诰兼修国史，其后又称翰林兼国史院，盖于应奉文字之外，兼有史官之职者也。明清二代，皆有翰林院，以学士领之，复置侍读、侍讲、修撰、编修、检讨等官。明制，翰林官于制诰史册文翰及考议制度、详正文书，并备天子顾问之外，凡经筵日讲、纂修实录玉牒史志、诸书编纂、六曹章奏，皆奉敕而统承之。清代亦仍其制，凡奉敕编纂专籍，或设专馆，而日讲起居注官，或以他官兼任，而任其职者多为翰林官，及甲科出身而曾入翰林者。明清二代士子之入翰林者，尝自称为太史氏，又署其门曰太史第，以此为荣，皆翰林官与史官为一之证。此其三也。

据《史通·史官篇》所考论，不惟三国之世，蜀、吴皆有史官，而晋代北方僭伪诸国，如前赵、前凉、蜀李、西凉、南凉、后燕，俱有著作之司，至南北朝时，北方之魏、齐、周，制度略同南朝，更无论矣。《史通》又论古有女史。《诗·邶风·静女》之第二章云："静女其娈，贻我彤管。"《毛传》以为，古者后夫人必有女史彤管之法，女史不过记其罪杀之，后妃群妾以礼御于君所，女史书其日月，授之以环，以进退之，事无大小，记以成法。《郑笺》云，彤管者，赤管也。董仲舒答牛亨云，彤者，赤漆耳，史官载事故以彤管，赤心记事也（《毛诗·稽古篇》引之）。是则宫中之有女史，亦司记事之任。刘知幾亦释之曰，夫彤管者女史记事规诲之所执也。《周礼·天官》有女史八人，其职掌王后之礼，职内治之贰，注云，女史女奴晓书者，又《春官》世妇之属亦有女史，是即《毛传》所称之女史，黄以周谓女史之职，其位轻，在女御之下，是也。或谓汉武帝时，禁中有起居注，似为女史之任，后汉马皇后亦为明帝撰起居注，隋世王劭上书请置女史，而文帝不许，《唐书·百官志》宫内及东宫皆有女史，执掌文书诸役，宋以后因之。《金史·卫绍王纪》谓其时有女官大明夫人记资明夫人授玺事，此所谓女官，盖为奉职宫中之女史（《金史·百官志》亦有女史）。此可考见之大略也。

夷考汉魏以来，史官世守之业失，而记注之科未尝或废，《隋志》以下所著录之"起居注"，唐宋宰相所撰之"时政记"，宋著作郎舍人所撰之"日历"，皆有古史官记注之遗意。唐代记注之法，以事系日，以日系月，以月系时，以时系年，必书其朔日甲乙以记历数，典礼文物以考制度，季终则授之国史，此《旧唐书·职官志》之所记也。而《唐会要》卷六十三、《五代会要》卷十八俱有"诸司送史官事例"一条，兹以《五代会要》较详，具录于下：

后唐同光二年四月，史馆奏：本朝旧例，中书并起居院诸司及诸道州府合录事件报馆如下：时政记，中书门下录送。起居注，左右起居郎录送。两省转对入阁待制刑曹法官文武两班上封章者，各录一本送馆。天文、祥变、占候、徵验，司天台逐月录报，并每月供历日一本，瑞祥礼节，逐季录报，并诸道合画图申送。蕃客朝贡使至，鸿胪寺勘风俗衣服，贡献物色，道里远近，并具本国王名录报。四夷人役来降，表状中书录报。露布兵部录报，军还日，并主将姓名，具攻陷虏杀级数，并所因由录报。变改音律及新造曲调，太常寺具录所因并乐词牒报。法令变革、断狱新议、赦书德音，刑部具有无牒报。详断刑狱，昭雪冤滥，大理寺逐季牒报。州县废置，及孝子、顺孙、义夫、节妇，有旌表门闾者，户部录报。有水旱虫蝗雷风霜雹，户部录报。封建天下祠庙，叙封追封邑号，司封录报。京师司长官刺史以上除授，文官吏部录报，武官兵部录报。公主百官定谥，考功录行状并谥议，逐月具有无牒报。宗室任官课绩，并公主出降仪制，宗正寺录报。刺史县令有灼然政绩者，本州官录申奏，仍具牒报。诸色宣敕，门下中书两省，逐月录报。应硕德殊能、高人逸士，久在山野，著述文章者，本州县不以官秩勘问的实申奏，仍具录报。应中外官薨，已请谥者，许本家各录行状一本申送（孙承泽《春明梦余录》卷十三有"唐修史例"一条，即钞自《五代会要》）。

据此则唐代修史之法，至为详密，盖仿汉代天下计书先上太史之例，又从而明定其条规者也。且考唐太宗贞观之制，史官日随仗入，随事记载，颇得古法。今观《贞观政要》所载太宗与诸臣之言论，委曲详尽，此史官常在左右能举其职之征也。迨高宗时，李义府、许敬宗为相，命史官对仗承旨，仗下与百官偕出，不得复闻，盖行其私也。武后以后，宰相更得自撰"时政记"，不肖者假此迷眩千古，不惟难称信史，且大侵史官所守矣。宋自真宗以来，史馆无专官，神宗命曾巩修五朝史，乃以为史馆修撰，使专典领。南宋孝宗时，尝命李焘、洪迈专修国史，不兼他职，前后凡二十八年，可谓久矣。宁宗亦命傅伯寿、陆游专任修史（参《建炎以来朝野杂记》甲十），是以宋国史之美备，可以上与唐比，而非元明以下所能及。然宋代之制，以谏官兼修记注，侍立后殿，许其奏事，后则必禀中书取旨。孝宗隆兴元年，胡铨奏"记注"之失有四：一、人主不当观史，二、立非其地，三、前殿不立，四、奏不直前。是则虽有记注之法，而人君时相得随意变更之，有法亦等于无法矣。五代未闻有《时政记》，宋初宰臣李昉、宋琪建议恢复，自送史馆，且先进御而后付有司，论者谓其不敢有直笔，是也（参《春明梦余录》十三）。且自隋唐以来，设馆修史，历代相沿，亦为一成不易，所谓正史，咸出官修，绝少私家之作，凡与修史之役者，皆得被以史官之名。然吾谓后世之职典记注者，实近于古之史官，而后世之所谓史官，乃上同于孔子、左丘明之删定国史，成一家言，非古史官之所得与。此又古今异宜，不可不知之一事也。

明人徐一夔论唐宋记注之制甚详，兹并录之。其说云：

近世论史者，莫过于日历，日历者史之根据也。自唐长寿中史官姚璹请撰《时政记》，元和中韦执谊又奏撰《日历》。"日历"者以事系日，以日系月，以月系时，以时系年，犹有《春秋》遗意。至于"起居注"之说，亦专以甲子起例，盖记事之法无逾此也。往宋极重史事，日历之修，诸司必关白，又诏诰则三省必书，兵机边务则枢司必报，百官之进退，刑赏之予夺，台谏之论列，给舍之缴驳，经筵之问答，臣僚之转对，侍从之直前启事，中外之囊封匦奏，下至钱谷甲兵，狱讼造作，凡有关政体者，无不随日以录。犹患其出于吏牍，或有讹失，故欧阳修奏请宰相监修，于岁终检点修撰官所录，事有失职者罚之。如此则《日历》不至讹失，他时《会要》之修取于此，《实录》之修取于此，百年之后《纪》《志》《列传》取于此，此宋史之所以为精确也（《明史·文苑传》及朱彝尊《曝书亭集·徐一夔传》）。

　　据此可知宋代记注之备，今考宋人所撰《续通鉴长编》《三朝北盟会编》《建炎以来系年要录》诸书，皆极详备，可供修史之撷取，由其立制之善，盖元明以下所不及也。

　　唐宋记注之官，已如上文所论，唐玄宗、宋高孝二宗之起居注，亦可考其匡略（详见朱希祖先生《汉唐宋起居注考》）。元时虽设起居注，所录皆臣下闻奏事目，而无帝王之言动，宰相拜住曾言其失。明太祖时宋濂曾撰《起居注》，刘基条答天象之问，命付史馆，亦其证也。成祖时王直以右春坊右庶子，兼记起居，其后渐废，惟以翰林院之修撰、编修、检讨掌修国史，遇有纂修，以爵高之勋臣一人为监修，阁学士一人为总裁，翰林学士为副总裁，职事视前为重，而不复能举朝夕记注之职。成化以来，职修纂者，惟取六部前后章奏，分为十馆，以年月编次，稍加删润，櫽括成篇，即为一帝之实录。至如仗前柱下之语，章疏所不及者，即有见闻，无凭增入。孝宗时太仆少卿储懽上书请立史官，记注言动，如古左右史，竟未能用（见《明史》本传），又明臣奏议（十一）载此疏，谓帝从之，实则未行。六曹六册，送阁验讫封锁，岁终汇收入大柜，永不开视，虽得旨允行，而未久又废（《春明梦余录》十三）。今天津市图书馆藏《万历起居注》若干册，内载张居正奏对之语，为《实录》所无（据陶元珍说），此即万历时恢复记注之证也。清代记注之制，略如明代，每月例由日讲起居注官撰成《起居注》二册，呈送内廷存贮，今故宫博物院，犹有存本，所记甚简，仗前柱下之语，亦无凭列入，盖其名不副实，非一朝一夕之故矣（杭世骏《道古堂集》有《与某君论起居注书》，语尚未晰，朱氏《汉唐宋起居注考》曾论之）。

　　刘知幾尝称，"三为史臣，再入东观"，且与朱敬则、徐坚、吴兢奉诏更撰《唐书》，又重修《则天实录》，设馆修史甘苦，盖已备尝之矣。又以其时小人道长，纲纪日坏，仕于其间，忽忽不乐，遂与监修国史萧至忠等书云：

　　（上略）自策名仕伍，待罪朝列，三为史臣，再入东观，竟不能勒成国典，贻彼后来者，何哉？静言思之，其不可有五故也。何者，古之国史，皆出自一家，如鲁汉之丘明、子长，晋齐之董狐、南史，咸能立言不朽，藏诸名山，未可藉以众功，方云绝笔，唯后汉东观，大集群儒，著述无主，条章靡立，由是伯度讥其不实，公理以为可焚，张、蔡二子，纠之于当代，傅、范两家，嗤之于后叶，今者史司取士，有倍东京，人自以为苟、袁，家自称为政、骏，每欲记一事，载一言，皆阁笔相视，含毫不断，故头白可期，而汗青无日，其不可一也。前汉郡国计书，先上太史，副上丞相，后汉公卿所撰，始集公府，乃上兰台，由是史官所修，载事为博，爰自近古，此道不行，史官编录惟自询采，而左右二史，阙注起居，衣冠百家，罕通行状，求风俗于州郡，视听不该，讨沿革于兰台，簿籍难见，虽使尼父再出，犹且成为管窥，况仆限以中才，安能遂其博物，其不可二也。昔董狐之书法也，以示于朝，南史之书弒也，执简而往，而近代史局，皆通籍禁门，深居九重，欲人不见，寻其义者，盖由杜彼颜面，防诸请谒故也，然今馆中作者，多士如林，皆愿长喙，无闻蹞舌，傥有五始初成，一字加贬，言未绝口，而朝野具知，笔未栖毫，而缙绅咸诵。夫孙盛实录，取嫉权门，王劭直书，见雠贵族，人之情也，能无畏乎，其不可三也。古者刊定一史，纂成一家，体统各殊，指归咸别。夫《尚书》之教也，以疏通知远为主；《春秋》之义也，以惩恶劝善为先；《史记》则退处士而进奸雄；《汉书》则抑忠臣而饰主阙，斯并曩时得失之列，良史是非之准，作者言之详矣，顷史官注记，多取禀监修，杨令公则云必须直词，宗尚书则云宜多隐恶，十羊九牧，其令难行，一国三公，适从何在，其不可四也。窃以史置监修，虽古无式，寻其名号，可得而言，夫言监者，犹总领之义耳，如创纪编年，则年有断限，草传叙事，则事有丰约，或可略而不略，或应书而不书，此刊削之务也；属词比事，劳逸宜均，挥铅奋墨，勤惰须等，某袭某篇，付之此职，某传某志，归之彼官，此铨配之理也，斯并宜明立科条，审定区域，傥人思自勉，则书可立成，今监之者既不指授，修之者又无遵奉，用使争学苟且，务相推避，坐变炎凉，徒延岁月，其不可五也。凡此不可，其流实多，一言以蔽，三隅自反，而时谈物议，安得笑仆编次无闻者哉（下略）。

凡此所谈，皆隋唐以来设馆修史之弊，迄于清末而未之革者，刘氏可谓慨乎其言之也。盖刘氏所谓五不可，即为历来官修之史不及私史之总因，所谓史官编录惟自询采者，尤为后世记注不备之明证。今观前史所记，惟唐太宗与群臣问答之语，详载于《贞观政要》，由于其时史官，得随仗入，侍于君侧，有闻必录之故。其后既限制史官，不得随仗入内，并不侍立前殿，故罕闻君臣问答之语，此仅就记注一事言之也。唐宋宰相所撰之《时政记》，或可补记注之不备，《宋史》取材，多出于是，然以所记，多有文饰，往往难餍人心。若如汉武以往之制，天下计书，先上太史，则撰史之士，不劳自采史实，而能备文献之全。然而后世之贤君若相，未闻有行之者何也？盖后世史官，多重撰述而轻记注，掌故史实，乏人综辑，临时取给，始感其难，上下千年，几同一例，刘氏所论，不过其鳞爪耳。

其后韩愈以文雄于唐代，亦尝有志修史，于贞元八年第进士之后，答崔立之书有云："求国家之遗事，考贤人哲士之终始，作唐之一经，垂于无穷，诛奸谀于既死，发潜德之幽光。"其志可谓壮矣。迨元和中，愈为史馆修撰，似可稍伸其志，而同时之贤者，亦以此期之，而愈竟不然。其《答刘秀才论史书》云：

　　辱问，见爱教，勉以所宜务，敢不拜赐。愚以为凡史氏褒贬大法，《春秋》已备之矣。后之作者，在据事迹实录，则善恶自见，然此尚非浅陋偷惰所能就，况褒贬耶。孔子圣人，作《春秋》，辱于鲁、卫、陈、宋、齐、楚，卒不遇而死；齐太史兄弟几尽；左丘明纪春秋时事，以失明；司马迁作《史记》，刑诛；班固瘐死；陈寿起又废，卒亦无所至；王隐谤退死家；习凿齿无一足；崔浩、范晔亦诛；魏收夭绝；宋孝王诛死；足下所称吴兢，亦不闻身贵，而令其后有闻也。夫为史者，不有人祸，必有天刑，岂可不畏惧而轻为之哉。唐有天下二百年矣，圣君贤相相踵，其余文武之士，立功名跨越前后者，不可胜数，岂一人卒卒能纪而传之耶。仆年志已就衰退，不可自敦率，宰相知其无他才能，不足用，哀其老穷，龃龉无所合，不欲令四海内有戚戚者，猥言之上，苟加一职荣之耳，非必督责迫蹙，令就功役也。贱不敢逆盛指，行且谋别去。且传闻不同，善恶随人所见，甚者附党，憎爱不同，巧造言语，凿空构立善恶事迹，于今何所承受取信，而可草草作传记令传后世乎。若无鬼神，岂可不自心惭愧，若有鬼神，将不福人，仆虽骏，亦粗知自爱，实不敢率尔为也。夫圣唐钜迹，及贤士大夫事，皆磊落轩天地，决不沉没，今馆中非无人，将别有作者，勤而纂之，后生可畏，安知不在足下，亦宜勉之（《昌黎外集》二）。

观其书辞，抑何意志颓唐之甚，而前后判若两人也耶？柳宗元见而不以为然，起而驳之，集中所载《与韩愈论史官书》是也。书云：

前获书，言史事，云具《与刘秀才书》，及今乃见书稿，私心甚不喜，与退之往年言史事，甚大谬，若书中言，退之不宜一日在馆下，安有采宰相意，以为苟以史荣一韩退之耶。若果尔，退之岂虚受宰相荣已，而冒居馆下近密地，食奉养，役使掌故，利纸笔为私书，取以供子弟费，古之志于道者不若是。且退之以为纪录者有刑祸，避不肯就，尤非也。史以名为褒贬，犹且恐惧不敢为，设使退之为御史中丞大夫，其褒贬成败人，愈益显，其宜恐惧尤大也，则又将扬扬入台府，美食安坐，行呼喝于朝廷而已耶；在御史犹尔，设使退号利其录者也。又言不有人祸，必有天刑，若以罪夫前古之为史者，然亦甚惑，凡居其位，思直其道，道苟直，虽死不可回也，如回之，莫若亟去其位。孔子之困于鲁、卫、宋、蔡、齐、楚者，其时暗，诸侯不能以也，其不遇而死，不以作《春秋》故也，当其时虽不作《春秋》，孔子犹不遇而死也；若周公史佚，虽记言书事，犹遇而显也，又不得以《春秋》为孔子累；范晔悖乱，虽不为史，其族亦赤，司马迁触天子喜怒，班固不检下，崔浩沽其直以斗暴虏，皆非中道，左丘明以疾盲，出于不幸，子夏不为史亦盲，不可以是为戒；其余皆不出此，是退之宜守中道，不忘其直，无以他事自恐。退之之恐，唯在不直，不得中道，刑祸非所恐也。凡言二百年文武事，多有诚如此者，今退之曰，我一人也，何能明，则同职者，又所云若是，后来继今者，又所云若是，人人皆曰我一人，则卒谁能纪传之耶。如退之但以所闻知，孜孜不敢怠，同职者，后来继今者，亦各以所闻知，孜孜不敢怠，则庶几不坠，使卒有明也。不然徒信人口语，每每异辞，日以滋久，则所云磊磊轩天地者，决心不沉没，且杂乱无可考，非有志者所忍恣也，果有志，岂当待人督责迫蹙，然后为官守耶。又凡鬼神事，渺茫荒惑无可进，明者所不道，退之之智，而犹惧于此，今学如退之，辞如退之，好言论如退之，慷慨自为正直行行焉如退之，犹所云若是，则唐之史述，其年无可托乎，明天子贤宰相得史才如此，而又不果，甚可痛哉。退之宜更思可为速为，果卒以此为恐惧不敢，则一日可引去，又何以云行且谋也。今当为而不为，又诱馆中他人及后生者，此大惑已，不勉已而欲勉人，难矣哉（本集三十一）。

今观宗元所驳，无一语不搔着痒处，可谓痛快淋漓矣。寻愈之论旨有二：其一曰，为史者不有人祸，必有天刑；其二曰，将必有作者勤而纂之。盖一则惧祸而不肯为，一则蕲他人为之而无与于己，所见甚陋，非学如愈者所应言，宗元驳之是也。抑吾谓愈之论旨,乃在传闻不同,善恶随人所见,甚者附党,憎爱不同,巧造言语,凿空构立善恶事迹,数语,正如刘知幾所谓馆中作者,多士如林,皆愿长喙,无闻黩舌,言未绝口,而朝野具知,笔未栖毫,而缙绅咸诵,取嫉权门,见雠贵族,是则愈发为此论盖有所激而云然也。且考《昌黎集》中所撰《顺宗实录》,固为史之一种,其他碑志传状诸文,殆居其半,皆关涉一代政治人物之业绩,可以被金石传奕禩者,谓其无意修史,夫岂其然。总之,设局修史,作者如林,忌讳既多,难于下笔,虽贤如愈,能文如愈,而终不得申其志,此唐宋以来官修诸史之通病,贤者所不能革,是以宗元持论虽正,终无以回愈之心而翻然改辙也。

清代史家万斯同亦尚论及此,钱大昕所撰《万先生传》云:

> 先生病唐以后设局分修之失,尝曰,昔迁、固才既杰出,又承父学,故事信而有文,其后专家之书,才虽不逮,犹未至如官修者之杂乱也。譬如入人之室,始而周其堂寝匽溷,继而知其蓄产礼俗,久之其男女少长,性质刚柔,轻重贤愚,无不习察,然后可制其家之事。若官修之史,仓卒而成于众人,不暇择其材料之宜与事之习,是犹招市人而与谋室中之事也(《潜研堂文集》三十八)。

官修史书之病,具如上论,然而唐宋以来,一往而难返者何哉?吾求其故,盖有数端:其一,则典籍掌故,聚于秘府,私家无由而窥;其二,则史实繁赜,毕生莫殚,私家无力整比是也。盖自唐宋以来,时君若相,锐意求书,甲乙之编,四部之籍,不在秘府之掌,即入显宦之家,试观万斯同有志独修《明史》,而不能不主于时相之家，以博观其藏籍，且修《明史》，须以《实录》为本，皇皇巨制，讵可求之荒寒，惟史由官修，则官藏私籍，左右逢源，取用不竭，其利一也。古人修史，多者不过百卷，而一卷之文，不过数翻，故一人操简，杀青可期，后世修史，多者尝数百卷，参稽之书，更不下千数百种，一人之精力有限，多士之相需益殷，若司马光之修《通鉴》，实由刘攽、刘恕、范祖禹三君分任其役，而光始得总成之，不然，则皓首辛勤，杀青无日，过时不采，渐就散亡矣，惟设馆分修，明定程限，资于众力，乃易成编，其利二也。夫私修之史，易精而难成，官修之史，易成而难精，此之谓利，即彼之所谓弊，执一而论，未见其可。然而官修之史，一往而难返者，夫岂不以是欤。

综而论之，后世之史官，非古之所谓史官也，古之史官，以记注为要务，而不必当撰述之任，亦犹孔子之删《尚书》、修《春秋》，实当撰述之任，而不必身为史官也。后之史官，有其名或无其实，为其实者，每以他官典修史之任；居其名者，辄以史官为虚饰之具。且史官之名，为任撰述者所独擅，而任记注之职者，退而同于百司，转不得以史官自号，如唐宋之起居郎舍人，清之日讲起居注官，虽有史职之名，而无与于撰述，岂非其明证欤。往者章学诚病史官之有名无实，记注之不能举其职，乃至发愤而有州县立志科之拟议。其言曰："有天下之史，有一国之史，有一家之史，有一人之史。传状志述，一人之史也；家乘谱牒，一家之史也；部府县志，一国之史也；综纪一朝，天下之史也。比人而后有家，比家而后有国，比国而后有天下，惟分者极其详，然后合者能择善而无憾也。"又曰："今天下之大计，既始于州县，则史事责成，亦当始于州县之志，州县有荒陋无稽之志，而无荒陋无稽之令史案牍，志有因人臧否、因人工拙之义例文辞，案牍无因人臧否、因人工拙之义例文辞，盖以登载有一定之法，典守有一定之人，所谓师三代之遗意也。故州县之志，不可取办于一时，平日当于诸典吏中特立志科，金典吏之稍明文法者，以充其选，而且立为成法，俾如法以纪载，略如案牍之有公式焉，则无妄作聪明之弊矣。积数十年之久，则访能文学而通史裁者，笔削以成书，所谓待其人而后行也。"推章氏之论，以为中朝之史官，曾州县典吏之不若，史官不能理撰述之业，而典吏则能举记注之职，中朝虽有起居注官，以纪帝王之言动，然仅能记其一鳞一爪，而不能举忠实之史职，以较古代之左史右史，则相去远甚，而州县令史之案牍，直同汉代之计书，可上之太史丞相，以备载笔者之要删，故因州县之案牍，而立志科，畀为令史典吏者，以当记注之任，其上焉者，记注在中朝；其次焉者，记注在地方之司府，其下焉者，记注在州县，合此数级之记注，以备一代之要删，于是记注有成法，不期而与古人冥合矣。此章氏之所日夜筹维，而仍不得申其所见者也，可胜叹哉，可胜叹哉。

依前所述，制成一表，以明史官制度之沿革。至汉以后之史官，多以他职兼典，非复古人世守之制，其有称史官及太史公者，乃援古以自泽，非其官号，且其重要诸家，已略且于各章，故不复别为制表。修史宜略人所详，又有繁中求简之法，盖谓是也。

历代史官制度沿革表

历代	史官	历官	附考
周 附列 国史 官	太史，小史，内史，外史。 左史，右史，御史。 太史令。 女史	太史 冯相氏 保章氏	周代以前从略。 列国史官俱从周制。 女史见《列女传》及 《史通》
秦	太史令	太史令	秦有太史令胡母敬，或 谓为专掌天文之官
汉	太史令。 禁中起居注。 王莽柱下五史	太史令	汉武帝以前，或王莽以 前，史官与历官合而为 一
后汉	兰台令史。 东观著作。 起居注	太史令 隶于太 常 下同	自此史官与历官分为二 职。兰台、东观，俱为 修史之所，而以他官兼 典，未正其名。明帝、 献帝俱有起居注，前汉 有禁中起居注，而后汉 明德马后亦撰明帝起居 注，或谓为女官所掌， 同于古之女史
三国	魏置著作郎，兼起居注。 蜀有东观令，东观郎，当修史 之任。 吴有左国史，右国史，东观令	魏太史 令高堂 隆、蜀 史官、 吴太史 令丁孚	《册府元龟》谓魏有佐 著作郎。蜀后主传见史 官之名，即掌星历者， 疑即太史令

历代	史官	历官	附考
晋 附十六国	著作郎一人，谓之大著作，佐著作郎八人，隶于秘书省。 下同。 著作兼掌起居。 前赵有左国史、著作。 后赵有著作。 其余诸国多置著作。 南凉有国纪祭酒、撰录时事	太史令	元帝建武元年置史官
宋	著作郎一人。 著作佐郎八人。 兼修起居注，齐、梁、陈俱同	太史令	
南齐	著作郎。 著作佐郎。 修史学士	太史令	《册府元龟》谓南齐置史官
梁	著作郎。 著作佐郎。 撰史学士	太史令	
陈	著作郎。 著作佐郎。 撰史学士。 撰史著士	太史令	撰史著士见《陈书·张见正传》
后魏	著作郎二人。 著作佐郎四人。 起居注令史。 修起居注二人	太史令 太史博士	后魏曾置修史局
北齐	史馆、监修国史。 著作郎二人。 著作佐郎八人。 起居省	太史	《唐六典》谓北齐有文林馆学士，掌著述

(续表)

历代	史官	历官	附考
北周	监修国史。 著作上士（郎）。 著作中士（佐郎）。 外史掌起居	无考	历官当同于魏齐
隋	（一）史馆 　　监修国史。 （二）著作曹 　　著作郎二人。 　　著作佐郎八人。 （三）起居注 　　起居舍人二人	太史曹 令二人	著作、太史两曹，俱隶秘书
唐	（一）史馆 　　监修国史。 　　史官（无常员，以他官 　　　　兼之）。 　　修撰。 　　直馆。 （二）著作局（掌撰述） 　　著作郎。 　　著作佐郎。 （三）起居注 　　起居郎，一称左史，隶 　　　　门下省。 　　起居舍人，一称右史， 　　　　隶中书省。 （四）时政记 　　由宰相自撰。始于武后 　　　　长寿中	司天台 太史 令，后 改司天 监	著作局，司天台，俱隶秘书省，如隋制

历代	史官	历官	附考
五代	略如唐制。 晋宰相刘昫，赵莹，监修《唐书》。 史馆修撰贾纬。 著作郎。 著作佐郎孙晟。 起居郎贾纬	司天台监	
宋	（一）史馆 　　国史院、实录院。 　　提举国史。 　　监修国史。 　　提举实录院。 　　修国史。 　　同修国史。 　　史馆修撰。 　　同修撰。 　　实录院修撰、同修撰。 　　直史馆编修官、检讨官。 　　校勘检阅校正编校官。 （二）起居注 　　起居郎（左史）。 　　起居舍人（右史）。 （三）日历 　　著作郎。 　　著作佐郎。 （四）时政记 　　如唐制	太史局 太史令	国史、实录两院初隶秘书省，其后分立，多以宰相领之。 太史局隶秘书省。 宋又置起居院，见《玉海》。 著作掌修日历，隶秘书省

历代	史官	历官	附考
辽	（一）国史院 　　监修国史。 　　史馆学士。 　　史馆修撰。 　　修国史。 （二）起居注 　　起居郎。 　　起居舍人	太史令	
金	（一）国史院 　　监修国史。 　　修国史、同修国史。 　　编修官、检阅官。 （二）记注院 　　修起居注	司天台 监	
元	（一）翰林兼国史院 　　学士等官， 　　修撰。 　　编修官。 　　检阅。 （二）起居注 　　左右补阙。 　　兼修起居注。 　　同修起居注	太史院 太史令 司天监	

历代	史官	历官	附考
明	（一）翰林院 　　史官修撰。 　　　编修。 　　　检讨。 （二）起居注 　　明初设之，后废	钦天监正	修撰等官，掌修国史，神宗时议开史局，命史官分直其中，一起居，二吏、户，三礼、兵，四刑、工，日讲官专记起居，史官分纂六曹章奏，并定常朝记注，起居官及史官侍班之法，然不久仍停辍
清	（一）翰林院掌国史、图籍、制诰、文章之事 　　修辑诸书，则以掌院学士充总裁官。 　　读讲学士以下为纂修官。 　　掌院学士。 　　学士。 　　侍读学士。 　　侍讲学士。 　　侍读。 　　侍讲。 　　修撰。 　　编修。 　　检讨。 　　庶吉士。 （二）国史馆、实录馆 　　总裁、纂修。 （三）起居注衙门 　　日讲、起居注官	钦天监正	《历代职官表》谓：周太史为史官及日官之长。记言记动，则有内史外史分任之，而太史明于天道，所掌在建典辨法，并不司典籍策书，实与翰林不同，唯其正岁年，颁告朔正，则与钦天监职掌相合。愚谓执此以论后汉以后之太史令，固属不合，至如汉初之太史令，实兼掌文史，司撰述，正为古史官相传之法，明清二代称翰林为太史，未得谓无所受也。 国史、实录两馆仍设翰林院内 两馆总裁、纂修及日讲、起居注官，皆以他官兼典

　　详绎上表所列，可得史官递嬗演变之迹。汉初之太史令，本掌文史星历，见于《汉书·百官公卿表》，此史官、历官并为一职之证也，其后则历官与史官分途，而太史之名，乃为历官所独擅，迄于元明，始改称司天监、钦天监，故本表以史官与历官并列，以明沿革之所自，一也。古者记注与撰述分途，而撰述实资于记注。故刘知幾云，为史之道，其流有二，书事记言，出自当时之简，勒成删定，归于后来之笔。自汉以来，起居有注，而隋唐以后，遂置起居郎舍人，以当古代左史右史之任，迄于清季，而未之改，本表别起居注官于修史之官，以明其为古法，二也。魏晋始设著作，专掌撰述，亦兼记注，既近于古之史官，又似明清之翰林修撰编检，元代始设翰林兼国史院，而不设著作，明清二代只称翰林院，实兼国史著作之任，本表依序填载，以明源流，三也。至本表之所取材，于正史职官、百官诸志而外，多出自清代官撰之《历代职官表》，倪以此表为略，尚待博稽，取而览之，斯亦可矣。

第六章　唐宋以来设馆修史之始末

隋唐以后，私家修史之风日杀，而设馆官修之史，代之而兴，其因有二，已具述于上章。然尚有未及尽详者，一为远因，如后魏崔浩之以修史受祸；一为近因，如隋文帝之诏禁私家修史是也。后魏于道武时，始令邓渊著国记而条例未成。太武时，诏崔浩等重撰国书，又命浩总监史任，务从实录，叙述国事，无隐所恶。及修史成，浩遂刊石以示行路，后为人所讦，坐夷三族，同坐死者，百五十有八人，是时并为之废史官。后人鉴于崔浩受祸之惨，遂相戒不轻作史，如韩愈即其一例，一也。自汉献帝建安中曹操执政，始禁士大夫刊石树碑，以戒矜榜，晋宋皆因之（《宋书·礼志》）。迨隋文帝开皇十三年，遂下诏曰，民间有撰集国史臧否人物者，皆令禁绝。又诏天下公私文翰并宜实录，时有文表华艳者，至付有司治罪，沿至唐代，寝以成俗。南宋高宗时，秦桧主和，有私史之禁，李焘尝以作史得罪，桧死，禁始弛。宁宗嘉泰二年，韩侂胄执政，复有私史之禁，凡事干国体，悉令毁弃（《建炎朝野杂记》甲六）。明季私史颇盛，而清初文士，每因修史受祸，私家作史之风，为之益替，二也。然唐宋以来，私家修史之难，虽有多因，不尽由于畏祸，自斯以后，遂分两途：一则纪传体之正史，多由官修；一则编年体以下之别史、杂史，多出私撰。盖有志修史之士，于纪传体之正史，既由形格势禁，艰于执笔，不得不转出他途，以展其伟抱宏才，故近世私史之多，亦无惭于古人，第多非纪传体之正史耳。兹于本章综述官修诸史，以明本末，而私修诸史，则于下章述之。

　　吾国官修之史，应始班固等之撰《世祖本纪》《功臣列传载记》，次则刘珍等本之，以撰《东观汉记》，皆奉时君之命，鸠集多人，共修一书。三国、晋、南北朝之世，尤不乏斯例，然其中如《东观记》，随修随续，本非一时可成，自难出于一手，可以勿论。其他诸史，可分为二：一则肇自多人，成于一手，如王沈之《魏书》、韦曜之《吴书》是也；一则众手分纂，一人裁定，如魏收之于《魏书》是也，是则名为官修，实同私史。迨唐修《晋书》《五代史》，始开设史馆，以宰相大臣监修，别调他官兼任纂修，又置修撰司直，号曰史官，如唐令狐德棻、吴兢、刘知幾、徐坚、韩愈之伦皆是。此时所修诸史，皆派定一人为主修，如姚思廉之主修《梁》《陈》二书，李百药之主修《北齐书》，魏徵之主修《隋书》是；亦有派二人同主修一书，如令狐德棻、岑文本之同修《周书》是。所谓主修，略如后世之总纂，吾意是时必有同修之史官，而史未著其名，所谓同修史官，略如后世之纂修官，宋代重修《唐书》，以欧阳修、宋祁二氏为刊修官，刊修犹主修也。是时史馆之制，有所谓修国史、同修国史，更于其上置监修国史，以宰相领之，即袭唐制。然是时之监修官，多徒拥虚号，无所裁定，刘知幾所谓监之者既不指授，修之者又无遵奉，是其弊也。欧、宋同修《唐书》，一则任本纪、志、表，一则专任列传，故以分任而无所抵牾，其后修史，于纂修官外，更立总纂，任其事者，又不限于一二人，于是设馆修史之制，历代相沿无改。然溯其始，实由唐代开其先声，盖与后汉、三国、晋、南北朝官修诸史，有不能相提并论者。

本期设馆官修之史，可分四类：一曰编年体之实录，皆近于记注者也；二曰纪传体之正史，皆属于撰述者也；三曰典礼，四曰方志，皆撰述记注兼而有之者也。官修之史，以此四类为多，其他属于乙部之籍，亦有出于官修者，以其可以随事附见，故不烦专述焉。

（一）编年体之实录

古者左史记言，右史记事，自汉以来，更修起居注，以举记言记事之职。《隋志》著录周兴嗣《梁皇帝实录》三卷，记武帝事，谢吴（《唐志》作昊）《梁皇帝实录》五卷，记元帝事，皆为官撰之书，原出于记注，而所取材则不以记注为限。迨唐以后，则每帝崩殂后，必由继嗣之君，敕修实录，沿为定例，兹就可考者，表之于下。

唐五代宋辽金元明清实录表

各代	各帝	卷数	撰者	附考
唐	高祖	二〇	敬播	
	太宗	四〇	敬播、许敬宗等	《太宗实录》凡修数次，初修本仅二〇卷
	高宗	三〇	韦述	又武后重修本一〇〇卷
	则天后	二〇	魏九忠等	刘知幾、徐坚、吴兢重修本三〇卷
	中宗	二〇	吴兢	
	睿宗	五	吴兢	又刘知幾撰本一〇卷
	玄宗	一〇〇	令狐峘	凡撰数次，初有二〇卷、四七卷两种
	肃宗	三〇	元载	
	代宗	四〇	令狐峘	
	德宗	五〇	裴洎等	
	顺宗	五	韩愈	今存在《昌黎集》中
	宪宗	四〇	路隋等	
	穆宗	二〇	同上	
	敬宗	一〇	李让夷等	
	文宗	四〇	魏謩等	
	武宗	三〇	韦保衡等	以上据两《唐志》，又宋人宋敏求补撰《武宗实录》二〇卷
	宣宗	三〇	宋宋敏求补撰	
	懿宗	二五	同上	
	僖宗	三〇	同上	
	昭宗	三〇	同上	
	哀宗	八	同上	以上据《宋史·艺文志》

（续表）

各代	各帝	卷数	撰者	附考
五代附十国	梁太祖	二〇	张衮等	又敬翔撰《太梁编遗录》三〇卷，与实录并行，又周时补修《庶人友珪及末帝实录》
	唐庄宗	三〇	张昭远等	庄宗以前撰《纪年录》三〇卷
	唐明宗	三〇	姚颉等	
	唐愍帝	三	张昭远等	
	唐废帝	一七	张昭等	张昭即张昭远，避汉高祖刘智远讳，去远字
	晋高祖	三〇	窦贞固等	
	晋少帝	二〇	同上	
	汉高祖	一〇	苏逢吉等	
	汉隐帝	一五	张昭等	
	周太祖	三〇	同上	
	周世宗	四〇	王溥等	残本见《烟画东堂小品》
	南唐烈祖	二〇	高远	
	后蜀高祖	三〇	李昊	
	后蜀主	四〇	同上	

（续表）

各代	各帝	卷数	撰者	附考
宋	太祖	五〇	李沆等	
	太宗	八〇	钱若水、杨亿等	今存二种：一为八卷，刊入《古学汇刊》；一为二〇卷本，刊入《四部丛刊》
	真宗	一五〇	晏殊等	
	仁宗	二〇〇	韩琦等	
	英宗	三〇	曾公亮等	
	神宗	三〇〇		蔡凤翔《王荆公年谱》二十四，有《神宗实录考》
	哲宗	一五〇	汤思退	
	徽宗	二〇〇	同上	又李焘重修本
	钦宗	四〇	洪迈等	
	高宗	五〇〇	傅百寿	
	孝宗	五〇〇	傅百寿、陆游等	
	光宗	一〇〇	同上	
	宁宗	四九九册	刘光庄等	有传钞本二卷
	理宗	一九〇册		
	度宗	缺		有《时政记》七八册
	恭帝	缺		有《事迹日记》四五册

(续表)

各代	各帝	卷数	撰者	附考
辽	统和实录	二〇	圣宗统和九年正月，宣昉、邢抱朴同修。	见本传，此实录叙统和以前各帝之事，又萧韩家奴、耶律庶成撰《遥辇可汗至熙宗以来事迹》二〇卷
	七帝实录		道宗大安元年十一月进。	七帝者，太祖、太宗、世宗、穆宗、景宗、圣宗、兴宗也
	皇朝实录	七〇	天祚乾统三年耶律俨始修。	此书一名《太祖以下实录》，疑与《七帝》为一书，否则为续修之本
金	先朝	三	完颜勖	始祖以下十帝之事迹
	太祖	二〇	宗弼	
	太宗		纥石烈良弼等	
	熙宗		郑子聃	
	海陵			
	睿宗		纥石烈良弼	
	世宗		国史院	
	显宗	一八	完颜匡等	
	章宗		高汝砺、张行简	
	卫王	缺		仅有事迹
	宣宗		哀宗正大五年进	
	哀宗	缺		辽金二代，据倪灿、卢文弨《补辽金元三史艺文志》及钱大昕《元史·艺文志》

（续表）

各代	各帝	卷数	撰者	附考
元	太祖		翰林国史院	
	太宗		同上	
	定宗		同上	
	睿宗		同上	睿宗不为帝，出于追谥
	宪宗		同上	
	世祖	二一〇	董文用等	
	顺宗	一	程钜夫等	世祖太子真金追谥为顺宗
	成宗	五六	同上	
	武宗	五〇	同上	
	仁宗	六〇	元明善等	
	英宗	四〇	吴澂等	
	泰宗		王结等	
	明宗		欧阳玄等	
	文宗		同上	
	宁宗		同上	上据钱大昕《元史·艺文志》
	顺帝	缺		

（续表）

各代	各帝	卷数	撰者	附考
明	太祖	二五七	董伦等初修，解缙、胡广等重修。	万历中附建文事
	成祖	一三〇	杨士奇等	
	仁宗	一〇	蹇义等	
	宣宗	一一五	杨士奇等	
	英宗	三六一	陈文等	附《景帝景泰事迹》八七卷
	宪宗	二九三	刘吉等	
	孝宗	二二	刘健、谢迁等	
	武宗	一九七	曹宏等	
	世宗	五六六	徐阶、张居正等	又有世宗父《睿宗实录》五〇卷
	穆宗	七〇	张居正等	
	神宗	五九四	温体仁等	
	光宗	八	叶向高等	
	熹宗	八四	温体仁等	以上据《明史·艺文志》，今俱有传钞本，惟《熹宗实录》缺天启四年十二卷，六年六月一卷
	思宗	原缺		清初万言纂《崇祯长编》若干卷，可代实录，今尚存。又南京国学图书馆书目有《崇祯实录》十七卷，据嘉业堂刘氏藏书钞本传钞，当为后人补辑

（续表）

各代	各帝	卷数	撰者	附考
清	太祖	一〇	崇德元年初修，康熙二十一年重修，雍正二年校订。	《太祖实录》经数次修改，今所见者，有《太祖武皇帝实录》《太祖高皇帝实录》，皆北京故宫本，又有内阁大库钞本《太祖实录》，皆已印行，俱与实录正本有异同，又有《太祖实录战迹图》八卷，今称《满洲实录》
	太宗	六五	顺治九年初修，康熙十二年重修，雍正十二年校订。	正本与钞本不同
	世祖	一四六	康熙六年修，雍正十二年校订。	一作一四四卷，正本与传钞本不同，又日本有《太祖太宗世祖三朝实录纂要》本
	圣祖	三〇〇	康熙六十一年修	此为始修之年，至其成书则在四五年后，下同
	世宗	一五九	雍正十三年修	
	高宗	一五〇〇	嘉庆四年修	
	仁宗	三四七	道光四年修	
	宣宗	四七六	咸丰五年修	
	文宗	三五六	同治元年修	
	穆宗	三七四	光绪五年修	
	德宗	五九七	宣统间实录馆修，清亡后成书。	清亡后，实录馆尚在，隶于清室，纂成此书，北京、沈阳皆有钞本
	宣统政纪	四三	清亡后清室自修	同上，有排印本，据清代正、续《文献通考》《清史稿·艺文志》《四库简明目录》及钞藏各本，汇而记之

　　唐、五代、宋、辽、金、元之实录皆佚，唐、宋实录存者，仅韩愈所撰之《顺宗实录》五卷，钱若水所撰之《宋太宗实录》二十卷，韩录尚为完作，钱录则残帙而已。实录之体，略如荀悦《汉纪》，为编年史之一种，即于一帝崩殂后，取其起居注、日录、时政记等记注之作，年经月纬，汇而成编，故自成书之时言之，本为撰述之一种。然编纂实录，取材至繁，诏令章奏，悉得入录，并于大臣名人书卒之下，具其事迹，略如列传，其体实为长编，以备史官之采，故自易代后汇修正史之日言之，则亦与起居注、日录、时政记等书，一例视为记注。是则实录之书，介乎记注、撰述之间，两《唐志》皆以之入记注，《宋志》以下则以之入编年，前后异趣，盖以此也。唐及五代之实录，今虽不可尽见。而《通鉴考异》，称引最多，唐代诸帝之外，如梁太祖、后唐庄宗、明宗、愍帝、废帝、晋高祖、少帝、后汉高祖、隐帝、周太祖、世宗、南唐烈祖皆是。盖司马光撰《通鉴》时，其书具在，故得恣取而博辨之，而《宋志》具载其目，亦可证也。后人病《旧唐书》之烦，而仍不能屏废者，以本纪采取实录最多，为可贵也。《册府元龟》所录唐代史料，凡为《唐书》及《会要》所不载者，多出于实录，知《旧书》本纪之可贵，即知实录之可贵矣。宋时有实录，有会要，皆为国史之长编，元人灭宋，董文炳入临安，独取其国史，辇致北方，其后得据以修纂《宋史》，然《理宗实录》为未成之作，度宗、恭帝以下更无实录，故《宋史》于理、度时，不具首尾，草草成编，实录之系于修史，岂不大哉。《辽史》之成，由于耶律俨、陈大任二家之书，而俨即为手撰《辽实录》之人，今考宋、辽二史，所记两国间之大事，往往互异，则由史家各据其实录而直书之，不暇核其异同也。金亡后，实录在顺天张万户家（张万户名

柔，《元史》有传，说详后），元好问欲资张书以修《金史》，后
因有阻而止，乃构野史亭著述其上，凡金源君臣言行，采摭所闻，
记录至百余万言，元人修纂《金史》，多本其所著，元初王鹗倡修
《金史》，亦由得见实录，是辽、金二史皆资实录以成者也。元之
诸帝，皆有实录，宪宗以上，世祖时诏翰林国史院追撰成书，其后
每帝崩殂，必命史臣撰录，如前代制，惟顺帝以国亡无书，明初修
《元史》，即据元累朝实录，及后妃功臣列传而成者。明太祖迄熹
宗之实录，今尚具在，惟阙思宗一朝，可取谈迁《国榷》补之。清
人修《明史》，凡涉清初祖事皆讳而不言，故近贤考明事者，多舍
《明史》而取实录，《明史》所不详者，实录皆能详之，此其所以
可贵也。清太祖迄穆宗十朝实录，早已成书，蒋良骥、王先谦先后
辑《东华录》，皆资于实录，而所采事有未尽，蒋录起太祖天命迄
世宗雍正凡三十二卷；王先谦重为排纂，而自乾隆以下迄同治五朝
称为续录；潘颐福别撰《咸丰东华录》六十九卷，又在王录之前而
不如其详。清初三朝实录屡经改修，渐失本真，人皆弃重修本，而
珍视初修本，论者谓王录详于蒋录，而蒋录又胜于王录，亦蒋录多
取材于初修本，而王录则以涉忌讳而删去之也。《德宗实录》，晚
成未出，朱寿朋撰《光绪东华录》，无实录可据，而其详赡过于实
录。宣统朝无实录，而有政纪，是则《清实录》之完备，尤过于明
代，近年清十一朝实录附以《宣统政纪》《太祖实录战迹图》合为
千余册，已景印行世。盖实录之可贵，殊过于正史，试举一例明
之。大凡乙国人叙甲国事，往往据事直书，无所隐饰，此其所长
也；然异国传闻，往往失实，不可尽据，此又其所短也。史家考唐
代事，或资日本人之纪载，考宋、辽、金、元事，必资于高丽史，
以其时日本、高丽与吾国往还之频繁。李氏朝鲜，受明册封，始

终无间，故其实录中纪载明事最多，而于清代初祖之事，为《明实录》所不及载，清人所讳而不言者，朝鲜实录往往载之，且极翔实，故近人治清初史者，必取资于是书，而甚宝重之。总之，前代实录为长编之体，略如史料汇编，修通史专史者，有事于此，可以取用不竭，是盖可与正史并存不废，与其谓之撰述，无宁属之记注，凡撰述之为长编体者，皆入古记注之林而远于撰述者也。

（二）纪传体之正史

设馆修史，始于唐贞观三年之诏修梁、陈、北齐、周、隋五代史，十八年，又重修《晋书》，后则相沿为例，兹取自唐以来官修诸正史，列表明之。

史名	卷数	撰者	附考
晋书	一三〇	唐房玄龄等	
梁书	五六	唐姚思廉	
陈书	三六	同上	
北齐书	五〇	唐李百药	
周书	五〇	唐令狐德棻等	
隋书	八五	唐魏徵等	
旧唐书	二〇〇	晋赵莹、刘昫等	
新唐书	二二五	宋欧阳修、宋祁	宰相曾公亮监修
旧五代史	一五〇	宋薛居正等	
宋史	四九六	元脱脱等	
辽史	一一六	同上	
金史	一三五	同上	
元史	二一〇	明宋濂等	
明史	三三六	清张廷玉等	内有目录四卷
清史稿	五三六	赵尔巽等	

　　"正史"之名，始见《隋志》，至宋而定著十有七，即《史记》《汉书》《后汉书》《三国志》《晋书》《宋》《南齐》《梁》《陈》《魏》《北齐》《周》《隋》八书，以及《南史》《北史》《新唐书》《新五代史》是也。明刊监版，合宋、辽、金、元四史，为二十有一。清乾隆中，诏增《旧唐书》《旧五代史》及《明史》，为二十有四，凡未奉有明诏及颁诸学官者，不得滥登，盖久已悬诸令典矣。往者北京市政府曾颁令以柯劭忞所撰之《新元史》，列入正史，于是有二十五史，其后修清史成，草草付印，谓之《清史稿》，又以禁不得行，不然，则正史之数有二十六矣。兹以晋、梁、陈、北齐、周、隋六史，已述其概于前章，《新五代史》为私家之作，别述于后，仅取《旧唐书》以下，迄于《明史》，具而论之，而《清史稿》亦以附焉。

　　其一则为《旧唐书》。考唐贞观中，曾命姚思廉撰纪传体之国史，高宗时长孙无忌、许敬宗等续之，敬宗又撰十志，未就，武后时刘知幾、朱敬则、徐坚、吴兢奉诏同撰《唐书》八十卷，此见于《史通·正史篇》所述者也。《崇文总目》谓吴兢撰《唐史》，自创业迄开元，凡一百一十卷，韦述因其本更加笔削，兹检《新唐书·艺文志》，著录《唐书》一百卷，又一百三十卷，即吴兢、韦述、柳芳、令狐峘、于休烈等先后所撰之作也。撰之者既非一人，亦非出于一时，随撰随续，历时甚久，略如后汉之修《东观记》，兢本与知幾同撰《唐书》，兢又自行续撰，故由八十卷，增至百一十卷，其后更由韦述等续撰，故又增百三十卷，而著录于《唐志》也。然《旧唐书》吴兢、韦述、柳芳等传又谓兢私撰《唐书》《唐春秋》未就，其书凡六十余篇，述续撰为一百十二卷，并史例一卷，肃宗又命述、芳缀辑吴兢所次国史，述死，芳续成之，起高祖，迄肃宗乾元，凡一百三十篇，其后于休烈、令狐峘续增，而未加卷帙，故《唐志》仍以百三十卷著录也。据赵翼所考，《旧书》前半，全用实录国史旧本，《唐绍传》称玄宗为今上，即用实录原文之证，《刘仁轨传》后引韦述论云，即用韦述所修国史原文之证，所论甚谛。然又谓宣宗以后无实录，故武宗会昌以后，事多阙略，此又因《五代会要》所纪，五代修《唐书》时，屡诏购访，有纪传者，惟代宗以前，德宗只存《实录》，《武宗实录》并只存一卷，而言之也。《四库提要》则谓，《旧书》于穆宗长庆以前，本纪唯书大事，简而有体，列传叙述详明，赡而不秽，颇能存班、范之旧法，长庆以后，本纪则诗话、书序、婚状、狱词，委悉具书，语多支蔓，列传则多叙官资，曾无事实，或但载宠遇，不具首尾，所谓繁略不均，诚如宋人所讥，是则长庆以来，国史、实录皆不之具，无可依据之故。《宋史·艺文志》著录武宗以下六帝实录一百四十三卷，皆宋敏求补撰，今考《通鉴考异》，屡引《唐实录》，而于武宗后称引尤多，武宗以上为唐人旧本，武宗以下则敏求补撰本也。欧、宋修《新书》时，遗文间出，又有宋录可据，故叙唐末事差为详赡，其能胜于旧书，时为之也。唐亡之后，梁及后唐皆曾命官修史，未底于成。其可考者，晋高祖石敬瑭天福六年二月，诏张昭远、贾纬、赵熙、郑受益、李为光等同修唐史，并以宰臣赵莹监修，其后同修唐史者，又有吕琦、尹拙，而莹为修史事，综理独周密，故《旧五代史》莹传，谓《唐书》二百卷之成，莹有力焉，吴缜《新唐书纠谬》亦盛称赵莹之徒，缀辑旧闻，次序实录，草创卷帙，粗兴规模。据此则莹之监修唐史，非虚领其名而不事事之比，而今本《旧书》署刘昫等撰，而不及莹者，晋出帝开运二年六月书成时，赵莹已外任节镇，刘昫以宰相继为监修，遂与修史官张昭远同表上之，此所以首昀名而不及莹也。然薛、欧二史《刘昀传》，俱不载其监修《唐书》，其于《唐书》，亦无莹综理周密之功，而独尸其名，抑何侥幸乃尔，此宜补列莹名于昀前，以示不没其劳。此唐及五代纂修《唐书》之大略也。

其二则为《新唐书》。《旧书》之缺略，具如上述，其宜重修或订补，自不待论，至宋仁宗之世，乃以《旧书》卑弱浅陋，命翰林学士欧阳修、端明殿学士宋祁重加刊修，至先提举其事后为监修者，则宰相曾公亮也。修撰本纪、志、表，祁撰列传，祁稿凡十七年乃成，修稿亦历六七年，其所修之时，则祁在前而修在后，故列传成于本纪、表之前。其后书成，应由官高者一人署名，修曰，宋公于我为前辈，且于此书用力久，何可没也，祁感其退逊，故于列传题祁名，本纪、志、表题修名，然此实用《隋志》分题长孙无忌之例，非创之于欧、宋也（据《书录解题》及《四库提要》）。据曾公亮《进书表》，与欧、宋同修书者，有范镇、王畴、宋敏求、吕夏卿、刘羲叟，夏卿熟于唐事，博采传记、杂说数百家，又通谱学，创为世系诸表，于《新书》最有功；敏求亦以熟于唐事，且补修晚唐六朝实录，为王尧臣所荐，又尧臣亦预修《唐书》，是则与修诸氏，皆为一时名选，而欧、宋二氏又为一代文宗，领袖其上，亲为笔削，且历十有七年而成，为时甚久，不同草草，宜《新书》之无可议矣。然同时有吴缜者，欲因范镇荐，列于史馆，为欧阳修所拒，心不能平，乃于《新书》成后，撰《纠谬》一书，吹毛索瘢，大肆抨击，所举虽不无是处，究无以服欧、宋之心也。平心论之，《旧书》之作，多本国史、实录，长庆以前之本纪列传，确较《新书》为详赡，故司马光之修《通鉴》，宁弃《新》而取《旧》。且唐代诏令率用骈俪，《新书》本纪多从删弃，如陆贽所撰《兴元大赦诏》，骄兵悍将，读之至于感泣，诚千古之至文也，亦以用骈而不取，此欧阳氏主修之失也。唐代词章，体皆详赡，而列传中，必为减其文句，变为涩体，殊失其真，又喜载韩、柳文，韩愈《平淮西碑》，不详叙李愬入蔡之功，至于仆碑改撰，而《通鉴》亦不甚取之，《新书·吴元济传》，则全就碑文润色之，于《柳宗元传》，录其文至四首，而他传则无此例，此宋氏之失也。公亮《进书表》，称其事增于前，其文省于旧，而刘安世《元城语录》，则谓事增文省，正《新书》之失。吾谓事增则是，文省则非，寻其所谓事增，即指补缀唐末阙遗之事，所谓文省，即指删削国史、实录之文。夫《新书》之长，即在将长庆以后《旧书》所不能详者，悉加辑缀，大体略备，纪传固然，而志、表尤胜于《旧书》，故《新书》之可贵，不在改撰，而在补缀，向使欧、宋二氏，于旧史之佳者，多用旧文，不为删并，专就唐末史事，去其烦冗，补其阙遗，则为《新书》之佳本，而无可议矣。清人沈炳震悟得此理，遂辑《唐书合钞》二百六十卷，本纪、列传悉用《旧书》，志、表多用《新书》，而以他一书之异同，及可补阙遗者，分注于下，并为《宰相世系表》作订误数卷，此折衷于《新》《旧》两书之间，弃其短而取其长，最为得作史之意者也。自《新书》行，而《旧书》渐微，明代南北两监本二十一史，皆不及《旧唐书》，明嘉靖十七年闻人诠重刻旧本，赖以延绵不坠，清乾隆中，诏以新、旧《唐书》并列正史，复于武英殿刊版印行，遂仍得畅行于世，而今人仍贵闻刻本，扬州岑建功为撰校勘记，并附以逸文，亦治《旧书》之最勤者矣。盖《旧唐书》若前无闻人诠为之校勘，后无清廷为之表章，必如薛氏《五代史》，重烦学人加以搜残补阙之功，可不问而知之也。

其三则为《旧五代史》。宋太祖开宝六年四月，诏修梁、后唐、晋、汉、周五代史，卢多逊、扈蒙、张澹、李昉、刘兼、李穆、李九龄同修，宰相薛居正等监修，七年闰十月书成，凡一百五十卷，目录二卷，为纪六十一、志十二、传七十七，多据累朝实录及范质《五代通录》。薛史之体，略仿《三国志》，以梁、唐、晋、汉、周各为一书，称曰《梁书》《唐书》《晋书》《汉书》《周书》，而各有纪传若干卷，合之虽为一书，分之可为五史。晁公武《读书志》称开宝中诏修梁、唐、晋、汉、周书，赵翼据之，遂谓五代史，乃后人总括之名，此殊失考。薛史有从《世袭》《僭伪》《外国》诸传及十志，皆不能分系于某一书，且以十志之迹求之，略如唐修《五代史志》之附于《隋书》，是则五书实有合而难分之势，亦犹《三国志》之魏、蜀、吴，本可各为一史，然《魏书》书末附有《外夷传》，而他书无之，正为合而难分之证。薛史之体，盖仿《三国志》《南史》《北史》之例，合而一之，以五代相承，顺序递述，尤近于《南》《北》二史，具有通史之一体者也。其后欧阳修私撰《五代史记》，藏于家，修没后，神宗诏求其书，为之刊行，于是薛、欧二史，并行于世。至金章宗泰和七年（宋宁宗开禧三年，公元一二〇七年），诏止用欧史（《金史·章宗纪》，泰和七年十一月诏新定学令内削去薛居正《五代史》，止用欧阳修所撰），宋金亡后，南北统一于元，元承金制，薛史日湮。明成祖时，辑《永乐大典》，悉采薛史入录，惟已割裂淆乱，非其篇第之旧。清乾隆中，开四库馆，求薛史原本，已不可得，馆臣邵晋涵就《大典》中甄录排纂，其阙逸者，则采《册府元龟》等书之征引薛史者补之，仍厘为一百五十卷，其原书篇目，亦略可寻绎得之，设无《大典》，则薛史亡矣。薛史多据实录，故详赡过于欧史，而欧史后出，亦有可补薛史之阙遗者，故清代以二史不可偏废，遂并列于正史。或谓薛史原本尚未亡，初在皖人汪允中家，继归丁乃扬，乃扬珍惜孤本，不肯示人，世遂无有见之者。允中、乃扬，独不能效闻人诠覆刊行世，一旦付之劫灰，将奈之何，收藏孤本，秘不示人，等于窖金埋宝，有书亦等于无书矣。

其四则为《宋》《辽》《金》三史。宋代国史，最为详备，有起居注，有时政记，有日历，有编年体之实录，有纪传体之国史，其时所设起居郎、舍人、著作郎、佐郎、国史院、实录院，分典撰史之务。《宋史·汪藻传》谓，书榻前议论之词，则有时政记；录柱下见闻之实，则有起居注；类而次之，是为日历；修而成之，谓之实录，此皆宋国史之底本也。实录之外，即为国史：宋代诸帝崩后，嗣君例诏大臣修实录，而仁宗时，则诏吕夷简、夏竦修先朝国史，神宗时，既诏修《英宗实录》，又诏修仁宗、英宗史，孝宗以后又修神、哲、徽、钦四朝国史志及列传，理宗时又修高、孝、光、宁四朝国史，所谓国史，具有纪、传、志、表诸体，一如前代之正史，而易代以后，即据此以勒定焉。国史之作，肇于后汉之《东观汉记》，而大成于唐代吴兢等所撰之《唐书》，其性质异于记注，故亦得为撰述之一种。南宋时，王偁撰《东都事略》，备北宋九朝之事，翦裁得当，实胜于元人所修之《宋史》，亦据国史勒定者也。南宋理、度二宗，虽亦有实录、时政记可据，然至宋亡之日，已多不具，而两朝国史，更未及修，试观《宋史》诸志，于宁宗以后事，多阙而不备，而《文苑传》，南宋仅周邦彦等数人，《循吏传》，竟无南宋一人，固由修史诸人草草将事，亦以国史底本缺略不具故耳。迨元兵入临安，以董文炳主留事，文炳曰，国可灭，史不可灭，又曰，宋十六主，有天下三百余年，其太史所记，具在史馆，宜悉收以备典礼，乃得宋史及诸记注，归之元都国史院，此即宋国史旧本，元人所据以修《宋史》者也。辽制，书禁甚严，凡国人著述，惟听刊行于境内，有传于邻境者，罪至死，故书籍流传于后世者绝少，元好问云，今人语辽事，至不知起灭凡几主，下者不论也（《元文类·故金漆水郡侯耶律公墓志铭》）。则其时史料之缺乏，亦可于此窥见。然不可因此遂谓辽无国史。其诸帝实录，已略如上述，又有起居注及日历，《辽史·百官志》有起居舍人院，又《耶律良传》，重熙中迁修起居注。又《道宗本纪》，大康二年十一月甲戌，上欲观起居注，修注郎不撅及忽突堇等不进，各杖二百，罢之，此辽有起居注之证也。《辽史·圣宗纪》，统和二十一年三月壬辰，诏修日历官，毋书细事，又二十九年五月甲戌朔，诏已奏之事送所司附日历，此辽有日历之证也。辽人于实录外，是否另修纪传体之国史，今已无考。金灭辽后，遂据辽人记注实录以修《辽史》，《金史·熙宗纪》，皇统八年四月甲寅，《辽史》成，又《萧永祺传》，广宁尹耶律固奉诏译书，辟至门下，尽传其业，固作《辽史》未成，永祺继之，作纪三十卷、志五卷、传四十卷，上之，此谓萧永祺《辽史》，即第一次修成之本也。大定二十九年，章宗即位，以萧史未善，乃命官重修，以耶律履、党怀英、郝俣等为刊修官，移剌履、赵沨等七人为编修官（见《金史》移剌履、党怀英两传，移剌即耶律二字之异书），后增编修官三人，又因党怀英致仕，诏陈大任继成其事（太和六年七月）。《章宗纪》太和七年十二月壬寅朔，《辽史》成，此谓陈大任《辽史》，即第二次修成之本也。陈史费时十有八年，应较萧史为完善，然而迟至金亡未能刊行者，盖因德运之说未定故耳。兹据《大金德运图说》及宣宗贞祐二年正月集议德运省札所引章宗敕旨

（见《金文最》五十六），金源诸臣，或主以金继唐，或主继辽，或主继宋，发言盈庭，莫衷一是。又据修端辨辽、金、宋正统所说，《金史·章宗纪》"辽史成"一语，正为罢修《辽史》，因而结束之，其未及刊行，亦以此也。金亡以后，《辽实录》为耶律楚材所藏，故得不亡（据苏天爵《三史质疑》），后据以重修《辽史》，殆即耶律俨所修之《皇朝实录》七十卷。或谓萧永祺所修之《辽史》七十五卷，即就俨书排纂而成（近人冯家昇说）。今就《辽史》所引，俨书有纪有志有传，一如正史，殊乖实录之体，且今本《辽史》，绝不称及萧史，疑其说不为无因。然元修《辽史》，得陈大任《辽史》甚晚，恐系就萧史改作，而原本因以放散，元好问尝谓太和初诏修《辽史》，书成，寻有南迁之变，简册散失，世复不见（《漆水郡侯耶律公墓志铭》），此即指陈大任重修之《辽史》。然其后陈史复出，为脱脱等所据，以成今本，脱脱《进辽史表》云，耶律俨语多忌讳，陈大任辞乏精采，二书优劣，大概可知。所谓耶律俨《实录》，所谓陈大任《辽史》，皆元人所据以修《辽史》者也。金时亦有起居注、日历、实录，《金实录》已详于前，《金史·百官志》，有记注院修起居注，掌记言动。又秘书监所领之著作局，掌修日历，略如唐宋之制。又《世宗本纪》大定七年九月诏修起居注，《宗叙》《守贞》两传，皆有修起居注之语。元世祖中统二年，王鹗奉诏修《金史》，采及杨云翼《日录》四十条，陈老《日录》二十条，日录当如唐宋宰臣之时政记，否则与日历相类，所谓起居注、日历、日录、实录，皆《金史》所资以成书者也。《金史·文艺传》谓刘祁作《归潜志》以纪金事，元好问著《中州集》及《壬辰杂编》，为修《金史》时所采用，好问既于顺天张万户家得见《金实录》，则《壬辰杂编》所纪载者，必多出于实录。《元史·张柔传》，载柔攻下金汴京，独入史馆，取《金实录》，并秘府图书，世祖中统二年，柔以《金实录》献于朝；又《王鹗传》载鹗在金官左右司郎中，蔡州陷，鹗将被杀，万户张柔闻其名，救之，辇归，馆于保州；按金有保州顺天军，元升为顺天府，即今保定，张柔以万户率兵镇此，即元好问所见之顺天张万户也。鹗既主于其家，得尽读《金实录》，迨柔献《实录》于世祖，而鹗适官翰林学士承旨，兼领国史院，遂建议修《辽》《金》二史，鹗之言曰，自古有可亡之国，无可亡之史，盖前代史册，必代兴者与修，是非予夺，待后人而后公故也（与鹗同修《金史》者，尚有李治、徐世隆、高鸣、胡祇遹等，见《元史·商挺传》）。其后阿鲁图《进金史表》云，张柔归《金史》于其先，王鹗辑金事于其后，即指此事，而至正所修之《金史》，即据鹗稿为底本。由是言之，《金史》之修，创于王鹗，考其初稿，即据实录，谓悉采自刘、元二氏，尚非衷于情实（孙承泽《春明梦余录》有"《金史》不亡二人之力"一条，一指王鹗，一指元好问）。以上所述，皆元人未修三史以前，所考得之大略也。元人与宋合兵灭金，时在宋理宗端平元年，元太宗窝阔台六年（公元一二三四年），迟至元世祖中统二年（宋理宗景定二年、公元一二六一年），始因王鹗奏请，而修《辽》《金》二史。及世祖至元十六年（公元一二七九年），灭宋，又命史臣通修《宋》《辽》《金》三史，然迟之甚久，而不能成书，与金修《辽史》同，直至顺帝至正三年（公元一三四三年）三月，右丞相脱脱奏请设局，重修三史，中隔以六十四年之岁月，因何停顿，盖亦有故。考是时元廷诸臣，意见不一，或以宋为正统当立帝纪，辽、金为窃据当入载记，是以《晋书》为例者也；或以辽自唐末保有北方，与五季、北宋相次而终，当为北史。宋受周禅，至靖康，当为宋史。金破辽克宋，据有中原，当为北史。建炎以后，中原非宋所有，当为南宋史，是以《南、北史》为例者也。以元承宋，而摈辽、金，汉人之绩学者多主之。第元太祖成吉思汗之立国，远在宋宁宗开禧二年（公元一二〇五年），是时金尚未亡，元人以北方部族，入主中国，不能不祖辽、金而绌宋，因此争议不决，又复多所顾忌，致修史之议，未果进行，亦犹金人修《辽史》，以德运之议未决，而致停顿也。迨至脱脱为相，乃断然曰，三国各与正统，各系其年号（见《权衡庚申外史》），以此为三史之义例，并为定其凡例云：一、帝纪，各史书法，准《史记》《汉书》《新唐书》，各国称号，准《南》《北》二史；二、各史所载，取其重者作志；三、表与志同；四、列传（后妃、宗室、外戚、群臣、杂传），人臣有大功者，虽父子各传，余以类相从，或数人共一传，三国所书事，有与本朝相关涉者当禀，金宋死节之臣，皆合立传，不须避忌，其余该载不尽，从总裁官，与修史官临文详议；五、疑事传疑，信事传信，准《春秋》（百衲本《辽史》卷首）。以上五例，即三史义例所据以画一者也。先是王祎著《正统论》，谓金虽据有中原，不可谓居天下之正；宋既南渡，不可谓合天下于一，其事适类于魏、蜀、吴、东晋、后魏之际，是非难明，而正于是又绝矣。自辽并于金，金并于元，元并南宋，然后居天下之正，合天下于一，而后正其统（《王忠文公集》）。此说即为脱脱所本，盖如王祎所论，则宋与辽金，实同于南北朝时之分据，而脱脱定议以三史分修，实以《宋史》为"南史"，辽、金二史为"北史"，亦取端修以《南》《北》二史为例之说也。考脱脱修三史时，脱脱自为都总裁，铁睦尔达世、贺惟一、张起岩、欧阳玄、吕思诚、揭傒斯、李好文、杨宗瑞、王沂等为总裁官，而纂修官则三史各异。迨至至正四年三月，《辽史》先成，由脱脱表上。同年十一月《金史》继成，五年十月《宋史》亦成。时脱脱已罢相，由继任右丞相阿鲁图表上，未几即镂版行世，得以流传。至其成书所以如斯之速者，则以三史各有底本在，据而编次之，则大略可睹矣。或以三史成书太速为病，固由昧于当代之实况，抑知顺帝至正八年方国珍起兵浙江，十一年郭子兴起兵安徽，十三年张士诚起兵江苏，渐次以及中原北方，全国成动荡之势，时上距书成不及十年，设再荏苒岁月，旧本散亡，三史恐难成书，籍令成于明人之手，亦必为残阙不完之作矣。后贤又病《宋史》冗杂，《辽史》简略，而极称《金史》之详核老洁者（见《二十二史札记》二十七），不悟《宋史》于北宋九朝，据王偁《东都事略》及李焘《续通鉴长编》，叙述详而有体，皆由底本之善，南宋高、孝、光、宁四朝之史亦略备。且《宋史》之佳处，正在详而不在简，后来改撰之《宋史》，皆不能满人意者，非谓其不能剪裁，正以其详不如旧史耳。至其一人重复立传，编次前后失当，如钱大昕、赵翼之所纠举者，悉出元人补订未善仓卒成书之失，非宋国史旧本之咎也。《辽史》所纪契丹上世之事，当出于《辽实录》，由耶律俨、萧永祺相沿而删定之者。今考《辽史》本纪、志、传中，屡称耶律俨、陈大任，又称旧史，旧史即指陈氏之作。此外间取材于《魏书》《周书》《隋书》《北史》《新唐书》《新、旧五代史》《通鉴》，而于天祚天庆二年以后事，多采自叶隆礼之《契丹国志》。盖撰《辽史》时，苦于史料缺乏，杂采诸书，多录原文，勉强联缀，捉襟见肘，随处可见。然宋人之名著，若江少虞《皇宋事实类苑》，李焘《续通鉴长编》，李心传《建炎以来系年要录》及《朝野杂记》，徐梦莘《三朝北盟会编》，马端临《文献通考》，乃竟未见采取，岂以有所忌讳而然，抑由时日迫促，无暇以及此乎？元人王恽《玉堂嘉话》，载王鹗所拟《金史大纲》，备有《太祖》、《太宗》、《熙宗》、《海陵庶人》、《世宗》、《章宗》、《卫绍王》（实录阙）、《宣宗》、《哀宗》（实录阙）九帝纪，《天文》《地理》《礼乐》《刑法》《食货》《百官》《兵卫》七志，《诸王》《后妃》《开国功臣》《忠义》《隐逸》《儒行》《文艺》《列女》《方技》《逆臣》诸列传，恽又谓鹗亲笔作史，大略付恽，如帝纪、列传、志书，卷帙皆有定体，此皆王鹗尽瘁于《金史》之证。当鹗之世，金源文献，既有实录可徵，益以刘祁、元好问所纪，既不同《宋史》之冗杂，亦不似《辽史》之简略，其以详核老洁见称，非无故也（施国祁《金史详校序》：金源一代，年祀不及契丹，舆地不及蒙古，文采风流不及南宋，然考其史裁大体，文笔甚简，非《宋史》之繁芜，载述稍备，非《辽史》之阙略，叙次得实，非《元史》之讹谬）。再就三史之体例言之，各有纪、传、志、表，本属一致，而《宋史》杂世家六卷于列传，或谓乖于史体，此亦不然。《宋史》以南唐李氏、西蜀孟氏、吴越钱氏、南汉、北汉两刘氏、荆南周氏、高氏、漳泉留氏、陈氏为世家，序称仿自欧史，而次于诸汇传之后者，其意若曰，彼云道学、儒林、文苑，此云世家，等量齐观，有何不可？然则所谓世家者，乃冠于列传之一词耳，非《史记》以世家与本纪、列传并列之旨也。以此论次三史，亦可以得其大略矣。

其五则为《元史》。元初之国史，以蒙古文字纪载，题曰《脱必赤颜》（译音），记太祖成吉思汗以往之史事綦详，元仁宗时，察罕初译为汉文，名曰《圣武开天记》（见《元史》本传）。明太祖洪武十五年有重译本，称曰《元朝秘史》。又有《圣武亲征录》，亦自《脱必赤颜》译出，记太祖初起及太宗时事。今所传《秘史》译本，出于《永乐大典》，清乾隆中，钱大昕钞得之，而未著录于《四库》（外间尚有原刊残本）。元文宗至顺二年，奎章阁学士虞集等，以纂修《经世大典》，请从翰林国史院取《脱必赤颜》（必一作卜）一书，以记太祖以来事迹，翰林学士承旨某言，《脱必赤颜》事关秘禁，非可令外人传写，遂止（见《元史》本纪及《虞集传》），此是书所以有秘史之名也。此外则太祖以来之事迹，悉具于累朝实录。明初徐一夔言，元不置日历，不记起居注，独中书置时政科，遣一文学掾掌之，以事付史馆，及易一朝，则国史院据所付修实录。据此所说，元代无起居注及日历，然考《元史·百官志》，以给事中兼修起居注，左右侍仪奉御兼同修起居注，又秘书监置著作郎佐郎，如宋、辽、金制。前代著作郎，即掌修日历，元英宗时，御史孛端，曾有朝廷设起居注所录皆臣下闻奏事目之语（见《元史》本纪）。王恽修《世祖实录》，亦尝参取起居注（见《秋涧集·进实录表》）。而徐氏谓元代无起居注及日历者，岂以元之末世，虚置其官而不事其事之谓欤。故其后可据者，只有实录。明太祖洪武元年，徐达率军入北京，始得元十三朝实录，据钱氏《元史·艺文志》所考，元有十五帝之实录，此称十三朝者，睿宗、顺宗，皆由追谥，身未为帝，故置而不数也。元英宗时（至治元年），诏修《仁宗实录》及《后妃功臣传》，顺帝时（至元元年），又诏修累朝实录及后妃功臣传（见《元史》本纪）。又谢端曾预修文宗、明宗、宁宗三朝实录及累朝功臣列传（见本传），凡此所谓累朝后妃功臣列传，必亦为明人所得，故得据之以修《元史》。元人所撰之《经世大典》《大一统志》，于一代之典章及舆地，纪载綦详，明初其书具在，又得据之以撰诸志，

《元史》成功之易，亦由于此。徐一夔谓《元史》自太祖至宁宗十三朝，悉据实录修成，又有《经世大典》，可以参稽（《明史》本传及朱彝尊《徐一夔传》），此《元史》依据实录、大典之证也。明修《元史》凡二次：第一次，洪武二年二月开局，八月成书；第二次三年二月开局，七月成书，总裁官为宋濂、王祎。据宋濂序，第一次，凡成纪三十七卷、志五十三卷、表六卷、传六十三卷，顺帝时无实录可徵，未得为完书，复诏有司，徵采史事，以续成之，故第二次，又成纪十卷、志五卷、表二卷、传三十六卷。今考《元史》目录，本纪四十七卷，其卷三十八以下，则续成之《顺帝纪》也；志表之次第不动，续成之志五卷，列入志第三下为五行二，第十七下为河渠三，第二十七下为祭祀六，第四十一下为百官八，第四十五下为食货五；续成之表二卷，列入第五下为三公二，第六下为宰相二；而卷次之总数，仍照增，此可考而知者也。或谓列传第三十三，始以开国时之耶律楚材、张柔、史天倪等，次于元末死事诸臣泰不花之后，是为续修之证（《二十二史札记》有此说）。然楚材等为开国勋臣，初次不容漏载，盖列传次序，以蒙古贵臣及色目人居前，而汉人、南人次之。蒙古人、色目人、汉人、南人诸传之后，各插入续修之传，而又次于儒学诸合传之前，故其孰为初修，孰为续修，不可遽寻。且初修之列传凡六十三，续修之列传凡三十六，合之为九十九卷，而本书列传凡九十七卷，缺少二卷，若非于合编时有并卷，则《宋序》所记续修列传三十六卷，必为三十四卷之误，是尚有待于刊定者耳。明修《元史》时，亦仿元修三史，定有凡例，本纪准两汉史，志准《宋史》，表准辽、金史，列传准历代史而参酌之，纪、传、志、表皆不作论、赞，据事直书，具文见意（见《元史》卷首）。惟以其成书太速，故其芜杂缺略，视诸史为尤甚，良由修史诸氏，不解蒙古文字，蒙人之参与者，亦复数典忘祖，以致一人两传，讹误百出，且有于附传之外，别立专传者。又如《元朝秘史》《圣武亲征实录》之贵重史料，亦不知采取，且元时疆域极广，而所详者仅于中国境内，未足以餍学者之望，此所以有待于补订重修也。至其成书之速，盖亦有故：明太祖驭下至严，诸臣之所重惮，成书稍迟，谴责将至，一也；元以蒙族入主，为明人夷视，于其蒙古旧史，亦不之贵，二也。其后王洙撰《宋史质》，于恭帝降元之后，每岁书帝在某地，而削去元之年号。成化中，商辂等奉敕修《续纲目》，亦不甚留心元事，藉令宋王诸氏尚在，以应采《秘史》《亲征录》之议，陈于其前，亦必以为无足轻重，一笑置之，盖以古今之异势，而议论亦不同焉。此明修《元史》之大略也。

其六则为《明史》。明代诸帝，除惠帝思宗外，皆有实录（景帝事附入英宗实录），实录中例载诸臣传，而典章制度，又有会典可据，此《明史》之基本史料也。惟于实录之外，曾有官修之国史。万历中，阁臣陈于陛疏谓本朝纪、表、志、传之正史，二百余年来蹿袭因循，阙略不讲，请力为整辑，勒成钜编，于是开馆分局，集累朝之实录，采朝野之见闻，纪、传、书志，颇有成绪，忽毁于火（据《春明梦余录》十三及三十二），后则未闻续作，诚可惜也。明代中叶以后，士大夫喜谈本朝掌故，私家作史之风亦盛，如朱国桢之《明史概》、邓元锡之《明书》、陈建之《皇明通纪》、王世贞之《弇州史料》、谈迁之《国榷》，皆撰于明亡之前，虽未尽满人意，然亦具体而微。至明末黄宗羲因之，而作《明史案》二百四十四卷，其立例有三：一曰国史取详年月，二曰野史当取是非，三曰家史备官爵世系，清修《明史》之规模，实基于此。清既灭明，尽得其国史，乃于康熙十八年诏修《明史》，以大学士徐元文为总裁，元文延宗羲之弟子万斯同，主于其家，委以编纂之事，元文去职，继之者为张玉书、陈廷敬、王鸿绪，皆以万氏主其事，万氏承宗羲之学，熟于明代掌故，能闇诵实录，既以布衣参史局，史馆诸纂修所撰稿，皆由万氏覆审。时鸿绪任列传，至康熙五十三年传稿成，表上之。雍正元年又表上本纪、志、表稿。时万氏虽前卒（卒于康熙四十一年壬午），而世人咸谓王氏稿泰半出万氏手，后乃汇刊为《明史稿》五百卷。雍正中，张廷玉受诏为总裁，遂因鸿绪本以成书。乾隆四年廷玉《进明史表》云："聚官私之纪载，核新旧之见闻，签帙虽多，抵牾互见，惟旧臣王鸿绪之史稿，经名人三十载之用心，进在彤闱，颁来秘阁，首尾略具，事实颇详。在昔《汉书》取裁于马迁，《唐书》起本于刘昫，苟是非之不谬，讵因袭之为嫌，爰即成编，用为初稿。"是则廷玉等进呈之《明史》，多本于鸿绪之史稿，而鸿绪之史稿，又多出自斯同之手笔，所谓经名人三十载之用心，非谓鸿绪，实暗指斯同，《明史》在诸正史中，称为佳史，亦以此也。考乾隆刊行之《明史》，开列在事诸臣，总裁以张廷玉领衔，而无徐元文、王鸿绪，盖以当日在史馆者为限；万氏不与纂修之列者，盖以布衣主于总裁之家，而不受其职名，且已病殁在前故也。迨乾隆四十二年，高宗以《明史》本纪，所载事实，尚多疏略，特派大臣考核添修，并谕以亲阅鉴定，重刊颁行。其后乃以改订之本，刊成本纪二十四卷，顾外间见者绝少，后自清宫觅得底本，由故宫博物院景印行世，校其所增补者，仅涉文辞之细，于史事殊少出入，受命诸臣，敷衍塞责，于此可见。惟乾隆间又尝为《明史》撰考证，光绪中长洲王颂蔚直军机日，于方略馆搜得考证正本、稿本、进呈本三种，皆限于列传，因据以撰《明史考证攟逸》四十二卷，是当日所拟修改者，原不限于本纪，观于考证可知也。《明史》之佳，本非一端，如排纂之得当，附传之得宜，前人论之已详（如《二十二史札记》）。前史有志而无图，《明史·历志》则增图以明历数；前史艺文志皆无断限，而《明史》艺文，惟载当代著述，此皆以古今异宜，而深得体要者。至其不满人意之处，厥惟易代之际，忌讳太多，有若辽东一隅建州三卫故事，明人记载甚多，而《明史》则讳莫如深，不著一字；记南明遗事之书，亦不下数十种，而《明史》以事涉易代，亦复语焉不详。近人治清初史者，宁取《明实录》及朝鲜人之记载，治南明史者盛道清代禁毁诸书，而以《明史》为不足观，是则于此二事，均有待于补苴，且视清代之重刊本纪为尤要，世有贤者，理而董之，是所望也。

最后则为清史，清初设国史院，以大学士领之，其后改设国史馆于禁城内，置总裁、纂修、协修诸官，皆以翰林院官所谓词臣者兼之。其所修之国史，体例如前代之正史，有本纪，有列传，有表，有志，当有清之季，已将太祖迄穆宗之十一朝本纪修竣，其后更续修德宗本纪（凡一百三十七卷）。清制，内外臣二品以上及特旨宣付、臣僚奏请，乃得立传，今坊间印行之《清史列传》八十册，即用清国史馆之底本，为历朝词臣所修者也。表、志二类，亦略具梗概，而不如本纪、列传之有成书，故无考也。清代有起居注官，例由任其事之翰林官更番撰记，每半月为一番，其如何取材则未详，亦不同前代之有日历及时政记，惟每帝崩殂，新君嗣位，则依前代例，设实录馆，纂修先君"实录"，以为记注之总汇，又别纂"圣训"。故是时于国史馆外，别设实录馆，置总裁、提调、总纂、纂修等官，亦以词臣兼之，事毕则撤馆，而非常设，实录、圣训亦修国史者之所取资也。实录、国史两馆，皆设于禁城东华门内，蒋、王二氏自实录钞出之史料，别为《东华录》，其得名之故以此。清代实录之例，不以大臣传附入实录书卒之下，与前代异，即以国史已别为之立传也。洎清室退位，北京政府乃设置清史馆，以赵尔巽为馆长，下设总纂、提调、纂修、协修等官，任总纂者为柯劭忞、王树枏、吴廷燮诸氏，皆一时绩学知名之士，至一九二八年始成书，计本纪二十五、志一百四十二、表五十三、列传三百十六，凡五百三十六卷，又目录五卷。时主其事者，鉴于北京政局动摇，力主付印，以防散佚，并仿王鸿绪《明史稿》之前例，命为《清史稿》，以示未为成书之意。刊成未几，当政禁止发行，故流传甚少。平心论之，是书积十余年之岁月，经数十学者之用心，又有国史原本可据，而历朝所修之实录、圣训及《宣统政纪》，并蒋、王、潘、朱四氏之《东华录》，采摭甚富，史实略备，囊括以成一代之典，差足继轨前代正史之后，而资览者取资矣。第其书令人不满者，亦有多端：其一，则诸志实未备作（如氏族志），列传多有阙遗（如《麟庆传》云，子崇实、崇厚自有传，而崇实无传，又朱筠亦无传）；其二，则仓卒付印，错讹太多，而于原稿亦刊削未当（如本纪、地理志皆经刊削而后付印）；其三，则书中时流露遗臣遗民口吻，与往代修史之例不合。最后一端，即为禁此发行之理据。

上述诸史，皆属设馆官修，不出一人之手，然如《新唐书》由欧、宋二氏，殚精而成，《明史》出于万斯同私修之稿本，名为官修，准于私撰，斯为上选。次如《旧唐书》《旧五代史》，宋、辽、金、元、清诸史，皆资实录、起居注、日录、时政记以成书，虽事有详略，文有工拙，阙误尚多，诸待订补，然亦为一代必备之典，不得以其出于官修，而薄之明矣。

（三）典礼

典礼之书，其别有二：一曰经礼，典章制度属之，实始于周之《官礼》，后世之通典、通考、会典、会要诸书，皆其流也；一曰曲礼，节文仪注属之，实始于周之《仪礼》，后世之通礼、集礼诸书，皆其流也。《礼记》云：经礼三百，曲礼三千，各有分际，自古已然。往者秦蕙田撰《五礼通考》，以属典章制度之经礼，杂于嘉礼之中，分际不明，为余杭章氏所讥，是则纪典章制度之书，与言节文仪注者有别，又可知矣。《隋志》史部以职官仪注，分为二类，实合古人以经礼、曲礼分列之法。清代《四库书目》，职官自为一类，而以仪注合于政书，古人成法，因之而淆。实则职官一类，应入政书，合称政典；而言礼制之书，别为一类，仍名仪注，是为得耳。兹本此说分别次之。

自唐以来，官撰政典之书，首推唐玄宗时官撰之《唐六典》，盖以拟《周官经》而作者也。其后与此相类者，有长孙无忌等所撰之《唐律疏义》，而元代之《大元圣政典章附新集》《至治条例》，亦其比也。然此类之书所以立一代之经制，而非以明其因革损益，犹不得被以史称。官撰之书，专详一代典制，而又以明因革损益者，其会要、会典之书乎。唐苏冕始次高祖至德宗九朝之事，为《会要》四十卷。宣宗时，又诏杨绍复次德宗以来事，为《续会要》四十卷，以崔铉监修。惟宣宗以后，记载尚阙。至宋初王溥，又为续至唐末，合前所辑为《新编唐会要》一百卷，分目五百十有四，于唐代沿革损益之制，颇能详核。溥复取五代之典章制度，撰《五代会要》三十卷。二书所载，略如正史之诸志，与杜佑《通典》之体例相近，然所载史实，往往出正史外，故研史者极重视之。宋代官撰之会要，视唐尤为详备：有《庆历国朝会要》《元丰增修五朝会要》《政和重修会要》《乾道续修四朝会要》《乾道中兴会要》《淳熙会要》《嘉泰孝宗会要》《庆元光宗会要》《嘉泰宁宗会要》《嘉定国朝会要》，其间重修续修，无虑十余次。明时其书尚存，曾以分隶《永乐大典》之各韵。清嘉庆十四年，徐松入全唐文馆，始自《大典》中录出约得五百卷，虽非完璧，而大略可睹矣。徐氏卒后，书归缪荃孙，欲由广雅书局刊行，未果，乃为提调王秉恩所窃，王氏卒后，遗书散出，为吴兴刘承干所得，凡四百七十余册，整理数年未就，最后乃由北京图书馆以原稿印行，共订二百册，不分卷。又有刘氏编订之本，凡四百六十卷，虽与原稿重复，而较有条理可寻，尚未及付印。兹考其分类凡十六：一帝系、二礼、三乐、四舆服、五仪制、六崇儒、七运历、八瑞异、九职官、十选举、十一道释、十二食货、十三刑法、十四兵、十五方域、十六蕃夷。其所载者，不限典章制度，一代之要政，往往随文附见，固《宋史》诸志所资以成书，而《宋史》所不能悉举者，又约十之七八，此严可均所以叹为天壤间绝无仅有之书也。元人无会要，而有《经世大典》，文宗天历二年九月，敕翰林国史院与奎章阁学士，采辑本朝典故，仿唐宋会要，纂为一编，及其书成，赐名《皇朝经世大典》，盖即"大元会要"之异名也。时纂书之总裁为赵世延、虞集，纂修为马祖常、杨宗瑞、谢端、苏天爵、李好文、陈祐、宋褧、王士点，皆一时知名之士（见《元史·虞集传》）。其后欧阳玄继为总裁，李洞、揭傒斯、王守诚继为编纂，至顺二年五月书成，三年三月进呈，书凡八百八十卷，目录十二卷（又附

《公牍》一卷，《纂修通议》一卷），其目凡十：为帝号、帝训、帝制、帝系、治典、赋典、礼典、政典、宪典、工典，六典略仿《周官》及《唐六典》。今原书已亡，仅《永乐大典》残本中，窥见厓略，近人自其中辑得数种刊行之。而《元史》各志，多依据《经世大典》而成，如《食货志》，已有明文无论矣，而《兵志》之言站赤一节，更与《永乐大典》所载之《经世大典》相同，亦其证也。今读《元文类》卷四十至四十二三卷所载《经世大典序录》全文，更可考见其厓略，盖其美富，应与《宋会要》等，惜其亡也。元代之"圣政典章"，专详章制，为会要之别一体，盖近于明清二代之会典。明清二代皆无会要，乃改纂"会典"，以详典章制度。《明会典》初纂成于孝宗弘治十五年，凡一百八十卷，刊印行世。其后武宗正德四年，续有增辑，未及印行。神宗万历四年，再事增纂，十五年成书，厘为二百二十八卷，亦付刊印，故今传有简繁两本，皆明刊也。书中以文职、武职两衙门分列，文职六部、都察院、九卿及诸司，武职五军都督府、锦衣卫，皆附以南京之官，典礼章制，皆以类相从。《清会典》一仿明体，始以内阁、军机处，继以六部、都察院、九卿、翰詹，而八旗内务府亦具载焉。初修于康熙，续修于雍正，至乾隆二十九年，厘为一百卷，附则例一百八十卷。嘉庆十八年重纂《会典》八十卷，《事例》九百二十卷，《图》四十六卷。光绪二十五年又增纂成书，《会典》仍为一百卷，事例则增为一千二百二十卷，图二百七十卷，故以最后勒定之本为详博。其与《明会典》异者，明以事例，并载书中，清则以事例，别于《会典》之外也（清初修本亦如明例）。考"会典"之体，以六部分叙，上仿《周礼》，次仿《唐六典》，下亦如《元典章》，所重在章制法令，与唐宋之《会要》、元之《经世大典》之兼详故事者微异，故近人有欲为明清二代别撰会要者。要而言之，二者同源异流，必兼览之而后备也。宋人徐天麟撰西汉、东汉两《会要》，辽人有《契丹会要》（书亡，见尤袤《遂初堂书目》）。元人孟梦恂有《汉唐会要》（书亡，见《补元史艺文志》）。清人杨晨更撰《三国会要》（二十二卷），孙楷亦撰《秦会要》（二十六卷），龙文彬则补撰《明会要》（八十卷），金、元、清三代会要亦有待于补撰。往者钱仪吉撰《三国会要》（五册），稿成未刊，又撰《晋会要》《南北朝会要》，皆未成书。泰兴朱铭盘（曼君）纂《两晋会要》八十卷、《宋会要》五十卷、《齐会要》四十卷、《梁会要》四十卷、《陈会要》三十卷，稿具而未能付刊（《清史稿·文苑传》载铭盘《晋会要》一百卷，尚语焉未详），又拟纂北朝魏、齐、周、隋四朝会要，合称《两晋南北朝会要》，未竟厥功，亦可惜也。（见朱氏桂之《萼轩遗集》所载《曼君先生纪年录》）。自徐氏而下，皆为私家之作，本无与于官修之史，以其不可无述，故连类及之。杜氏《通典》、马氏《文献通考》，皆为私修，别详于后；宋人宋白《续通典》二百卷，则于真宗咸平四年奉诏撰成，惜原书久亡，略有逸文可考；清代之《续通典》《皇朝通典》《续通考》《皇朝通考》，皆奉敕纂修，为官书之一，理宜并述。此唐宋以来官修政典之大略也。

唐开元中，始命学士萧嵩、王仲邱等撰《大唐开元礼》一百五十卷。其中卷一至卷三为序例、卷四至七十八为吉礼、卷七十九至八十为宾礼、卷八十一至九十为军礼、卷九十一至一百三十为嘉礼、卷一百三十一至一百五十为凶礼，于是唐之五礼略备，新旧《唐书》礼志皆取材是书。而杜佑《通典》于礼典中，节载《开元礼》为三十五卷，大体略备，而原书尚有传本，清代以之著录于《四库》，而外间复有新刊本。此《仪礼》《礼记》以后，唯一言礼之书也。宋徽宗曾命郑居中等撰《政和五礼新仪》，凡序例二十四卷、吉礼一百十一卷、宾礼二十一卷、军礼八卷、嘉礼四十二卷、凶礼十四卷，总为二百二十卷，又目录六卷、格式十卷，宋代言礼之书，莫备于此，今著录于《四库》，略有残阙。其后淳熙中，礼部、太常寺合撰《中兴礼书》行世，而《政和礼》遂格不行。金有《大金集礼》四十卷，张玮等撰，为《金史礼志》所本。明有《明集礼》五十三卷，清有《清通礼》五十卷，皆由敕撰，为两代礼制之所本。凡仪注之书，犹政典中之有法令，故亦得备史之一体。抑吾谓典礼之有关于史，以其能明因革损益也，欲考历代之节文仪注，应取《仪礼》《曲礼》《开元礼》《政和五礼》《金明集礼》《清通礼》合而观之，而因革损益之迹乃得以大明。昔贤之当此而无愧者，首推杜氏《通典》之《礼典》，次则秦氏之《五礼通考》，而徐乾学之《读礼通考》专详凶礼者，亦备其一体，盖此二书，实合历代之言节文仪注者，次为一编，以观其会通，盖必如是，始足以当史称。此又因唐宋官修仪注之书而附论及之也。

（四）方志

章学诚谓后世之方志，专详一方之事，如古之列国史，应无所不载，与专详疆域山川之图经异，其说允矣。然攈究前代记地之书，二者漫无经画，区分甚难：方志为一方之史，世人已无异议，而图经亦详建置沿革人物古迹，以备史之一体，且为宋以后郡县志书所本，故述方志，不能置图经而不数。隋炀帝大业五年，始命崔廓与诸儒撰《区宇图志》二百五十卷，帝不善之，更令虞世基、许善心衍为六百卷，或又曰八百卷，又重修为一千二百卷，卷头有图，山川郭邑，分绘甚悉，故曰《图志》，而《隋志》著录为一百二十九卷，《唐志》少一卷，而题曰《虞茂区宇图》，此为官撰方志图经之所始，亦古今之钜制也。唐太宗之子魏王泰，命其著作郎萧德言、秘书郎顾胤、记室参军蒋亚卿、功曹参军谢偃、苏勖，撰《括地志》五百五十卷，又《序略》五卷，略如吕不韦之广集门客，以撰《吕览》，亦为官撰地纪之一，其内容亦极美备，惜与《区宇图志》，同归散亡，今可见者，逸文而已。唐李吉甫之《元和郡县图志》、宋乐史之《太平寰宇记》、王象之之《舆地纪胜》，皆属私撰，别于下章述之，而是数书所引之《隋图经》，多为《区宇图志》之逸文，正自可宝。宋神宗熙宁八年，诏王存等修《元丰九域志》，元丰三年书成，凡得十卷，所载为路二十三、京府四、次府十、州二百四十二、军三十七、监四、县一千二百三十五，专详宋代所治之方域，其陷于辽之燕云十六州，及平、滦、辽东，以及西夏边陲之区，皆所不详，不如《太平寰宇记》之美备，然考有宋一代方舆者，必以是书为依据焉。辽、金人自撰记地之书，史所不详。迨至元代遂有《大一统志》之辑。元世祖至元二十三年，始命集贤大学士行秘书监事札马剌丁、秘书少监虞应龙等，搜辑为志，以明一统，初未有名，至元三十一年十月书成，凡得七百五十五卷，命名《大一统志》。成宗元贞二年三月得《云南图志》，大德二年二月又得《甘肃图志》，三年七月又得《辽阳图志》，复命秘书监增修，至大德七年二次成书，凡得一千三百卷，由集贤大学士同知宣徽院事孛兰盻、秘书监岳铉等上进，存于秘府，至顺帝至正二年始付出刊行之，定名为《大元大一统志》。钱大昕《元史·艺文志》，据焦竑《国史·经籍志》、黄虞稷《千顷堂书目》，著录《大元大一统志》一千卷，实则为一千三百卷，元人所撰秘书监志言之详矣。是书大别为一中书省，十行中书省，每省分路或府，路府下有属州，大抵以一州为一卷，其事迹多者，或分为二卷、三卷。每州之分目凡十：曰建置沿革、曰坊郭乡镇、曰里至、曰山川、曰土产，曰风俗形势、曰古迹、曰宦迹、曰人物、曰仙释，亦不必各目皆备。所纪各事，较后来之明、清两一统志，详至数倍，故分卷至千三百之多，盖为隋《区宇图志》以后，方志图经之总汇。惜已亡于明代，仅存残本若干卷，而佚文之见于《永乐大典》残本、《明一统志》《满洲源流考》《热河志》等书，近有辑本，可供考证，而明初人所撰《大明清类分野书》，几全钞《大一统志》以成书，其内蕴宏博可知。至其所用资料，多出《元和郡县图志》《太平寰宇记》《元丰九域志》《舆地纪胜》及宋元所修地方志乘，而明初修《元史·地理志》，多依据是书，其后修一统志，更以是书为蓝本，翦裁原文，旧痕犹在，而不及其美富远矣。明初洪武三年，曾敕修《大明志书》，今已无考。其后景泰中，始敕修《寰宇通志》，凡得一百十九卷，至英宗复辟，恶其书成于景帝，乃命李贤等改修《大明一统志》，至天顺八年成书，凡得九十卷，而万历中尚有增修。考其体例，以京师南京及各布政使司所统之府，为分卷之标准，每府之分目，略如《元一统志》，而增郡名、公署、学校、书院、宫室、关梁、寺观、陵墓、祠庙诸目，而无坊郭乡镇及里至，盖有所分合省并，而小有异同者也。《大明一统志》，今颇易得，而《寰宇通志》亦未亡。清代更因之，以修《大清一统志》。是书凡修三次：初成于乾隆八年，凡三百四十二卷，次成于乾隆四十九年，凡四百二十四卷（并子卷计之则为五百卷），最后成于道光二十二年，凡五百六十卷。最后之本经始于嘉庆十六年，而所增辑之事迹，亦迄于嘉庆二十五年，故命名曰《嘉庆重修一统志》。其书之例，于京师后次以盛京、各直省、蒙古藩部及朝贡各国，每省先冠图表，次以统部，总叙一省大要，次以各府、厅、直隶州，为分卷之标准，凡所属之州县入焉。蒙古各藩部，统部分卷，悉照各省体例，其各府、厅、直隶州之分目，视《明统志》为详，计分表图、疆域、分野、建置、沿革、形势、风俗、城池、学校、户口、田赋、税课、职官、山川、古迹、关隘、津梁、堤堰、陵墓、祠庙、寺观、名宦、人物、流寓、列女、仙释、土产二十七目。所谓《明统志》《清统志》，皆衍"大一统志"之余绪以成书，而仍不及其宏博者也。然方志、图经之书，以近世编纂者，为最有用，故元、明、清三代之一统志，足供治史地学者之采伐，远非元和、元丰诸志可比，且其中兼叙人物风土，一方之要删略具，盖以图经而兼方志之体矣。

州郡之有志书，以括举一方之事，盖昉于《吴越春秋》《华阳国志》，隋唐五代以前，撰者盖鲜。宋人宋敏求始撰《长安志》二十卷，附图三卷，《河南志》二十卷。《河南志》已佚，而《长安志》有传本。其次则为朱长文之《吴郡图经续记》，成书于神宗元丰七年，分门二十有八，中有封域、城邑、山水、户口、物产、风俗、学校、牧守、人物、碑碣、杂录，备有后来之志书之各目。其后则徐淙、潜说友之乾道、咸淳两《临安志》，范成大之《吴郡志》、施宿、张淏之《嘉泰会稽志》《宝庆续志》、陈耆卿之《嘉定赤城志》，罗濬之《宝庆四明志》《开庆续志》，周应合之《景定建康志》，郑瑶、方仁荣之《景定严州续志》，皆宋代所修，尚有存本，而著录于《四库》者。至如著录《宋史·艺文志》之各州郡志，多就亡佚，骤数之而不能终其物，亦非本编所能尽举也。考此诸志之撰者，或以官于是郡，如周淙、施宿、周应合、郑瑶、方仁荣、潜说友是；或以生于是乡，如朱长文、范成大、陈耆卿是；或以游于是地，如张淏、罗濬是；官于是郡者、倡修志书，手创条例，授之幕友，或延乡绅为之，而不必手自钞纂，正可与唐宋以来之官修诸史，等量齐观，故今日所流传之州郡志书，十九皆出于官撰也。元人所修之志书，见今存者，如徐硕之《至元嘉禾志》，冯复京、郭荐等之《大德昌国州图志》，张铉之《至大金陵新志》，皆为官于其地时所纂，纂者亦非一人。明代则所纂益多，省、府、州、县无不有志。明代于南北两直隶外设十三承宣布政使司，以代元代之行中书省。地方之称，本无省名，然若称为布政使司，实嫌辞费，故其时之官私文字，仍沿元代而称省，其总一省而为志书，多名"通志"。通志滥觞于宋人所撰之《闽中记》（程世程撰）及广东、广西两《会要》（王靖撰，俱见《宋史·艺文志》），是皆合数州郡为一书者。元人因修《大一统志》，而先由各行省撰送图志，尤为省志之先例。唯此体之书，至明始盛，其名为通志者，如《弘治八闽通志》《嘉靖江西、广西、山东、贵州通志》《万历广东通志》是也；亦名总志，如《万历湖广、四川总志》是也；或只名志，如《成化陕西志》是也；或又易称为书，如何乔远之《闽书》是也；更有名图经者，如《嘉靖贵州图经新志》是也。盖创始于弘治，而大盛于嘉靖以后。泊乎清代，以迄今兹，各直、省、藩部，无不有志，而皆名为通志。盖通志者，合全省之府、厅、州、县而通志之，非贯通古今之谓也。然明清二代不名为省志者，盖亦有故，明以南北两京之地，直隶中央，称为直隶，其他地方，则称布政使司；清代亦以畿辅之地为直隶，又未尝明定其他地方为省。清代诏旨奏牍中尝概称曰各直省，直指直隶之畿辅，省指其他各地方，其后亦称畿辅曰直隶省，此实不辞之甚，然亦莫由正之，是则此后所修各省之总志，宜摒通志之称不用，正其名曰省志，乃使人易晓耳。考近代所修之通志，其体例大别为二：一沿用旧日图经统志之体，分一地方为若干目，如清雍正中所修之《河南通志》，分为四十二目，是也；一用章学诚之说，视方志如列国史，立纪、志、表、传、略、录，以王言为纪，人物为传，官绩为录，舆地艺文为志，辅之以略，其他细碎之事，以表明之，始于谢启昆之《广西通志》，而光绪中李鸿章主修之《畿辅通志》，亦其类也。是类之书，悉由官修，其与正史典礼异者，一则主之中央，一则发动于地方耳。清代之方志，不惟府、厅、州、县有之，而著名之乡镇亦有之，如吴兴县所属之南浔镇，有刘承干所修之《南浔志》，是也。又近代人喜作志，于名山、名水、名寺观，莫不有志，多至不可胜数，然半属私撰，且已有人撰专书以综考之，可以勿论。惟唐宋以来，各官署亦皆有志，如唐代之《翰林志》（李肇撰）、宋代之《续翰林志》（苏易简、苏耆编）、元代之《秘书监志》（王士点、商企翁同撰）即其显例。明代所撰尤多，今可考者，有《礼部志稿》《太仆寺志》《南京吏部、工部、都察院、鸿胪寺、太常寺、太仆寺诸志》，及《南雍志》，而清代亦有《国子监志》《宫史》《续宫史》，以其为官撰志书之一类，故附述之。此又唐宋以来官修方志之大略也。

　　总括上述四类，已将本期设馆官修之史，撷举大略，容有未尽，姑付阙如。或谓本章所述，悉为史籍，而作者是否为史家，且其史学何若，亦应一为衡量，否则仍不能使读者踌躇满志也。则应之曰，官修之史，与私家作史异，私史之作者，多为著名之史家，如上章所述魏晋南北朝诸史之作者是也。若乃唐宋以来官修之史，胥成于众人之手，其中即有史家，亦无由自见，子玄不乐，即其一例。矧历代撰实录者，多由总领其事者，署名上进，且其书属于记注一体，不足以言史学。正史作者如宋代之欧阳修、宋祁，元代之王鹗、欧阳玄，明代之宋濂，清代之万斯同，诚卓卓可称矣。然欧、宋《新唐书》，已不尽满人意；《金史》仅由王鹗创作，而未成于其手；欧阳玄则因成继前，绝少改作，《元史》之芜杂缺略，重为后人所讥；宋濂徒长辞翰，疏于史学，虽领其事，未尝究心；万斯同有功于《明史》，既未肯居馆职，实同于私家作史，又不得与欧、宋、王、宋四人同论。至官修之典礼方志，作者不名一家，校其成绩，又下于实录一等，更不得与正史比伦。惟私家所作之《通典》，竭一人精力所撰之《通鉴》，乃能博大精深，高视百代，取校官修诸作，无有能及之者。是则本期之史家，及其史学之何若，正有待于更端论次，而非本章之所能尽矣。

第七章　唐宋以来之私修诸史

　　唐宋以来，设馆官修诸史，具如上章所述，而私家所修诸史，亦宜以次述之。然往代官修、私修之史，非有犁然可分之界限，例如沈约《宋书》、姚思廉《梁》《陈》二书、李百药《北齐书》，虽奉时君之命，名为官修，实为自创义例，成于一手，无异于私修诸史，是其证也。唐宋以后，亦多是例，宋司马光承英宗之命而修《通鉴》，有刘攽、刘恕、范祖禹诸贤为之佐，又得以书局自随，及书成，神宗又为之命名制序，不可不谓之官修矣。然考修是书时，凡属宏纲细目，悉由光一手草创，无异自撰一史。同修诸氏，虽各分撰一部，用力甚勤，然仅属初稿，为编订比缉之助，最后勒定，仍属之光。昔者孔子修史，亦极惨淡经营之功，故曰，笔则笔，削则削，子夏之徒不能赞一辞，以后例前，正可借喻。故是书为马、班二氏以后仅见之作，非沈、姚、李三氏所可比拟，亦以其准于私史故也。若斯之类，都入本章，略形存质，取便论述，研史之士，幸无讥焉。

　　本期私修诸史，拟分四类论之：一曰纪传体之正史、别史，又可分为八目：一如《东都事略》作于《宋史》未成之前，《明史稿》作于《明史》未成之前，是为创作；二如有薛居正之《五代史》，而欧阳修又撰《五代史记》。有明代官修之《元史》，而柯劭忞又撰《新元史》，是为改修；三如马令、陆游分五代史之一部而撰《南唐书》，谢启昆分《魏书》之一部而撰《西魏书》，是为分撰；四如郑樵之撰《通志》，乃取诸史合为一编，是为总辑；五如熊方之撰《后汉书年表》，钱大昕之撰《元史》氏族、艺文两志，是为补阙；六如王先谦之撰《汉书补注》《后汉书集解》，吴士鉴之撰《晋书斠注》，是为注释；七如李清之撰《南北史合注》，沈炳震之有《新旧唐书合钞》，彭元端、刘凤诰之有《五代史记补注》，是为合钞；八如汪文台之《辑七家后汉书》，汤球之《辑诸家晋书》，是为辑逸：悉属于此类者也。二曰编年体之《通鉴》，是书上仿荀悦《汉纪》，而后贤续作甚多，朱熹所撰之《纲目》，亦属此类，盖以年月为经纬者也。三曰以事为纲之纪事本末，此体创于袁枢，而继作亦甚多，一一取而述之，盖以纪载一事为主，而具其始末者也。四曰属于典志之通史、专史，此类之最著者，曰杜佑《通典》，马端临《文献通考》，秦蕙田《五礼通考》，皆就历代之政典礼制，综为一编，是为通史；此外如黄宗羲之创修《明儒学案》，其子百家与全祖望同辑之《宋元学案》，为后代学术史之权舆，是为专史，亦自通史析而出之；又顾祖禹之《读史方舆纪要》，顾炎武之《天下郡国利病书》，则通诸史地理志及郡县方志以为一书，亦具通史之一体者也。大抵撰史之法，或以人纪，如诸正史、别史是；或以年纪，如《通鉴》是；或以事纪，如纪事本末是：是为史之三体。刘知幾谓纪传、编年为二体，遗纪事一体而不言，固以古无是作，然岂足以概史体之全哉。若乃唐宋以来，撰史之途径日辟，又可于此见之。兹就上述四类，分述于下。

一、纪传体之正史别史

纪传体八目之一，是为创作之史。何谓创作，一代之史，未经勒定，而有人撰之于前，致其筚路蓝缕之功，而后撰之史，或更不如，是其选也。《宋史》未成之前，有王偁之《东都事略》一百三十卷，叙北宋九朝之事，起太祖建隆，迄钦宗靖康，计本纪十二、世家五、列传一百五、附录八，而无表、志。李心传谓其掇取五朝史传（指太祖、太宗、真、仁、英）及四朝实录附传（指神、哲、徽、钦），而微以野史附益之，因而讥其疏驳（《朝野杂记》甲四）。今宋"国史"已亡，无从取证，然核以《宋太宗实录》残本及李焘《长编》，知其叙事尚约而该，议论亦皆持平，岂宋"国史"原本即如是乎？清人汪琬谓元修《宋史》据是书为稿本，虽未必尽然，然于宋"国史"原本之外，亦多资于是书；且《宋史》于北宋九朝之事，详赡而鲜疏舛，亦以偁书先成，规模已具之故，其迹不可掩也。明人钱士升撰《南宋书》，以配偁作，虽有删繁就简之功，而论者谓非其伦，则不知旁求史实增补阙遗故也。清代邵晋涵有志撰《南都事略》，备南宋九朝之事，以极删繁补阙之能事，而其书实未成，惜哉（李慈铭《日记》，谓曾国藩得此稿，将刻之，以移督直隶而止；李详《窳记》，谓马新贻督两江，有人持此稿以献，未及付刊而遇刺；谭献《复堂日记》，且谓海宁唐端甫，曾见活字本：凡此皆影响之谈，不足置信）。《明史》未成之前，先有王鸿绪之《明史稿》，据康熙五十三年鸿绪所表进，仅为列传二百五卷，后于雍正元年又表进全书三百十卷，计本纪十九、志七十九、表九、列传二百五，即含前书在内。迨鸿绪卒后，其子刊成之，并收入《横云山人集》，题曰《史稿》，初未畅行，后乃布之于世。世多谓此书为万斯同旧稿，鸿绪攘窃之，以成己名，虽曰有因，亦未衷情实之论也。考全祖望谓《明史稿》五百卷皆万氏所手定，其后虽不尽仍其旧，是亦自为一书（《万贞文传》，贞文即斯同之私谥）；钱大昕亦云，王氏《史稿》大半出万氏手（《万季野传》）。全氏所谓《明史稿》，即指斯同所修之稿本，后为鸿绪所修改者，而钱氏亦不过为约略之辞，非能指实其事也。杨椿亲见万氏，后为史馆纂修，又不甚满于王氏，乃谓万氏以十二年之心力，成《史稿》四百十六卷，而王氏重加编次，或有删改，视万稿颇有异同，是王稿亦不尽从万稿也。盖万氏先后主于徐元文、徐乾学及鸿绪之家，始终以纂修《明史》自任，实怀元遗山以独力成先朝史之志，而不肯受新朝职名，列名《明史》，固其本怀，一也。且当季野之世，有汤斌、倪灿、尤侗、黄虞稷、朱彝尊、潘耒、吴任臣，皆与纂修《明史》，不必其稿悉出于万氏，即谓稿经万氏删定，亦不必谓全出其手，是则王氏《史稿》，并含有诸家之稿在内，可以推知，二也。唐代以后，官修诸史，署名者或为监修，或为总裁，如《旧唐书》之称刘昫，宋、辽、金三史之称脱脱，是前此本有是例，《史稿》之署名鸿绪，亦不为过，三也。观鸿绪之《进书表》尝曰，或就正于明季之老儒，即指黄宗羲、万斯同辈而言，正与张廷玉《进明史表》，谓《明史稿》经名人三十载之用心，为暗指万氏者同符。然终不能明言其为万氏之作者，盖鸿绪身任总裁，假手幕客，实同倩人捉刀，且汇合众作为一书，举一而遗其他，亦为修史之例所不许。鸿绪在日，未及为《史稿》作序，殁后草草付刊，或非鸿绪之志。惟《史稿》既强半出万氏手，又为《新唐书》后有名之作，而书中未尝一称其名，实为有伤忠厚，此虽由鸿绪子孙不知而妄作，亦当由鸿绪自任此责者也，然则谓为攘窃，岂无以哉。至其与后来勒定之《明史》，孰为优劣，亦无定说。世人以《史稿》出于万氏，故多褒词。然清礼亲王昭槤、陶澍、魏源等，尝于《史稿》致不满之辞；其持论最平允者，莫如杨椿，谓其书纪、表不如志，志不如传，弘正前之传，不如嘉隆以后，是也；读是书者，当自得之。

此外创作之书，尚有二种，所宜附述，一即《契丹国志》，一即《大金国志》是也。《契丹国志》二十七卷，凡纪年十二卷、传七卷，其余八卷附载杂事，宋孝宗淳熙间，叶隆礼奉诏编次，盖取前人纪载原文，分条排比，以成一编。穆宗以前之纪传，则本之《通鉴》，穆宗以后之纪传及诸杂记，则本之李焘《长编》、欧阳修《五代史》、洪皓《松漠记闻》、武珪《燕北杂记》诸书，几全录其词，无所更改。苏天爵《三史质疑》，谓隆礼不及见辽"国史"，得于传闻，故多失实，其说是也。今考《辽史》天祚本纪天庆二年以后事，采及此书，悉直录原文，痕迹未化。其他宋人使辽日记、行程录，藉此考见者亦多，则其价值可知矣。《大金国志》四十卷，凡纪二十六卷、传三卷、杂记附录十一卷，卷首进表，称端平元年淮西归正人宇文懋昭上。考《北盟会编》所采有归正人张汇《金房节要》、张棣《金房图经》《正隆事迹》，此则与之一例，所上表似非伪制。其可疑者，金亡于宋理宗端平元年（公元一二三四年）正月十日，而其书上于正月十五日，相距极近，而述金亡之事极详，绝无是理；是时理宗在世，而直称其谥曰理宗，书名大金，尤非宋人所宜出；又屡称元为大朝，元兵为大军，明明出自元人，不似归正人之口气；且其《文苑传》中三十二人，全钞元好问《中州集》小传，《中州集》刊行于宋理宗淳祐九年己酉（公元一二四九年），上距端平元年，尚间以十五年之岁月，金亡已久，不应预袭其文。金人谥其主守绪曰哀宗，《金史》本纪用之，而此书称曰义宗，并有注云，或谓哀不足以尽谥，天下士夫咸以义宗谥，盖取左氏君死社稷之义。考之《金史》百官、食货二志，及《元史》《雪不台棠宣腯鲁华传》《阔阔不花传》，皆用义宗之谥，与此书合。愚按王恽《玉堂嘉话》，载金状元王鹗（哀宗正大元年中第）官应奉翰林文字，后鹗入元，以礼葬故主为请，又为位哭汝水上，私谥为义宗，据谥法君死社稷曰义之义也，是则义宗之谥，上于王鹗，所谓天下士夫，亦隐指鹗矣（《元史新编·王鹗传》采及此事即出《嘉话》）。鹗曾创修《金史》，今本《金史·百官》《食货》二志，犹称义宗，当为鹗稿，而后来未及核改者。据《元史·王鹗传》，其祭故君于汝水上，在甲辰年（宋理宗淳祐四年、公元一二四四年）之后岁余，更后于端平元年十余年，作者若非元人，何由知之？唯此书体例，悉仿《契丹国志》，称金主为国主，又纪金初事，多与《北盟会编》相应，且作者未见"金实录"及"国史"，故其所采杂书，多出宋人之传闻，与叶书同，核以《金史》，不尽可信（如述世宗太子允升、爱王大智作乱事），其为宋人之入元者所辑无疑。或云懋昭旧作，而元人增窜之。愚疑其书本名《女真国志》，以与叶书相配，后则增窜之人，恐触时忌，易称大金，特无佐证以明之耳。以上二书，本应与《辽》《金》二史，同为分撰史之一种，不得与《东都事略》比，特以《辽》《金》二史列入正史已久，而此二书同传亦甚久，且为

《辽》《金》二史导之先路，故姑以为创作诸史之一附庸焉。

其次则改修之史，以本期为最多，兹为便于省览，列表明之：

书名	卷数	撰著人	附考
《古史》	六十卷	宋苏辙撰	上自伏羲神农，下迄秦始皇，本纪七，世家十六，列传三十七
《尚史》	七十卷	清李锴撰	上起轩辕，下迄秦代，本纪五卷，世家十二卷，列传三十四卷，系四卷，年表四卷，志十卷，序传一卷，卷首冠世系图，不计卷内。四库著录本世系图一，本纪六，世家十五，列传五十八，系六，表六，志十四，序传一，共一百七卷，盖又多分子卷，非有增益
			上改修《史记》
《续后汉书》	四十二卷	宋萧常撰	以昭烈帝为正统，帝纪二卷，年表二卷，列传十八卷，以魏、吴为载记，凡二十卷。 又附《音义》四卷，《义例》一卷。 于《蜀志》增传三十一，废传四，移《魏志》传入汉十，《吴志》废传二十，《魏志》废传八十九，多援裴注以入传

书名	卷数	撰著人	附考
《续后汉书》	九十卷	元郝经撰	经未见萧书故有是作，中有子卷，实一百三十卷，升昭烈为本纪，黜吴、魏为列传，其诸臣则以汉、魏吴别之，又别为《儒学》《文艺》《行人》《义士》《高士》《死国》《死虐》《技术》《狂士》《叛臣》《篡臣》《取汉》《平吴》《列女》《四夷》诸传，复以寿书无志，作《道术》《历象》《疆理》《职官》《礼乐》《刑法》《食货》《兵》等八录，以补其阙。凡年表一，帝纪二，列传七十九，录八，原书久佚，清四库馆臣自《永乐大典》辑出，中有阙卷，年表及《刑法录》则全佚
《季汉书》	五十六卷	明谢陛撰	尊昭烈为正统，自献帝迄少帝为本纪三卷，附以诸臣为内传；吴、魏之君，别为世家，而以其臣为外传；复以董卓、袁绍、袁术、公孙瓒、公孙度及吕布、张邈、陶谦诸人为载记；凡更事数姓与依附董、袁诸人者，为杂传。又别作《兵戎始末》《人物生殁》二表，卷首冠以论、答问、凡例，以明全书之宗旨

书名	卷数	撰著人	附考
《季汉书》	九十卷	清章陶撰	有刊本，又汤成烈《季汉书》九十卷，未见传本，为莫友芝所称，谓此书详核过萧、郝二氏，于表、志用力尤勤。《宋史·艺文志》，李杞改修《三国志》六十七卷，已佚，又《补元史艺文志》，张枢《续后汉书》七十三卷，刊定《三国志》六十五卷，皆未见传本
			上改修《三国志》
《晋记》	六十八卷	清郭伦撰	世系一，本纪三，内纪一，志八，列传四十一，十六国录十四
《晋略》	六十六卷	清周济撰	本纪六，表五，列传三十六，国传十一，汇传七，序目一，十六国去前凉，增拓跋魏
			上改修《晋书》
《重修南北史》	一百十卷	宋方岳撰	原书已佚，目见倪灿《宋史艺文志补》
			上改撰《南》《北》二史
《五代史记》	七十四卷	宋欧阳修撰	通称《新五代史》，徐无党注。本纪十二，列传四十五，考三，世家年谱十一，附录三，又目录一卷
《续唐书》	七十卷	清陈鳣撰	纪七，表四，志十，世家十三，列传三十六，大旨在以后唐、南唐上承唐统，下启宋统
			上改修《五代史》

书名	卷数	撰著人	附考
《宋史质》	一百卷	明王洙撰	《天王正纪》十二卷，《闰纪》一卷，《后德外戚传》三卷，《宗室世系》五卷，《宰执年表》附传略七卷，《相业传》四卷，《直臣传》四卷，《文臣传》十卷，《吏治传》三卷，《使事传》一卷，《功臣传》三卷，《将相传》三卷，《边将传》三卷，《君子传》四卷，《忠义传》十卷，《孝义传》一卷，《列女传》一卷，《卓行传》一卷，《隐逸传》一卷，《小人传》五卷，《权奸传》一卷，《佞幸传》一卷，《叛臣传》一卷，《降臣传》一卷，《世家》二卷，《方技》一卷，《宦者》一卷，《夷服传》一卷，十五志七卷，《道统》四卷。 大旨以明继宋，列辽、金于外国，并削元一代之年号，于宋帝昺之末，即以明太祖之高祖追称德祖元皇帝者承宋统，后继以太祖之曾祖祖父，至顺帝至正十一年，即以为明元年，且于恭帝降元后，岁岁书帝在某地云

书名	卷数	撰著人	附考
《宋史新编》	二百卷	明柯维骐撰	本纪十四卷，志四十卷，表四卷，列传一百四十二卷。《宋史》于瀛国公纪附载二王，此书则为端宗、帝昺立纪，终于祥兴，又以辽、金入《外国传》，与西夏、高丽等
《宋史记》	二百五十卷	明王惟俭撰	是书体例，略同柯作，是书有传钞本，藏北京图书馆，迄未刊行，《四库简明目录标注》，振绮堂汪氏小山堂钞本《宋史记》三十册，存九十四卷，内有赵一清朱笔按语
《宋史稿》	二百十九卷	清陈黄中撰	本纪十二卷，志三十四卷，表三卷，列传一百七十卷。是书盖就柯、王二氏之作，为汰繁补遗之功。是书未刊，稿本已佚
			上改修《宋史》
《元史类编》	四十二卷	清邵远平撰	有纪、传，无表、志

（续表）

书名	卷数	撰著人	附考
《元史新编》	九十五卷	清魏源撰	本纪十四卷，列传四十二卷，表七卷，志三十二卷。 有目无书者，《留梦炎》《蒲寿庚》《方回》三传。《儒林》《艺术》有缺传，《遗逸》《释老》《群盗》三传全缺
《元书》	二百二卷	曾廉撰	以《元史新编》为蓝本，更增以少许之事实，第囿于见闻，搜罗不广
《蒙兀儿史记》	一百六十卷	屠寄撰	本纪十八卷，列传百二十九卷，表十二卷，志一卷，内本纪缺一卷，列传缺十一卷，表缺二卷，实凡一百四十六卷。原书志仅一卷，盖所缺尚多，此书本为未成之作。此书有初印本八册，后续增至十四册，最后印本则为二十八册，而各印本之次第，微有不同，应以后印者为定本
《新元史》	二百五十七卷	柯劭忞撰	本纪二十六卷，表七卷，志七十卷列传百五十四卷，有铅印、木刻两本，以民国十年刊成之木刻本为定本
			上改修《元史》

昔者谯周以司马迁《史记》，书周秦以上，或采俗语百家之言，不专据正经，于是作《古史考》二十五篇，皆凭旧典，以纠迁之谬误，此改撰《史记》最早者也。苏辙、李锴二氏，皆以《史记》所记周秦以往之事，语多疏略，欲据经子百家语以补之，与谯周之用意正同。惟周仅致订补之功，故以《史考》命名，而二氏则取汉以前事而改撰之，以下接《汉书》，如辙则据《左氏传》，补作柳下惠、曹子臧、吴季札、范文子、叔向、子产等传，而锴所作补传尤多，亦以《史记》多所缺略故也。《四库总目》谓锴据马骕《绎史》为稿本，而离析其文，为之翦裁连络，改其纪事本末体而为纪传，然考锴之自序、序传，未尝齿及《绎史》，虽其取材多同《绎史》，而遽谓以马书为稿本，亦不免失之武断矣。锴之此作，既悉据古籍，故于每段之下，一一注其所出，全书实同集句，为诸史中别创一格，立法颇善，亦自可喜。所难满人意者，其所引之《竹书纪年》《孔丛子》，多属伪作，《帝王世纪》《皇王大纪》，亦不尽可据，且所作诸合传，多者百余字，少者数十字，皆为自立一传，固由史材之少，然亦太形寥落矣。《史记》一书，自有其可贵者在，后人改撰，本难致功，且子长所见之书，究比今人为多，且较有深知灼见，订误拾遗，并行不悖则可，拔赵帜而易汉帜，以为可取而代之，终为不可能之事也。

班固《汉书》，本由改撰《史记》而成，然能断代为史，面目一新，其后亦无人能为之改撰，则以其书通体精善，无隙可寻故也。范晔《后汉书》，承诸家纷纷撰作之后，删定旧本，以成一家之言，可与班书并驱争先，其后虽有萧子显改撰之本，然未及行世，即归散亡，其美富之不侔，又可知矣。自陈寿撰《三国志》，以魏、蜀、吴并列，又尊魏帝为纪，抑蜀、吴二主为传，为习凿齿所不满，乃以蜀继汉统，撰《汉晋春秋》以纠之，惜其书久已不传。至宋萧常始就《三国志》改撰《续后汉书》，成于宋宁宗庆元中，后六十余年，元人郝经亦改撰《三国志》（撰于世祖中统元年以后），而仍其旧名（见经《自序》）。时萧书尚未行世，而郝书不期与之冥合，及后付刊，始易称《续后汉书》，与萧书同名。两书皆尊蜀继汉，深抑魏、吴，义例略同习氏，明谢陛之《季汉书》亦然。其称续后汉者，以蜀二主可继后汉献帝之统也；其曰季汉者，以示别于前后二汉也。《通鉴》用陈寿之例，以魏纪年，上以承汉，下以起晋，非有若何深义，至朱熹作《纲目》，则严正统、闰统之辨，以昭烈继汉统，是则引习氏之绪，而不以《通鉴》为然者也。萧、郝二氏，生于宋季元初，值朱熹之学大昌，而郝氏最尊《纲目》，故用其义例，而改撰《国志》。寻两书之取材，除陈氏本书及裴注外，别无新材，可以异于原书，惟郝书以原书无志，乃撰《八录》以补之，是为差胜，盖其大旨，重在书法，而不在事实，亦犹朱熹之因《通鉴》而撰《纲目》耳。今本《晋书》，系就臧荣绪本改撰，称为《新晋书》，臧书既亡，乃得孤行，否则亦两《唐书》、两《五代史》之比矣。清代郭伦，始撰《晋记》，其自序谓宣、景、文及身不帝，而列诸本纪；贾充、姚苌传，述鬼神事，竟如俳优；诸国载记，不年不月，复杂无章；其间谋臣硕士，如张华、羊祜、杜预、王濬、刘琨、祖逖、陶侃、王导、温峤、谢安之谋猷，以及刘、石诸人之雄武，而本传芜冗，曾不足发其不可磨灭之概。至清言娓娓，乃司马氏所以乱亡，而缕述不衰，皆取舍失衷，是非督乱，因重为刊定，勒成是编。厥后周济亦撰《晋略》，包世臣称其分散故籍，事归一线，简而有要，切而不俚，抉得失之情，原兴衰之故，贬恶而不没善，奖贤而不藏慝。大之创业垂统之猷，小之居官持身之术，不为高论，不尚微言，要归于平情审势，足以救败善后，非典午之要删，实千秋之金鉴，其推许可谓至矣。唯其序无一语及《晋记》，似尚未见郭书。然以好采诡谬碎事，为《晋书》病者，郭、周二氏，亦引以为病，而亟亟改之，且以删繁就简为主，不甚留意于史实。不知史籍之用有二，或以繁为贵，如记注是，或以简为贵，如撰述是。居今之世，应视诸古史皆如记注，以详而有体者为上选，《晋记》《晋略》，差能比于干宝、孙盛，略备别史之一体，而于详而有体之《晋书》，度尚无以胜之。此唐宋以来改撰《三国志》《晋书》之大略也。

李延寿之《南、北史》，即为改撰南北朝八史之作，而宋代亦改撰《唐书》，今俱得并列于正史，前已论之详矣。宋人方岳曾改修《南、北史》，书已不传，而正史二十五种中，尚有《新五代史》《新元史》，未及论列，又宋、元二史改撰之故事，骤数之而不能终其物，并于下文顺序论之。

《新五代史》，本名《五代史记》。《玉海》引《中兴书目》云，《五代史记》，欧阳修撰，徐无党注，纪十二、传四十五、考三、世家及年谱十一、四夷附录三，总七十四卷，修殁后，熙宁五年八月十一日，诏其家上之，十年五月庚申，诏藏秘阁。《郡斋读书志》则谓，修以薛史繁猥失实，重加修定，藏于家，修殁后朝廷闻之，取以付国子监刊行；《直斋书录解题》始称为《新五代史》，以示别于旧史；又高似孙《史略》，载神宗尝问欧阳修所为五代史如何，王安石曰，臣方读数册，其文辞多不合义理，是则迁延五年，始诏藏秘阁，并为刊行，由于朝议未定也。《宋史》欧阳修本传云："奉诏修《唐书》纪、志、表，自撰《五代史记》，法严词约，多取《春秋》遗旨。"又宋韩淲《涧泉日记》，记修与徐无党书云，《五代史》昨见曾子固之议，今却重头改撰，未有了期；又与梅圣俞书云：间中不曾作文字，只整顿了《五代史》，成七十四卷，不敢多令人知，深思吾兄，如何可得，极有义类，须要好人商量，此书不可使俗人见，不可使好人不见，云云。章学诚读至此条，为之论曰："按《五代史》文笔尚有可观，如云尚有义类，正是三家村学究伎俩，全不可语于著作之林也，其云不可使俗人见，其实不可使通人见也。梅圣俞于史学固未见如何，即曾子固史学，亦只是刘向、扬雄校雠之才，而非迁、固著述之才。当时仅一吴缜可备检校，而不能用，以致唐史疵病百出。若《五代史》，只是一部吊祭哀挽文集，如何可称史才也。"此可谓工诃古人，与刘知幾同病矣。章氏以"吊祭哀挽文集"称《五代史》者，以其书中之序论，通用呜呼二字发端故也。然修曾自说明其作书之旨曰："昔孔子作《春秋》，因乱世而立法，余为本纪，以治法而正乱君，发论必以呜呼，曰，此乱世之书也。"是正多取《春秋》遗旨之意。兹据徐注所释本纪之书法，如两相攻曰攻，以大加小曰伐，有众曰讨，天子自往曰征，是为用兵之四例；易得曰取，难得曰克，是为得地之二例；它如以身归曰降，以地归曰附，立后得其正者曰某夫人某妃为皇后，立不以正者曰以某氏为皇后，凡此皆先立一例，而各以事从之，褒贬自见。书中所立死节、死事、一行、伶官、宦者诸传，悉寓儆戒后人之意，而其意则于论中发之。曩者王鸣盛尝以欧史晋臣、周臣两传各只收三人，大觉寂寥可笑。不悟此正欧阳氏精意所寄，本书立杂传以处历任数朝数姓之人，明其非某一代之臣，此亦寓有深意也。欧史之可议者，在重书法而轻事实。《唐本纪》于废帝清泰三年十一月大书契丹立晋，以著石敬瑭之为契丹所立。考《春秋》隐公四年有卫人立晋之文，晋者卫宣公之名也，石敬瑭以晋为国号，亦云立晋，此效《春秋》书法之失，而重为近人所讥者（本章太炎先生《史学略说》）。《通鉴》亦喜用薛史，其病欧史之简，亦可窥见。至若本纪之纪事太简，诸志之仅具司天、职方二考，皆由轻视五代史实以为无足轻重而然。此则非严正之史家所宜出，而不免见讥于王、章二氏也。欧史既成，其甥徐无党为之注，侧重书法义例，如公、穀之于《春秋》。或谓徐亲得于修，出自口授（邵晋涵说，见《南江书录》），或疑修自注，署无党名，（俞正燮说，见《癸巳存稿》八）。吾以前说为近是。陈师锡序《新五代史》，称其事迹实录，详于旧记，亦非妄语，欧史于《郭崇韬传》赞云，余读梁宣底，是即太史公读历谱牒、秦记之意。其所见之史材，实远过于宋初，故卷帙不及薛史之半，而颇能多所订补，于五代末季及十国事并四夷附录，尤能增入新史实，为薛史所不及，是以新旧二史，俱能并存不废。《四库提要》之论欧史曰："大致褒贬祖《春秋》，故义例谨严；叙述祖《史记》，故文章高简，而事实则不甚经意。"又曰："薛史如左氏之纪事，本末赅具，而断制多疏；欧史如公、穀之发例，褒贬分明，而传闻多谬，两家之并立，当如三传之俱存。"可谓能折其中矣。与修同时之吴缜，曾撰《五代史纂误》，旨趣与《新唐书纠谬》略同，有意吹毛索瘢，而语亦有是处；周密《齐东野语》，有刘羲仲（刘恕之子）以《五代史纠谬》示苏东坡之语，疑此即吴氏之《纂误》，非别有一书也；明人杨陆荣亦撰《五代史志疑》，此皆以订正谬误为职志者。迨清代彭元瑞、刘凤诰二氏，以欧史为正文，取薛史及《五代会要》诸书散入正文之下，以比裴松之之注《国志》，是又衍李清《南北史合注》之绪，而为研五代史者之渊薮矣。

　　石敬瑭以乞援外族而作儿皇帝，而作史者尊称之为晋高祖，此尤甚于陈寿《国志》之尊魏抑蜀，极不协于人心之公者也。或谓宋受周禅，上溯汉、晋、后唐、梁，以承于唐，故撰五代史，以明其有所受，不然，薛、欧诸公岂不知此？其说是也。若乃事隔数代，嫌忌尽捐，起而正之，亦乌容已。清代陈鳣乃依此义而作《续唐书》，以后唐继唐，故列庄宗、明宗、闵帝、末帝（欧史作废帝，此从薛史）于本纪，以南唐继后唐，故亦列烈祖、元宗、后主于本纪，摈梁、晋、汉、周于世家；向之所谓十国，除南唐外，增入岐王李茂贞，合北汉刘崇于汉世家，是为九世家，与梁、晋、汉、周并列，为十三世家；列传称二唐为诸臣，称其他为诸国臣，以示内外之分；琐细之事，俱详于表；所撰十志，合薛史之历志于天文，而别增经籍志。且为之说曰："唐受命二百九十年，而后唐兴，历三十年后唐废，而南唐兴，又历三十年而亡，此六十九年，唐之统固未绝也；后唐系出朱邪，然本于懿宗赐姓为李，庄宗既奉天祐年号，至二十年始改元同光，立庙太原，合高祖、太宗、懿宗、昭宗为七庙，唐亡而实存焉；南唐为宪宗五代孙建王之玄孙，祀唐配天，不失旧物，尤宜大书年号，以临诸国，即如当日契丹儿晋而兄唐，高丽遣使入贡，彼尚怀唐之威灵，故尊其后裔，不敢与他国齿，奈何以晋、汉、周为正，而反以南唐为偏据乎？"观其所论，盖与萧、郝二氏之改撰《国志》同一用心，论者不知其义，乃深怪之，以为好奇之过，尚未足以服萧、郝、陈三氏之心也。

　　《宋史》成于元末，最为芜杂，明、清二代之士，致力于改撰者，颇不乏人。考其动机，厥有二端：其一，则元人以《宋史》与辽、金并列，无异李延寿之修《南、北史》，极为明代学者所不满，故叙宋亡迄于祥兴，而为卫、益二王作纪，置辽、金于外国传，以侪于西夏、高丽，如王洙、柯维骐、王惟俭之徒是也。其二，则取法欧、宋之重修《唐书》，以订误、补阙、事增、文省为职志，清代研史之士，多主张之，其编纂之要旨，亦欲合三史为一书，以正元代之非，如陈黄中、邵晋涵、章学诚之徒是也。二者之论，各明一义，而皆有是处，未可偏废。危素于元末，曾与修宋、辽、金三史，而《千顷堂书目》著录其《宋史稿》五十卷（钱氏《补元史艺文志》据之），疑此为素在史馆时所具之稿，非别有所作也。惟《明史·周叙传》，记其曾祖以立于元末时以三史体例未当，欲重修而未能，至叙官翰林学士，思继先志，于正统末请于朝，诏许自撰，诠次数年，未及成而卒。此则为改修《宋史》之最先者。明世宗嘉靖十五年，廷议重修《宋史》，以礼部尚书兼翰林学士严嵩董其事（见《明史》嵩传），亦未成书。明人改修《宋史》而能毕功者，有三人焉，曰柯维骐、王惟俭、王洙是也。《明史·文苑·柯维骐传》："《宋史》与《辽》《金》二史旧分三书，维骐乃合之为一，以辽金附之，而列二王于本纪，褒贬去取，义例谨严，阅二十年而始成，名之曰《宋史新编》。"又《王惟俭传》云："惟俭苦《宋史》繁芜，手删定自为一书。"洙，《明史》无传，仅康熙《临海志》云，洙著《宋史质》一百卷；考洙为正德十六年进士，维骐为嘉靖二年进士，惟俭为万历二十三年进士，洙、维骐二人之世略相接，而惟俭则二氏之后生晚学也。《史质》《新编》二书，皆著录于《四库》存目，一则曰荒唐悖谬，偻指难穷，自有史籍以来，未有丧心病狂如此人者；一则曰，维骐强援蜀汉，增以景炎、祥兴，又以辽、金二朝置之外国，大纲之谬如是，区区补苴之功，亦不足道；是其列入存目之意，为由于尊宋统，抑辽、金，大触清廷之忌，意甚显然。洙之自序其书曰："取脱脱所修《宋史》，考究颠末，参极群书，删其繁，存其简，去其枝叶，存其本根，始于天王正纪，终于道统，自嘉靖壬辰迄丙午，凡十六年乃就，名曰《史质》，以示不文。"盖洙不喜蒙元之入主中夏，以严正闰之辨为先，故于祥兴二年帝昺投海后，即以明太祖之先祖上嗣宋统，革元代之纪年而不录，以明其非正统，是则此书意在屏革元统，又与柯氏《新编》不同。沈德符《敝帚轩賸语》，称维骐作《新编》时，至于发愤自宫，以专思虑（见《四库提要》引），其用力之精勤，即此可见。兹考《二十二史札记》所举《宋史》疏舛之处，《新编》多已订正（如《宋史》无夏贵传，《札记》曾论及之；而《新编》则为立传，惟以其降元列入叛臣），是又非《史质》专重义例之比。钱大昕之论《新编》则曰，柯氏用功已深，义例亦有胜于旧史者，惜其见闻未广，有史才而无史学耳（见本集《跋宋史新编》），斯则为平情之论矣。惟俭之书晚成，题曰《宋史记》，时柯氏之书已行世，惟俭见之，重为订补，以成此书，体例略如《新编》，蕲合三史为一，列二王为本纪。然以晚成之故，视《新编》差为完密。其后吴兴潘曾纮得惟俭所撰《宋史》，招晋江曾异撰、新建徐世溥更定未成，而罢，此明代季年事也，《明史·曹学佺传》载之。据钱谦益《列朝诗集小传》谓惟俭家藏图籍已沉于汴梁之水，吴兴潘昭度（曾纮字）曾钞得副本，赵翼则谓副本虽未遭汴水之厄，亦终归散失，又谓维骐之书未及梓行（见《札记》二十三）。然先是朱彝尊于柯氏《新编》、王氏《史记》皆得见之，称柯氏合宋、辽、金三史为一，以宋为正统，辽、金附焉；升瀛国公、益、卫二王于帝纪以存统；正亡国诸叛臣之名以明伦；列道学于循吏之前以尊儒，历二十载而成书，可谓有志之士。又谓揭阳王昂撰《宋史补》，台州王洙撰《宋史质》，皆略焉不详，至柯氏而体稍备。其后临川汤显祖义仍，祥符王惟俭损仲，吉水刘同升孝则，咸有事改修，汤、刘稿尚未定，损仲《宋史记》沉于汴水，余从吴兴潘氏钞得，仅存。（《曝书亭集》四十五《书宋史新编后》，又朱氏《明诗综》五十八《王惟俭下》，亦叙及《宋史记》，谓从吴兴钞得，未见出人意表）。愚按柯书刊于明代，钱大昕据以撰跋；王书未刊，因彝尊传钞，亡而复存，而钞本展转入柯劭忞手，后归北京图书馆，是赵氏所说尚有未审，所宜订正者也。（归有光亦欲改修《宋史》，《外集》载论赞二十余篇可证）。全祖望《答临川先生（李绂）问汤氏宋史帖子》云："明季重修《宋史》者三家，临川汤礼部若士（显祖），祥符王侍郎损仲（惟俭），昆山顾枢部宁人（炎武）也。临川《宋史》，手自丹黄涂乙，尚未脱稿，吴兴潘侍郎昭度足成其书，网罗宋代野史，至十余簏，功卒不就。是时祥符所修，亦归昭度，然两家皆多排纂之功，而临川为佳，其书自本纪、表、志，皆有更定，而列传体例之最善者，如合道学于儒林，归嘉定误国诸臣于奸佞，列濮、荣、秀三嗣王独为一卷，以别群宗，皆属百世不易之论。至五闰禅代之际，遗臣之碌碌者多芟，建炎以后多补，庶几《宋史》之善本焉。甲申以归石门吕吉甫（潘氏之婿），吉甫请姚江黄徵君梨洲为之卒业，成言未果，而吉甫下世，其从子无党携入京师，将据其草本开雕，无党又逝，尝谓是书若经黄徵君之手，则可以竟成一代之史，即得无党刊其草本，则流传亦易，而无如天皆有以败之。后是书展转归花山马氏、海宁沈氏，壬子之冬，沈氏诸郎言已归太仓金氏矣。然是书累易其主，所存仅本纪、列传，而其十余簏之野史，则不知流落何所，可为长太息者也。宁人改修《宋史》，闻其草本已有九十余册，乃其晚年之作，身后归徐尚书健庵，今亦不可问矣。"（以上见《鲒埼亭集》外编四十三）据此则于维骐、惟俭二本外，又有汤显祖、顾炎武二氏改修之本。梁玉绳亦云，闻前辈言汤若士有《宋史》改本，朱墨涂乙，某传当削，某传当补，某人宜合某传，某人宜附某传，皆注目录之下，划段分明。王阮亭《分甘余话》谓，临川旧本，在吴兴潘昭度家，恨无从购之。许周生云，潘中丞昭度曾欲重修《宋史》，先为《宋史钞》，摭拾最富，友人杨凤苞见其残稿十余册，其全书则散佚久矣（《謦记》四）。按昭度为潘曾纮之字，全、梁二氏所谓临川汤氏《宋史》稿本为曾纮所得者，殆即《明史》所载曾纮更定之本欤？愚检王惟俭《宋史记》稿本，其间朱墨涂乙，添注甚多，粘签无虑百数十纸，皆作绳头细书，且有将列传改撰者，凡订七十二册，有前跋云，此当为汤若士改本（记为王渔洋所撰，又渔洋《蚕尾集》有《宋史记凡例跋》），又时有墨注，尾标"宾王"二字，是其中又有宋宾王校改之笔，或云悉出宾王，而汤氏所丹黄涂乙者非此本。以愚考之，全氏所谓祥符所修，亦归昭度，正与《明史》所记相雠，是则汤氏所据者，即为惟俭所修，既归于潘，又招曾异撰、徐世溥更定之，而卒用不就也。若王、汤二氏各有一稿，则汤氏所丹黄涂乙者，必用《宋史》原本，用力多而成功少，无乃不惮劳费乎。夫惟汤氏见王氏之稿，而不甚满意，遂加以丹黄涂乙之功，某氏所跋，至为得实，继之以宾王之校改，而成为今日所见之本，其本末次第固可考而知也。清乾隆中，陈黄中撰《宋史稿》二百十九卷，其自序云：

元世祖平宋，即诏开局纂修《宋史》，讫至正而后成，盖百年矣。然繁冗疏漏，秉笔者类非史才；又元初去宋未远，岁月相接，子孙之求丐，史官之假借，虚美隐恶，并所不免；亦有后裔寥落，不能表章先世，则虽当记述者，顾并逸之，后来史官，即据前书，潦草藏事，词笔庸猥，去取踳驳，令览者读未终篇，辄欲弃去。有明一代改修者不一家，其最著者，如莆田柯维骐之《新编》，祥符王惟俭之《宋史记》，亦仅取旧史稍加删节，至其中一人两传及是非失实者，俱并仍之，较长絜短，莫能相尚。他如揭阳王昂之《史补》，天台王洙之《史质》，尤简略不详，自郐以下，无足论已。本朝通人朱彝尊，尝讥诸人长编尚未属目，辄奋笔著书行世，犹夏虫之不可语冰，因欲汇宋代诸书，考其是非异同，自定一书，惜老而未果。黄中少时，每欲仿《新唐书》事增文减之例，重加改修，卒卒未遂，然暇时每遇有关宋史诸书，随时采获，积二十年，至乾隆十三年，因尽发向日所笔记者，讨论审订，改窜旧书，历八寒暑，乃克就稿，汰繁补逸，显微阐幽，期得是非之公，用存劝惩之义。然建隆以迄绍兴，载籍极博，涉猎取材，差为完备；自时厥后，文献无徵，旁搜广罗，不遗余力。旧史凡四百九十六卷，今兹取其大半，与《新唐书》之卷适相等，第较量史才，则无能为役。又欧、宋改修唐史，积十七年而后成，其预编摩者十人，皆极一时文学之选，然同时吴缜、刘义仲等，犹并著书以纠其谬。矧在寡昧，以一手任编辑之役，成书岁月，又仅居昔贤之半，其牴牾疏漏，更百倍于前人。踨伏草茅，谨藏箧笥，随时订定，无所折衷，名以史稿，志未成也。

据序所言，则是书之成，当在乾隆二十年之后，迨乾隆二十七年壬午，而黄中卒，后为钱大昕所见，为之跋云：

　　吴门陈徵士和叔（黄中字）《宋史稿》本纪十二，志三十四，表三，列传一百七十，共二百十九卷。其纠旧史之失，谓韩琦与陈升之、王珪同传，薰莸无别；陈东、欧阳澈与宋季一僧一道士同传，拟于不伦；康保裔战败降契丹，官节度使，事见《辽史》，而以冠忠义；杜审琦卒于天成二年，而以冠外戚；凌康佐本纪既书降金，而又入之忠义；李毂、窦贞固皆五代遗臣，入宋未仕，不应立传，皆确不可易。于奸臣传进史弥远、嵩之，而出曾布，颇与鄙意合。若王安石之立新法，引金人，虽兆宋祸，而本无奸邪之心。郑清之虽党于弥远，其在相位，亦无大恶，和叔俱以奸臣目之，未免太甚矣。此稿增删涂乙，皆出和叔手迹，然前后义例，未能画一，纪传无论赞，志无总序，盖犹未定之稿，较之柯氏《新编》，当在伯仲之间耳（《潜研堂文集》二十八）。

　　按陈氏稿本，今已不可得见，其改修之内容，仅可于钱氏跋中，窥其厓略。愚意乙部之作，以后出者为胜。据陈氏自序，知其用力甚深，补苴实多，且获见李焘《长编》等书，据以补柯、王二氏之缺略。则其胜于前作，自不待言。而钱氏谓与柯氏《新编》在伯仲之间，是于陈作尚有微辞，何耶？盖柯氏于《宋史》用力已深，大体略备，义例之精，尤非后来诸作所能及。朱彝尊夏虫之讥，殊失之过。钱氏生当多忌之世，亦不敢诵言其佳，故仅以二书相伯仲为言。陈书之未能付刊，亦以惧触时忌之故耳。吾谓与其舍柯书而别为改作，无宁就柯书而详加订补，改作则创始难为功，订补则因成易为力也。清代诸贤，多有志于改修《宋史》，顾炎武、朱彝尊之已见于前者无论矣，余如全祖望、杭世骏、邵晋涵、章学诚，皆有志于是，试历举之：全氏曾言，某少读《宋史》，叹其自建炎南迁，荒谬满纸，欲得以为蓝本，或更为拾遗补阙于其间，荏苒风尘，此志未遂（《答临川先生问汤氏宋史帖子》）。此全氏有志改修《宋史》之证也。梁玉绳谓杭堇浦（世骏字），尝命余删增《宋史》别作一书，自揆谫陋，谢不敢为（《瞥记》四），此杭氏有志改修《宋史》之证也。章学诚尝云，时议咸谓前史榛芜，莫甚于元人三史，而措功则《宋史》尤难，邵晋涵遂慨然自任。晋涵又谓《宋史》自南渡以后，尤为荒谬，以东都赖有王氏《事略》故也，故先辑《南都事略》，欲使先后条贯粗具，然后别出心裁，更为赵宋一代全书，其标题不称"宋史"，而称"宋志"，然《南都》尚未卒业，而《宋志》亦有草创（《章氏遗书》十八《邵与桐别传》）。学诚亦自云，古人云载之空言不如见诸实事，仆思自为义例，选述一书，以明所著之非虚语，因择诸史之所宜致功者，若如赵宋一代之书（《遗书》九《与邵二云论修宋史书》）。此又邵、章二氏有志改修《宋史》之明证也。大抵明人所改修之《宋史》，义例精而条理未密，故易于毕功；清贤所拟改修之《宋史》，义例不必精，而条理极密，故除陈黄中一人外，余则徒托空谈，而不能成书，盖非十数年之岁月、一手一足之烈所能为役也。朱彝尊、陈黄中俱称揭阳王昂有《宋史补》。昂当为明人，其书则未之见。《四库提要》则谓沈世泊有《宋史就正编》（宋史条下），此书亦未之见，世泊当亦明人也。明人又有邵经邦撰《弘简录》二百五十四卷，意在续《通志》，故合宋、辽、金三史为一，实不啻三史之简本；朝鲜王李祘亦撰《宋中筌》一百四十八卷，意在删繁就简（撰于清乾隆时），此皆改修《宋史》之具体而微者也。清末陆心源撰《宋史翼》四十卷，专就方志所载宋人为《宋史》所无者补之，当与王昂之《史补》为近，所有改修与订补《宋史》之书，已大略具于是矣。

明初所修《元史》，不甚餍人之望，正有待于订补或改修。永乐中胡粹中以《元史》详于世祖以前攻战之事，而略于成宗以下治平之迹，顺帝时事亦多阙漏，因作《元史续编》十六卷，以综其要，此即订补《元史》之作也。惟其书起世祖至元十三年，迄顺帝至正二十八年，用编年体，大书分注，全仿《通鉴纲目》，可称"元鉴纲目"，不得谓之"续元史"。迨至清代，则改修之作甚多，间亦有为之订补者，其别有二：其一，因《元史》芜杂缺略，而广征中土固有之史实，以补证旧闻，订正谬误，而图改造新史者，如钱大昕、魏源是也。其二，因云代疆域不以中土为限，别征西方之史实，以补中土所未闻，证中土所未确，以别造一新史者，如洪钧、屠寄、柯劭忞是也。清初邵远平始撰《元史类编》四十二卷，意在续其父经邦之《弘简录》。魏源论之曰，远平《类编》，袭郑樵《通志》之重僿，以天王宰辅庶官分题，已大俪史法，且有纪、传，无表、志，于一代经制，阙略未备。然邵氏能取《经世大典》诸书，以补正史，不无订正之功，而世祖以下诸本纪，即为魏源《新编》所袭用，是其致功于此，亦匪细矣。其后钱大昕有志于是，致力最深，尝得《元秘史》刊行之。《秘史》叙蒙古初起及兼并诸部落事綦详，可证《元史》之误，徒以译文质朴，悉用当时俚语，明初修史诸氏，鄙弃不加留意，任其湮没。钱氏既得《秘史》，稽考内容，乃知其可据可宝，故为之跋云，论次太祖、太宗两朝事迹者，其必于此书折其衷。又尝云，在馆阁日，以《元史》冗杂漏落，潦草尤甚，似仿范蔚宗、欧阳永叔之例，别为编次，更定目录，或删或补，次第属草，未及就绪，归田以后，此事遂废，唯《世系表》《艺文志》二稿，尚留箧中（《元史·艺文志序》）。其后徐松亦有志于是，而未能卒业（见魏光焘《元史新编序》）。又魏源谓嘉定毛氏有《元史稿》（见《新编·凡例》）。毛氏名岳生，有《休复居文集》，集中附《元史·后妃列传》，即其证也。继有作者，则为魏源之《新编》，源尝论旧史之失云：

人知《元史》成于明初诸臣潦草之手，不知其载籍掌故之荒陋疏舛讳莫如深者，皆元人自取之。兵籍之多寡，非勋戚典枢密之臣一二预知外，无一人能知其数者。《拖布赤颜》（按即《脱卜赤颜》）一书，译言《圣武开天记》，纪开国武功，自当宣付史馆，乃中叶修《太祖实录》，请之而不肯出。天历修《经世大典》，再请之而不肯出，故《元史》国初三朝本纪，颠倒重复，仅据传闻。国初平定部落数万里如堕云雾，而《经世大典》于西北藩封之疆域录籍兵马，皆仅虚列篇名，以金匮石室进呈乙览之书，而视同阴谋，深闭固拒若是。《元一统志》亦仅载内地各行省，而蕃封及漠北、西域皆不详，又何怪文献无征之异代哉。是以疆域虽广，与无疆同，武功虽雄，与无功同。加以明史馆臣，不谙翻译，遂至重纰叠缪，几等负涂，不有更新，曷征文献（《拟进元史新编表》）。

据此所论，则《元史》之冗杂漏落，多由史实无征，不尽由于修史者之潦草从事矣。源初撰《圣武记》十卷，以纪述清代掌故，又撰《海国图志》一百卷，以考订域外地理，晚复从事元史，创定体例，独出己裁，其所征据，则元代官私之所记录，明初诸臣遗老之所记载，宋、辽、金、明诸史之所出入，与夫佚事遗闻，见于近人各家之说也。又以元之疆域，远轶汉唐，西北所极，尤应详载，乃立太祖三朝平服各国传；至中叶以后，号令不逾金山，内哄之事屡见，为立东北叛藩传，以明始末，此皆详旧史之所未详也。列传用分类相从之法，于儒林、文苑、良吏、忠义、列女、奸臣之外，增以遗逸、释老、群盗诸目；于旧史之诸专传，悉改为合传，题曰开国功臣、武臣、相臣、文臣、平宋、平金、平蜀功臣诸传。又于诸相臣、文臣、言臣，皆冠以世祖、中叶、元末等称，分标专目，则又为修史之变例。本纪自世祖以下，袭用邵氏《类编》，艺文志、氏族表，全取之钱氏大昕，此又所谓择善而从，不必己出者矣。至其文章雅洁，议论明快，尤为旧史所不及。源殁后，稿展转由龚自珍、莫祥芝，而归其族孙光熹，于光绪三十一年，乃由光熹序而刊之，亦幸而不亡也（以上据光熹序）。近人考论元代疆域者，谓其西方所极，有奇卜察克汗国（一作钦察汗国）、伊儿汗国、察哈台汗国，合其面积，大于中国本部之数倍，《元史》所述，专详本部，不过为其全部十分之一二（又有元太宗封地，谓之窝阔台汗国，后并入中国本部，而无与于上述之三大汗国）。自太祖成吉思汗以迄世祖忽必烈初年，国号本称蒙古，至世祖至元八年，始改称大元。元之一名，不足以赅西域诸国，正与《元史》一书，不足以赅蒙古全部同符。魏氏之《新编》，于中国本部之史实，已极尽订补之能事，可谓无憾。然仍不能比于《新唐书》《新五代史》而列入正史者，正以西方人所辑蒙古史籍多纪三大汗国故事，魏氏未能兼采，不得谓备耳。譬如田畴万顷，垦辟未尽，仍有待于后人之拾补，又势之不容已者也。西方人之撰蒙古史者，如拉施特、志费尼、瓦萨甫，皆为波斯人，仕于伊儿汗国者。如多桑为法人，如霍渥儿特为英人，而皆生于十九世纪（当中国嘉庆、道光时）。多桑氏之书凡四卷，所纪始成吉思汗，迄帖木儿，多以拉施特、志费尼二氏之书为依据，旁征博引，考证精详，为西方蒙古史之唯一佳著。霍渥儿特之书最后出，全书分五大部：第一部曰蒙古本部，所纪为蒙古先世种族源流，及太祖、太宗、定宗、宪宗四朝兼并各部之事，并及世祖以后诸汗；第二部曰鞑靼，所纪为奇卜察克汗国事，即在俄境之蒙古汗国也；第三部纪伊儿汗国事，即在波斯之蒙古国也，霍氏全书，至此而止。第四部纪察哈台汗国事，第五部纪帖木尔汗国事，皆未成。霍氏于拉施特、志费尼、瓦萨甫、多桑之书及中土之《元史》《元秘史》《亲征录》之译本，无不涉猎采撷，以入其书，最为繁富，治元史学者，不求之于此，则缺憾必不能免。清代道、咸间，如徐松、张穆、何秋涛皆治西北地理，究心元代西域之史事，而仍不能采及于此。及同、光间，洪钧以甲科高第，奉使欧西各国，先得拉施特之书，以用阿拉伯文写成，随员多不能通，乃展转求得俄译本，及多桑、霍渥儿特二氏之书，勤加考览参证，以成《元史译文证补》三十卷。所谓证者，证中国所未确也；所谓补者，补中国所未闻也。洪氏全功未竟，旋就殂谢，中凡有目无书者十卷，闻洪氏草稿略具，卒前付其子洛，令卒成之，洛旋卒，其稿遂失，惜哉惜哉。继洪氏之后，致力于元史者，凡得二人，其一为屠寄，其一则柯劭忞也。屠氏所著之书曰《蒙兀儿史记》，初印本仅八册，继增至十四册。屠氏卒后，其家整理遗稿，凡得一百六十卷，合订二十八册，一九三四年刊成。初印之本，悉具其中，而次第标目，稍有异同。其命名为《蒙兀儿史记》，而不用元史旧名者，元之初祖，本以蒙古为部族之称，一作蒙兀儿，亦称盲骨子，成吉思汗立国以来，诏诰文檄，则自称蒙古，至世祖未改号以前犹然，名为实宾，不应称元，一也。屠书所纪，偏重世祖以前史事，大元之号，非成吉思、窝阔台、贵由、蒙哥诸汗所知，名从主人，不应称元，二也。居于中国本部之大汗，虽为各部之宗主，然其他三大汗国，则以蒙古为通名，而不必遵用大元之号，以大概小，不必称元，三也。且蒙兀二字，出于《旧唐书·室韦传》之"蒙兀室韦"，称名甚古，读音亦正，是以屠氏不惟不用元之一号，即蒙古二字音之不甚确者，亦不肯轻用，其立名之矜慎可知也。考元初诸帝皆称汗，太祖在日，部下尊曰成吉思汗，犹唐、宋诸帝之有尊号也。太宗、定宗、宪宗生前皆无尊号，至于四帝之庙号，皆世祖至元中追谥，故屠氏于本纪题太祖曰成吉思汗，用其生前尊号也。太宗以下皆称名，曰斡歌歹汗（即窝阔台）者，太宗也；曰古余克汗（即贵由）者，定宗也；曰蒙格汗（即蒙哥）者，宪宗也；曰忽必烈汗者，世祖也，以下类推。其称名而不称庙号者，用《元秘史》及《蒙古源流》例，成吉思汗独不称名，亦用《秘史》例也。意谓所撰为蒙古一部族之史，而不同于汉、晋、唐、宋之断代史，故别创义例，而面目为之一新焉。其于三大汗国事，纪载亦详，奇卜察克汗国，创于术赤、拔都父子，洪氏证补已为作补传，屠氏因之（拔都改作巴秃，亦从《秘史》），而取材更富。伊儿汗国创于旭烈兀，以及察哈台诸王帖木儿汗国，洪氏皆拟作补传，而有目无书，屠氏则补作察阿歹（即察哈台）诸王及帖木儿传。而旭烈兀传亦有目无书，至柯氏《新史》乃为补成之。屠氏更于漠北三大汗传中，详述窝阔台汗国之盛衰，更撰《西北三藩地理通释》，以补《元史》之未备，虽其书为未成之作，缺卷甚多，而用力则甚勤。又用自注之法，于正文之下有分注，一篇之简，包孕甚多。故近人孟森论之曰：

　　史之为书，六代以前，史家多以一心经纬史实，以铸一代之史。唐以后，惟欧阳《新五代》为然。先生此书，所得固多出于旧史，然其参订旧史，以综合新材，无一字不由审订其地、时、日而后下笔。故叙述皆设身处地，作者心入史中，使读者亦不自谓身落史后，较之心不与全史浃，而以其翦裁饾饤之文诏后人，不免孟子所谓以其昏昏使人昭昭矣。（《蒙兀儿史记序》）

　　据此所论，近代史家真能经纬史实心入史中，使读者亦不自知身落史后者，曾无几人，而屠氏洵当之而无愧矣。屠氏卒于辛亥以后，箧中未定之稿，尚待理董，叔子孝实（字正叔），能嗣其业，未几孝实又卒，其弟孝宧（字公覆）继之，整理粗就，旋付剞劂（据孟序），即今日所传最后刊本也。柯氏之书曰《新元史》，盖为订补旧史而作，上仿欧阳修之改修《五代史》，亦近代仅见之作也。书成于一九二〇年，初刊为铅印活字本，未几锓木，其始功后于屠氏，而成书则在其前，所取史材，有得之钱大昕、魏源者，有得之何秋涛、李文田者，有得之洪钧、屠寄者，至其体例，虽与旧史无异，而不乏改订之处。又本纪以太祖以前事撰为序纪，略如屠书之世纪，此仿《魏书》《金史》而深得体要者。又改《顺帝纪》为《惠宗纪》，补撰《昭宗纪》（顺帝太子爱猷识理达腊）；表合《宗室世系》及《诸王》为一，名《宗室世系表》；志分《礼乐》为二，名《礼志》《乐志》，合《祭礼》《舆服》二志为一，名《舆服志》；列传则分《儒学》为《儒林》《文苑》二传，改《良吏传》为《循吏传》，《孝友传》为《笃行传》，删去《奸臣》《叛臣》《逆臣》三传，新增《蛮夷传》，皆其最著者也。其于经营西域之史事，叙述亦略备，如《太祖》《太宗》《定宗》《宪宗》四纪与《外国传》之后半及《速不台》《者别》《耶律楚材》以下诸传，综比观之，可以明其本末。又于三大汗国之盛衰兴亡，纪载亦详。钱大昕撰《元史氏族表》，系据《元秘史》及《辍耕录》，分蒙古人、色目人各为若干种，而柯氏则分蒙古民族为黑白野三答答儿，而不取钱氏之说。凡此皆蒙西哲撰述之影响，一览可知者也。元《经世大典》虽佚，尚有残本可考，邵氏《类编》，已知采用，又有《元典章》，为魏氏《新编》所取材。柯氏于此类史料，尤知重视，如于《百官志》，补入覃官、封赠、荫官、注官、守阙、起任、程限、给假、丁忧、任养等；《兵志》之马政，则增入和买马、括马、抽分羊马三项，又增军粮一目；《刑法志》中屡载至元新格以下之条文；《食货志》中自至元二十三年颁行立社规条以后，凡属社之法令无不备载。又于盐、茶、酒醋、市船四课及和籴、斡脱钱、官钞法之通行画缗钞钱法，以及海运、振恤等项资料，无不辑补之。此皆由重视大典、典章而所得之收获者。至于采取《元秘史》《亲征录》《蒙古源流》等书以补旧史之阙，既悉同于洪、屠二氏，而柯氏用力尤勤。故近人论及柯书，一则曰柯氏承诸家之后，参考诸家之著述，修改《元史》，等于群雄割据迭兴之后，而成统一之功；再则曰，元史之有柯氏，正如集百川之归流，以成大海，集众土之积累，以成高峰。然其中之可议者，亦有数端：旧史本纪，多采自元十三朝实录，柯书则取其繁冗者，改入各志，不易寻其首尾，则旧史仍不可废，一也。《艺文志》可征一代文献，钱氏补辑甚备，故魏氏《新编》、曾氏《元书》皆采之，而柯书乃不之取，不得谓备，二也。屠氏于洪氏补作诸传，皆别采新材，矜慎订补，而柯氏则又悉以原文入录，不加别白，三也。元代教徒，于释老外，有回教、耶教，柯书仅有释老传，又于也里可温（即耶教）之纪事，仅略见于本纪，而于耶教名人之勃莱奴喀皮尼鲁卜里克孟德高奴维等，皆不著一字，亦为漏略，四也。至于霍渥儿特等氏所著之蒙古史料，虽伤繁富，可取正多，而柯氏多未之及，亦有待于后人之译补，是则柯氏之作，仍不得谓之竟其全功也。兹取屠、柯二氏之书，比而论之，屠书取材甚富，考辨至精，特以造端宏大，非一人之精力所能尽举，故虽卷近二百，父子世业，仍为草创未竟之作。柯书造端之宏大，亦不下于屠氏，惟多因前人成作，而加以襞积补苴，虽费组织之力，殊少草创之功，孟森所谓心不与全史浃，而以其翦截饾饤之文诒后人，不免以其昏昏使人昭昭，正以暗讥柯氏。以是知二氏之作，有一创一因、一难一易之分，而其孰为优劣，亦不待辨矣。以上所述，即前代改修《元史》之大略也。

《明史》成于清代，忌讳太多，故有明知其为漏略，而终于不敢著笔者，《清史稿》更为未成之作，是皆有待订补改修。而改修清史，尤为当务之急。设局官修，久滋诟病，世有欧阳修、柯劭忞其人，必能奋笔一室，草定新史，以完成一代之典，吾将拭目以俟之矣。

其三则为分撰之史。昔在姬周之盛，王室有左史、右史，以司记言、记事之职，而诸侯亦各有国史，如晋之《乘》、楚之《梼杌》、鲁之《春秋》，皆具史之一体，亦后世国别史之滥觞也。典午之世，分据北方者，前后凡十六国，故撰《晋书》者，或以为录，或以为载记，附于正史，亦具体而微矣。而崔鸿则别撰《十六国春秋》，萧方等则别撰《三十国春秋》，此又分撰霸史之先例也。唐宋以来属于分撰之史，则有下列诸书：

书名	卷数	撰著人	附考
《西魏书》	二十四卷	清谢启崑撰	帝纪一，表三，考四，列传十二，载记一，凡二十一篇，《地域》《百官》两考及《宇文泰传》，皆分上下卷，总为二十四卷
			上自《魏书》分撰
《南唐书》	三十卷	宋马令撰	《先主书》一卷，《嗣主书》二卷，《后主书》一卷，《女宪传》一卷，《宗室传》一卷，《义养传》一卷，《列传》四卷，《儒者传》二卷，《隐者传》一卷，《义死传》二卷，《廉隅传》《苛政传》共一卷，《诛死传》一卷，《党与传》二卷。《归明传》二卷，《方术传》一卷，《诙谐传》一卷，《浮图传》《妖贼传》共一卷，《叛臣传》一卷，《灭国传》二卷，《建国谱》《世系谱》共一卷

(续表)

书名	卷数	撰著人	附考
《南唐书》	十八卷	宋陆游撰	《文献通考·经籍考》作十五卷，王士祯《古夫于亭杂录》云，曾见宋椠十五卷本。 本纪三卷，列传十五卷，附元人戚光《音释》一卷
《九国志》	十二卷	宋路振撰	一吴，二南唐，三吴越，四前蜀，五后蜀，六东汉，七南汉，八闽，九楚，十北楚，实为十国，东汉一作北汉，原书已佚，自《永乐大典》辑出
《十国春秋》	一百十四卷	清吴任臣撰	《吴》十四卷，《南唐》二十卷，《前蜀》十三卷，《后蜀》十卷，《南汉》九卷，《楚》十卷，《吴越》十三卷，《闽》十卷，《荆南》四卷，《北汉》五卷，《十国纪元世系表》一卷，《地理志》二卷，《藩镇表》一卷，《百官表》一卷。 宋刘恕《十国纪年》四十卷，见《宋史·艺文志》
《南汉书》	十八卷	清梁廷枏撰	附《丛录》二卷，《考异》十八卷，《南汉文字略》四卷

（续表）

书名	卷数	撰著人	附考
《南汉纪》	五卷	清吴兰修撰	附《地理志》一卷，《金石志》一卷
上自《五代史》分撰			
《渤海国志》	四卷	唐晏撰	撰于民国八年，纪、志、表、传各为一卷
《渤海国志》	三卷	黄维翰撰	凡三篇，十四章
《渤海国志长编》	二十卷	金毓黻撰	《总略》二卷，纪二卷，表四卷，列传五卷，考四卷，《文征》一卷，《丛考》一卷，《余录》一卷
上自《唐书》分撰			
《南宋书》	六十卷	明钱士升撰	去《奸臣》《叛臣》之名，列于众传，又合《道学传》于《儒林传》
《西夏书事》	四十二卷	清吴广成撰	起唐僖宗中和三年，迄宋理宗绍定五年。编年体
《西夏记》	二十八卷	戴锡章撰	此书用编年体。洪亮吉《西夏国志》十六卷，周春《西夏书》十五卷，皆未刊；陈昆《西夏事略》十六卷，亦未见
上自《宋》《辽》《金史》分撰			

书名	卷数	撰著人	附考
《南疆逸史》	四十四卷	清温睿临撰	纪略四卷，列传四十卷，纪南明四王事，下同
《小腆纪年附考》	二十卷	清徐鼒撰	用纲目体
《小腆纪传》	六十五卷补遗五卷	同上	
《南明节》	三十六卷	清钱绮撰	未刊
			上自《明史》分撰之《南明史》
《清建国别记》	一卷	章炳麟撰	纪清入关前史事，下同
《清朝前纪》	一册	孟森撰	
《明元清系通纪》		同上	已刊十六册，未竣功
《贼情汇纂》	十二卷	清张德坚撰	咸丰五年己卯成书，事止于四年甲寅，系纪太平天国之政治制度
《太平天国史料》	第一集	程演生辑	于留学法国时搜集
《太平天国丛书》	十卷	萧一山辑	自英京伦敦搜集，并就原本摄印
《太平天国野史》	二十卷	凌善清撰	凌氏谓取材于姚氏所藏之《洪杨纪事》，然又有《洪杨类纂史略》一书，此二书皆为《贼情汇纂》易名

（续表）

书名	卷数	撰著人	附考
《太平天国史纲》		罗尔纲撰	凡八章，为一九三七年一月出版之书，时在诸家之后
上自《清史》分撰之《清开国史》及《太平天国史》			

　　兹再依次论之：往者魏收作《魏书》，以孝武西奔，称为出帝，更以高欢所立之孝静帝继之，盖收身为齐臣，不得不以齐承东魏，不待言矣。尔时有平绘者，别撰《中兴书》，《崇文总目》称其叙事不伦，义例当同于收作。隋开皇中乃诏魏澹别撰《魏书》，自道武下迄恭帝，为十二帝纪，退东魏孝静帝称传，以正收、绘之失。然澹书久佚，其仅存者，亦羼入收书，几不易辨。澹书以为魏亡于恭帝，则自孝武西迁以下四世（武、文、废、恭四帝）俱列为本纪可知也。唐初李延寿作《北史》，亦用魏澹之例，以西魏为正，然犹列孝静于本纪，列传悉仍收书，未加是正。清代谢启昆深鉴收书之失，远师魏澹之例，取孝武以下四帝事迹，别撰《西魏书》，改撰大旨，见于叙录，所撰诸考，尤能订补收书诸志之阙失，洵别史中之佳制也。萧梁之末世，萧詧以武帝冢孙，立于江陵，凡历三主三十三年乃亡，世称后梁，其事迹略见于《周书》《隋书》《北史》，而语焉不详。蔡元恭《后梁春秋》十卷，及姚最之《后梁略》，皆已不传，明人姚士粦亦作《后梁春秋》二卷，用编年体，今行于世。近人江都毛乃庸更作《后梁书》二十卷，本纪四：曰《高宗》、曰《中宗》、曰《世宗》、曰《孝靖帝》；表二：曰《世系》、曰《交涉》；志四：曰《疆域》、曰《职官》、曰《艺文》、曰《梵字》；列传十：曰《后妃》、曰《高宗诸

子》、曰《中宗诸子》、曰《世宗诸子》、曰《张缵等》、曰《蔡大宝等》、曰《刘盈等》、曰《沈巡等》、曰《王琳等》、曰《叙传》。最初仅见其《叙传》一篇（续刊《中国学报》第四册），后则业已刊行。寻其叙录，称及蔡元恭，而不及姚士粦，姚书极易得，乃不之及，甚可怪也。以上二书，皆就《魏书》《周书》《隋书》《北史》之一部而分撰者也。

新、旧两《唐书》，皆为渤海立传，渤海出于粟末靺鞨，国王姓大氏，名祚荣，于唐武后圣历元年，立国于肃慎，世受唐封，传十五王，二百二十九年，至后唐明宗天成元年，为辽所并灭。其史实散见于诸书者至夥，两《唐书》多遗而不载；唐人张建章于文宗大和中，撰《渤海国记》三卷，久已不传；近人唐晏始采撷群籍以成《渤海国志》四卷；崇仁黄维翰更撰《渤海国记》三篇。唐《志》有筚路蓝缕之功，而疏略实甚；黄《记》精简可诵，而于域外之书，亦罕见采取，间有舛误。余于一九三一年，始因唐《志》以撰《渤海国志长编》二十卷，于中籍外，凡别见于朝鲜、日本史籍者，一一采撷无遗，分年排次，先成《世纪》《后记》各一卷；又取其中之《宗臣》《诸臣》《士庶》《属部》《遗裔》别为五传；又撰《地理》《职官》《族俗》《食货》四志，附以《文徵丛考》。记传诸考所未尽者，以表明之，大氏一国之事迹略备。时黄《记》尚未出，吾于付刊前，借得稿本，又为订正数事，唯以体为长编，颇病繁缛，将来加以翦裁，方为定本。唐代属国甚多，其已撰为专史者，除渤海外，殊不多见。此即取两《唐书》之一部而分撰之史也。

宋人马令，因其祖元康，世家金陵，习知南唐故事，未及撰次，乃缵先志而撰《南唐书》三十卷，所系序、赞，皆以"呜呼"

二字发端，盖规仿欧史也。其后陆游亦撰《南唐书》十八卷，简核有法，胜于马书。游于《烈祖李昇纪·后论》云："昔马元康、胡恢皆尝作《南唐书》，自烈祖以下，元康谓之书，恢谓之载记。"是则宋代撰《南唐书》者，又有胡恢（《宋史艺文志补》云，恢，金陵人），惟已不传。其称马令为元康者，以孙述祖，犹迁之于谈，固之于彪，令之作，即等于元康之作也。明末李清始取两《南唐书》合而为一，署曰《南唐书合订》二十五卷，刊本罕见。清代祥符周在浚，青浦汤运泰，皆为陆书作注，周氏注本，附以吴兴刘承干补注十八卷；汤氏注本，虽已付刊，则不易得。此又研南唐史者必读之书也。宋人范炯、林禹合撰《吴越备史》，用编年体，以纪钱氏一姓之事迹；清代梁廷枏撰《南汉书》，吴兰修撰《南汉纪》，皆《南唐书》之亚。其合十国为一书者，有宋路振之《九国志》，清吴任臣之《十国春秋》，所谓十国者，吴杨行密、南唐李昇、前蜀王建、后蜀孟知祥、南汉刘龑、楚马殷、闽王审知、吴越钱镠、荆南高季兴、北汉刘崇是也。欧史仿《晋书》载记之例，为十国撰世家，以别于一系相承之五代，而其名始定。路氏《九国志》，名为九国，所纪实为十国，每国先为国主作略传，如本纪；后附以诸臣传，亦用纪传体。吴氏以欧史纪十国事，尚语焉不详，乃采诸霸史、杂史以及小说家言，并证以正史，以成《十国春秋》；又于诸传本文之下，自为之注，载别史之可存者，且于旧说之非是者多所辨证；所撰表、志，考订尤精。惟王鸣盛讥其每得一人即作一传，僧道、妇人之传，每篇只一二行，即徐铉《骑省集》亦未之见，盖专以博为事，而未之能精者（《十七史商榷》九十八，"十国春秋"条），所论殊当。以上诸书，皆就新、旧《五代史》之一部而改撰者也。

明人钱士升，取南宋九帝之事，别撰《南宋书》，亦得为别史之一种。而两宋之世，北方有辽、金、蒙古先后崛起，与之对峙，又有西夏李元昊，传世十，历年一百九十，立国于宋仁宗明道元年，至理宗宝庆三年，为蒙古所并灭，其事具于宋、辽、金三史之《西夏传》，而《宋史》尤详。近人罗福苌因夏人所传之《掌中珠》一书，得通西夏自制之复体文字，并为《宋史·西夏传》作疏证，惜未卒业而殁；清代洪亮吉撰《西夏国志》十六卷，周春撰《西夏书》十卷，陈崑撰《西夏事略》十六卷（著录《清史稿·艺文志》），皆不见传本，书或未成；张鑑《西夏纪事本末》，传世已久，吴广成《西夏书事》，原刊本不多见，最近始覆印行世；近人开县戴锡章广撷群书，分年排次，以成《西夏纪》，书最晚成，差为详备，考西夏一国事者，应于是取资焉。此皆就《宋史》及辽、金二《史》之一部而分撰者也。

明思宗于崇祯十七年甲申三月缢死，是年五月，明遗臣迎福王由崧即位于南京，改明年元为弘光，是年（即清顺治二年）五月南京陷，由崧寻殂，初称圣安皇帝，后谥安宗；弘光元年闰六月，唐王聿键立于福建，改是年元为隆武，明年（顺治三年）八月，以福州陷遇害，初称思文皇帝，后谥绍宗；十一月桂王由榔立于肇庆，改明年（顺治四年）元为永历，而聿键弟聿鐭亦立于广州，改元绍武，是年十一月，以广州陷，自缢；由榔在位十五年，至顺治十八年十二月，缅甸人执以献于清，明年遇害，郑成功曾谥为昭宗；又有鲁王以海称监国于顺治三年，先后居于绍兴、舟山、厦门等地，十年去监国号，归于郑成功。此四主历时十有八年，清代谓之福、唐、桂、鲁四王（桂王一称永明王），比于宋末之二王。然《宋史》犹附二王于《瀛国公纪》，《明史稿》仿之，尚为福、唐、桂三主立专传，而《明史》则不然，附由崧事于《福王常洵传》，聿键事于《唐王聿键传》，由榔事于《桂王常瀛传》，以海事于《鲁王植传》，而于目中不著其名，非细检无由知之。且所叙事迹极略，不足备一朝之史。于其时之宰执大臣，舍生取义之士，如史可法、高弘图、姜曰广、何腾蛟、瞿式耜、朱大典、张国维、金声等人，虽亦为之立传，而所遗者亦甚多。又以牵涉时忌，不复能具首尾，此有待于补订改撰者也。清代史家称此时期为南明，或称残明、后明，记此十有八年之事，谓之南明史。昔者全祖望谓明季野史不下千家，近人安阳谢国桢撰《晚明史籍考》，著录存佚之籍，大略与之相等，即专纪南明四主者，亦不下百余种，可谓多矣。盖自黄宗羲撰《行朝录》，以记隆武、永历及鲁监国之事；而顾炎武则撰《圣安本纪》，李清则撰《南渡录》，古藏室史则有《弘光实录钞》，以纪弘光一朝之事；又有《思文大纪》（不知撰人），纪隆武一朝事；王夫之撰《永历实录》，纪永历一朝事；查伊璜撰《鲁春秋》，瀹洲老民撰《海东逸史》，纪鲁监国事，皆属甚备，足补《明史》之缺。其合四朝而通为一书，前有温睿临之《南疆逸史》，后有徐鼒之《小腆纪年》及《小腆纪传》；《逸史》之书，采撷差详，而《纪年》《纪传》二书，足补《逸史》之未备。若以《纪传》中之列传，补入《逸史》，更取《纪年》及其他纪南明事之野史，详慎裁定，为之作注，则即可成一完备之南明史，亟望有人能从事于此也。查伊璜曾撰《罪惟录》八十四卷，称明惠帝为惠宗让皇帝，成祖为太宗文皇帝，景帝为代宗景皇帝，思宗为毅宗愍皇帝，弘光帝为安宗简皇帝，隆武帝为绍宗襄皇帝，附以唐王、桂王、鲁监国，是盖能合南明事为一书者。清人究心南明史事者，温、徐诸氏外，前有全祖望、杨凤苞，后有戴望、傅以礼

（字节子）、李慈铭、夏燮。全氏《鲒埼亭集》中，纪载南明遗事者，不可偻指；杨凤苞撰《南疆逸史十二跋》，谓温氏之书，简而有法，世称信史，惟惜失之太简，要必为之注，以补其阙，又附举明季野史数百种；戴望亦自称：《胜国南烬遗事》，二十以前，最所留心，丧乱以后，辍而不为（《致傅节子书》）；以礼《华延年室题跋》、慈铭《越缦堂日记》，以及当涂夏燮所撰《明通鉴》，皆有校订旧籍，证别真伪之功，不可没也。元和钱绮（字映江）撰《南明书》三十六卷，徐非云又撰《残明书》四十卷，皆为傅以礼所见，而世乃无传本；近人无锡孙静庵（其名待考）拟撰《续明书》一百二十五卷，惜未卒业；仪征刘师培、顺德邓实皆欲作《后明书》，亦皆未成，师培且请章太炎先生预为之序矣。最近则有海盐朱先生希祖，搜获南明野史，多为珍本，实突过傅以礼所见，间有未著录于《晚明史籍考》者。先生尝言欲撰《南明史》，因循未果；又谓《顾亭林诗集》自注有"东武二年"之语，有戴望所藏潘耒初刊本可证。东武即为隆武之讹，盖因有所避忌，以音近而改隆为东，而后来撰《五藩实录》者，以怀王常清尝为台湾郑氏所立，遂以东武年号属之，此想当然尔之词耳；近见罗振玉《重订纪元编》，亦仍其误以入录，得先生所考，可以正之矣；其他考订甚多，不暇悉举。前代之修史者，往往以续作补前史之未备，如《五代史》不为韩通立传，而《宋史》有《周三臣传》，此可师之善例也。晚近所撰《清史稿》，不为南明四王立传，无以弥《明史》之缺，以言佳史，渺乎远矣，订补改作，正待后贤。以上所述，皆就《明史》之一部而分撰者也。

　　清史之应分撰者有二部，一为清开国史，一为太平天国史。明人称清初之部族，曰建州，曰女真，称清太祖曰奴酋，其最著者，如茅瑞徵之《东夷考略》、天都山臣（阙名）及叶向高之《女直考》、陈继儒之《建州考》、海滨野史（阙名）之《建州私志》、管葛山人（彭孙贻之别号）之《山中闻见录》、黄道周之《奴酋篇》（《博物典汇》卷末）皆是，然悉得诸传闻，且纪载甚略，不足以餍阅者之望也。女真避辽讳，改称女直，为清祖之所出，建州为清祖始封之卫名，而奴酋者又明人所以称太祖奴尔哈赤者也。纪载建州女直事，最详最确者，首推《明实录》，次则《朝鲜实录》，就此二书取材，参以诸家纪载，真相得以了然。第以《明史》修于清代，讳先代事而不言，《清史稿·太祖纪》虽云其先盖金遗部，又天命元年国号曰金，亦病语焉不详，有待于专书纪载，又不俟论也。近人考清初事，多属日本学者，以乙国人谈甲国事，犹多皮相之论，影响之谈。章太炎先生始撰《清建国别记》，以明人之书为依据，其以猛奇帖木儿（清译改为孟特穆）为太祖奴尔哈赤之高祖，则沿《东华录》之误。武进孟森撰《清朝前纪》，叙清入关以前事，多取材于日本稻叶岩吉之《清朝全史》，间亦多所发明，后得见明代、朝鲜两实录，钞其中所记清入关前之史实，为《明元清系通纪》一篇，惜未竣功而卒，近顷治清初史，颇亦有人，然无有出孟氏右者，甚望将来有人续成其志，而别成一善本。此分撰清开国史之大略也。

清道光三十年（公元一八五三年）十一月三十日，洪秀全、杨秀清等发难于广西桂平县之金田村，称太平天国，至同治三年（一八六四年）六月十六日，清军始陷其所建天京。先后历十五年，不为不久。然其结局，文献随败亡以俱毁，即有纪其事者，如官修之《粤匪纪略》出于战胜者之口，可信之程度至少。又如王闿运之《湘军志》，王定安之《湘军记》，皆记曾、李用兵之始末，绝无一语道及洪、杨内部之事，自应别求可信之史，以餍读者之望，不待言矣。咸丰五年，张德坚承曾国藩之命，撰《贼情汇纂》十二卷，颇能详其政治制度，而行世最晚。金陵破灭之日，忠王李秀成手录事状数万言，详叙天国之始末，特以语犯时忌，间为阅者所删改，是为可惜。当洪、杨盛时，编刊书籍多种，又有诏谕历书之刊本，多为西方之传教士及使臣商人携回本国，今英、法、荷、美、德诸京图书馆多有之。近人程演生、萧一山、向达、王重民先后由法、英两京搜获太平天国史料甚夥，并就原本摄印之。自是以来，世人始得窥见洪、杨时代自制文书之面目。辛亥以来，研其国史乃大有人在，国内之天国史料，亦往往间出（如南京图书馆购藏之《英杰归真》，即其一种）。近人撰太平天国史者，或名野史，或名战史，或名杂记（简又文辑），其间名贵可信之史料，虽非甚少，然以吾所知，惟罗尔纲之《史纲》着墨不多，而语语扼要，颇能详其始末，后来者虽不可知，而旧有诸作，殆恐无以胜之。此又分撰太平天国史之大略也。

分撰诸史，大略如上。至何以如此之多，亦不可以无述。吾求其故，盖有二端：一由于避繁就简，一由于耽僻好奇。盖一代正史，卷逾数百，累世莫殚，令人望而生畏，遂惮而莫为，有若柯维骐、王惟俭、陈黄中之以一人之力改修《宋史》，求之前代，实无几人，惟就正史中之一部，广搜资材，加以改撰，事迹有限，卷帙非繁，积以半年，杀青可期，避繁就简，亦为人之常情，一也。习见之书，人皆忽视，难得之简，众必争求，近代如徐松、张穆、何秋涛之徒，或考西域，或探北徼，写成数卷，即博重名。百年以来，研讨元史之风，日新月异，转而从事晚明，覃及太平天国，虽费搜寻之功，究省探讨之力，而又敝帚自享，以罕见珍，耽僻好奇，尤为学人通病，二也。总此二因，遂成风尚，一往难返，莫知所极，此为禹域学术升降所系，非一朝一夕之故矣。

其四则为总辑之史。其体始于梁武帝之《通史》、魏元晖之《科录》，一则合诸断代史而为一书，仍用纪传之体；一则总前代事分为若干科，略如后来之《通典》《通考》，亦纪事本末一体之所本也。唐姚康复又撰《统史》（二百卷），其体近于宋高似孙之《史略》，章学诚所谓搏节繁文自就隳括者也。《通史》一书，与梁元帝同烬于江陵（据胡三省《通鉴注·序》），《科录》亦早归散佚，无可考论。其可述者，惟有郑樵《通志》一书，此总辑之史之仅见者也。

《宋史·郑樵传》，称其好著书，自负不下刘向、扬雄，搜奇访古，遇藏书家必借留，读尽乃去。时当高宗南渡，尝得召对，因言班固以来历代为史之非，高宗曰："闻卿名久矣，敷陈古义，自成一家，何相见之晚耶。"后著《通志》成，高宗命以其书进呈，会樵病卒。兹考其著书之旨趣，悉具于《通志·序》，序中极端推崇司马氏之《史记》，而盛讥班固以下断代为史之非。其略云：

> 自书契以来，立言者虽多，惟仲尼以天纵之圣，故总诗、书、礼、乐而会于一手，然后能同天下之文；贯二帝三王而通为一家，然后能极古今之变。仲尼既殁，百家诸子兴焉，各效《论语》，以空言著书，至于历代实绩，无所纪系。迨司马氏父子出，世司典籍，工于制作，故能上稽仲尼之意，会《诗》《书》《左传》《国语》《世本》《战国策》《楚汉春秋》之言，通黄帝、尧、舜至于秦汉之世，勒成一书，分为五体：本纪纪年，世家传代，表以正历，书以类事，传以著人，使百代

而下，史官不能易其法，学者不能舍其书，六经之后，惟有此作。……自《春秋》之后，惟《史记》擅制作之规模，不幸班固非其人，遂失会通之旨，司马氏之门户，自此衰矣。班固者浮华之士也，全无学术，专事剽窃，由其断汉为书，是致周秦不相因，古今成间隔，自高祖至武帝六世之前，尽窃迁书，不以为惭，自昭帝至平帝六世，资于贾逵、刘歆，复不以为耻，况又有曹大家终篇，则固之自为书也几希。后世众手修书，道傍筑室，掠人之文，窃钟掩耳，皆固之作俑也。且善学司马迁者，莫如班彪，彪续迁书，自孝武至于后汉，欲令后人之续己，如己之续迁，既无衍文，又无绝绪，世世相承，如出一手，善乎其继志也。……司马谈有书，而司马迁能成其父志；班彪有其业，而班固不能读父之书。固为彪之子，既不能保其身，又不能传其业，为人如此，安在乎言为天下法！范晔、陈寿之徒继踵，率皆轻薄无行，以速罪辜，安在乎笔削而为信史耶！孔子曰：殷因于夏礼，所损益可知也；周因于殷礼，所损益可知也，此言相因也。自班固以断代为史，无复相因之义，虽有仲尼之圣，亦莫知其损益，会通之道，自此失矣。语其同也，则纪而复纪，一帝而有数纪，传而复传，一人而有数传；语其异也，则前王不列于后王，后事不接于前事；如此之类，岂胜断梗。……迁法既失，固弊日深，自东都至江左，无一人能觉其非。惟梁武帝为此慨然，乃命吴均作《通史》，上自太初，下终齐室，书未成而均卒。隋杨素又奏令陆从典续《史记》，讫于《隋书》，未成而免官。岂天之厄斯文而不传与？抑非其人而不祐之与？

寻樵所论，未必尽衷于理，特其主作史以通为贵，故不能不扬马而抑班。后来史家能与之同调者，则有章学诚，尝于《文史通义》中撰《释通》《申郑》二篇，以明祈向所在。其论通史一体之源流，则云：

> 梁武帝以迁、固而下，断代为书，于是上起三皇，下讫梁代，撰为《通史》一篇，欲以包罗众史，史籍标通，此滥觞也。嗣是而后，源流渐别：总古今之学术，而纪传一规乎史迁，郑樵《通志》作焉；统前史之书志，而撰述取法乎官礼，杜佑《通典》作焉；合纪传之互文，而编次总括乎荀、袁，司马光《资治通鉴》作焉；汇公私之述作，而铨录略仿乎孔、萧，裴璘《太和通选》作焉。此四子者，或存正史之规，或正编年之的，或以典故为纪纲，或以词章存文献，史部之通，于斯为极盛也。至于高氏（唐高竣及子迥）《小史》、姚氏（唐姚康复）《统史》之属，则撙节繁文，自就隁括者也；罗氏（泌）《路史》、邓氏（元锡）《函史》之属，则自具别裁成其家言者也；范氏（质）《五代通录》、熊氏（克）《九朝通略》，标通而限以朝代者也；李氏（延寿）《南、北史》、薛（居正）、欧（阳修）《五代史》，断代而仍行通法者也。其余纪传故事之流，补辑纂录之策，纷然杂起，虽不能一律以绳，要皆仿萧梁《通史》之义，而取便耳目，史部流别，不可不知也。（《释通》）

又论通史之利病甚详，略云：

　　通史之修，其便有六：一曰免重复，二曰均类例，三曰便铨配，四曰平是非，五曰去牴牾，六曰详邻事。其长有二：一曰具翦裁，二曰立家法。其弊有三：一曰无短长，二曰仍原题，三曰忘标目。何谓免重复？夫鼎革之际，人物事实，同出并见。胜国无征，新王兴瑞，即一事也；前朝草窃，新王前驱，即一人也；董卓、吕布，范、陈各为立传；禅位册诏，梁、陈并载全文，所谓复也。《通志》总合为书，事可互见，文无重出，不亦善乎。何谓均类例？夫马立《天官》，班创《地理》，《齐志·天文》不载推步，《唐书·艺文》不叙渊源，依古以来，参差如是。郑樵著《略》，虽变史志章程，自成家法，但六书七音，原非沿革，昆虫草木，何尝必欲易代相仍乎。惟通前后而勒成一家，则例由义起，自就隐括，《隋书·五代史志》，终胜于沈、萧、魏氏之书矣。何谓便铨配？包罗诸史，制度相仍，惟人物挺生，各随时世，自后妃宗室标题，著其朝代，至于臣下，则约略先后，以次相比，然子孙附于祖父，世家会聚宗支，一门血脉相承，时世盛衰，亦可因而见矣。即楚之屈原，将汉之贾生同传，周之太史，偕韩之公子同科，古人正有深意，相附而彰，义有独断，末学肤受，岂得从而妄议耶。何谓平是非？夫曲直之中，定于易代，然晋史终须帝魏，而周臣不立韩通，虽作者挺生，而国嫌宜慎，则亦无可如何者也。惟事隔数代，而衡鉴至公，庶几笔削平允，而折衷定矣。何谓去牴牾？断代为书，各有裁制，详略去取，亦不相妨，惟首尾交错，互有出入，则牴牾之端，从此见矣。居摄之事，班殊于范，二刘始末，范异于陈，统合为编，庶几免此。何谓详邻事？僭国载纪，四裔外国，势不能与一代同其终始，而正朔纪传断代为编，则是中朝典故居全，而蕃国载纪乃参半也。惟南北统史，则后梁、北魏悉其端，而五代汇编，斯吴越、荆潭终其纪也。凡此六者，所谓便也。何谓具翦裁？通合诸史，岂第括其凡例，亦当补其阙略，截其浮辞，平突填砌，乃就一家绳尺，若李氏《南》《北》二史，文省前人，事详往牒，故称良史。盖生乎后代，耳目闻见，自当有补前人，所谓凭藉之资易为力也。何谓立家法？陈编具在，何贵重事编摩，专门之业，自具体要，若郑氏《通志》，卓识名理，独见别裁，古人不能任其先声，后代不能出其规范，虽事实无殊旧录，而辨名正物，诸子之意寓于史裁，终为不朽之业矣。凡此二者，所谓长也。何谓无短长？纂辑之书，略以次比，本无增损，但易标题，则刘知幾所谓"学者宁习本书，怠窥新录"者矣。何谓仍原题？诸史异同，各为品目，作者不为更定，自就新裁，《南史》有《孝义》而无《列女》，《通志》称《史记》以作时代，一隅三反，则去取失当者多矣。何谓忘标目？帝王后妃，宗室世家，标题朝代，其别易见；臣下列传，自有与时事相值者，见于文辞虽无标别，但玩叙次自见朝代。至于《独行》《方技》《文苑》《列女》诸篇，其人不尽涉于世事，一例编次，若《南史》吴逵、韩灵敏诸人，几何不至于读其书不知其世耶。凡此三者，所谓弊也（同上）。

　　章氏所论六便二长三弊，虽云泛论通史，且多以《南》《北》二史为依据，而所谓利病，即为《通志》利病之所在，即谓此论为批评《通志》，无不可也。至其著论为郑氏张目者，则曰："郑樵生千载而后，慨然有见于古人著述之源，而知作者之旨，不徒以词采为文，考据为学也。于是遂欲匡正史迁，益以博雅，贬损班固，讥其因袭，而独取三千年来遗文故册，运以别识心裁，盖承通史家风，而自为经纬成一家言者也。学者少见多怪，不究其发凡起例，绝识旷论，所以斟酌群言为史学要删，而徒摘其援据之疏略，裁断之未定者，纷纷攻击，势若不共戴天，古人复起，奚足当吹剑之一唤乎。"又曰："郑氏所振在宏纲，而末学吹求则在小节，是何异讥韩、彭名将，不能作邹鲁趋跄，伏、孔巨儒，不善作雕虫篆刻耶。"又曰："孔子作《春秋》，盖曰其事则齐桓、晋文，其文则史，其义则孔子自谓有取乎尔。夫事即后世考据家之所尚也，文即后世词章家之所重也，然夫子所取，不在彼而在此，则史家著述之道，岂可不求义意所归乎。自迁、固而后，史家既无别识心裁，所求者徒在其事其文，惟郑樵稍有志乎求义，而缀学之徒，嚣然起而争之。然充其所论，即一切科举之文辞，胥吏之簿籍，其明白无疵，确实有据，转觉贤于迁、固远矣。"（《申郑》）凡此皆章氏之创论，为前人之所不敢言、不能言者。盖当章氏之世，戴震则斥郑樵为陋儒，王鸣盛则指渔仲为妄人，语有过当，心不能平，此又《释通》《申郑》二篇之所由作也。

《通志》之作，仿自梁代之《通史》，樵已自言之矣。梁武帝命吴均等会通《史记》以下诸史，而为一书，去牴牾，免重复，均类例，便铨配，章氏之所谓便者，已略具之。其书凡六百卷，自秦以上，皆以《史记》为本，而别采他说以广异闻，至两汉以还，则全录纪传，而上下通达，臭味相依。又吴、蜀二主，皆入世家，五胡及拓跋氏，列于《夷狄传》，大抵其体皆如《史记》，惟无表而已（本《史通·六家》）。所谓上下通达，臭味相依，即为楚之屈原将汉之贾生同传，周之太史偕韩之公子同科，而为铨配之得当者。至于两汉以还，全录纪传，是又有无短长、仍原题、忘标目之三弊，而无可讳言者也。《通史》之名，起于会通诸史，亦总辑而为一书之义，与今世之所谓"通史"，其名虽同，其实异矣。郑樵以梁代《通史》久佚，发愤重有所作，署曰《通志》。释名见于《自序》，其言曰："古者记事之史谓之志，书大传，天子有问无以对，责之疑，有志而不志，责之丞，是以宋、郑之史，皆谓之志，太史更志为记，今谓之志，本其旧也。"是则其命名之义，正同《通史》。惟樵寄方礼部书云："樵欲自今天子中兴，上达秦汉之前著为一书，曰《通史》。"（《夹漈遗稿》）是樵初欲名其书为《通史》，后乃定名《通志》，亦犹司马光初撰《通鉴》，欲名《通志》，为一例耳（详见下节）。考《通志》为书凡二百卷，《帝纪》起三皇，迄隋恭帝，凡十八卷，附《后妃传》二卷；易表为谱，效《周谱》也，凡四卷；易志为略，避大名也，凡五十二卷，《周同姓世家》一卷，附《宗室传》八卷，《周异姓世家》二卷，列传九十八卷，载记八卷，《四夷传》七卷，是其书有纪、传、世家、载记、谱、略六体。如周之诸侯称世家，本《史记》；晋之十六国称载记，本《晋书》，盖会通诸史而为一书，而未及画一其体例者。抑樵之所自负者，惟在《二十略》。其自序云：

> 江淹有言，修史之难，无出于志，诚以志者宪章之所系，非老于典故不能为也。不比纪传，纪则以年包事，传则以事系人，儒学之士，皆能为之。惟有志难。其次莫如表，所以范晔、陈寿之徒，能为纪、传，而不敢作表、志。志之大原，起于《尔雅》，司马迁曰书，班固曰志，蔡邕曰意，华峤曰典，张勃曰录，何法盛曰说，余史并承班固谓之志，皆详于浮言，

略于事实，不足以尽《尔雅》之义。臣今总天下之大学术而条其纲目，名之曰略，凡二十略，百代之宪章，学者之能事，尽于此矣。其五略，汉、唐诸儒所得而闻；其十五略，汉、唐诸儒所不得而闻也。

所谓五略：曰《礼》，曰《职官》，曰《选举》，曰《刑法》，曰《食货》，樵则谓虽本前人之典，亦非诸史之文也。其十五略：曰《氏族》，曰《六书》，曰《七音》，曰《天文》，曰《地理》，曰《都邑》，曰《谥》，曰《器服》，曰《乐》，曰《艺文》，曰《校雠》，曰《图谱》，曰《金石》，曰《灾祥》，曰《昆虫草木》，大半为诸史志之所不具，故又曰凡十五略，出臣胸臆，不涉汉、唐议论也。樵以纪传者，编年纪事之实迹，自有成规，不为智而增，不为愚而减，故即其旧文，从而损益之；至于"二十略"，则谓皆由自得，不用旧史之文；依此求之，似无所因袭矣。第细检其中之《地理略》，则全袭《通典》之《州郡典》，《总序》之前，虽叙水道，亦杂采《汉书·地理志》及《水经注》而成，岂以生值南宋，两河沦陷，无从考征，不得不钞录成书耶？《器服》一略，多与《金石》复出，而所谓《服》，则全袭《通典》之《嘉礼》；其《礼》《乐》《职官》《食货》《选举》《刑法》六略，亦但删录《通典》，无所辨正；《职官略》中，以《通典》所引之典故，悉改案语为大书，俨同自撰；《艺文略》分门太繁，舛误尤多；《灾祥略》则悉钞诸史《五行志》；是则袭用旧文，不止纪传为然，则所谓自得者，果何说耶？其所谓自得者，当指《六书》《七音》诸略而言。然《六书略》则与《说文》全不相涉，《七音略》则谓三十六字母可贯一切之音，且矜贵其说云得之梵书；又谓江左之儒知有四声而不知七音，不悟反切之学为中土所固有，且在创制字母之前，唐以后人归纳反切，而制字母，本末之序，不可诬也。岂所谓汉、唐诸儒所不得而闻者，即指此类而言耶？又考之诸史，惟《魏书》有《官氏志》，专详北族，而语焉不详，《唐书·宰相世系表》，限于华宗，而不下于庶民，撰通史者，宜有"氏族"一志，而郑氏乃为创作之，是可尚也。若乃《校雠》一略，申明刘向、歆父子以来整齐百家、辨章学术之法，《图谱》一略合古人"左图右史"之义，即郑氏自谓学术超诣、本乎心识，如人入海，一入一深者，亦章氏所谓别识心裁，绝识旷论，斟酌群言为史学要删者。揆郑氏之初意，本欲镕铸群言，自成一家，而载笔之时，力不副心，不仅纪、传、世家、载记，全钞诸史，无所剪裁，即其所极意经营之"二十略"，亦不免直录旧典，而惮于改作。今读其序文所云云，徒见其好为大言，而有名不副实之疑。或谓章学诚因戴震辈痛诋《通志》，故作《释通》《申郑》之论，谓《通志》示人以体例，本非以考证见长，不知郑氏果在标准纲领，则作论明之可矣，何必钞袭史传？曾不惮烦如此，洵笃论也。章氏创通义例，以论文史，又以《通史》为乙部之圭臬，喜郑氏议论之隽快，足以助其张目也，故盛为称道之，而以援据之疏，为不足病，至其立论高远，实不副名，所犯之病，正同郑氏，千载之下，引为知己，有以也夫。

樵谓《唐书》《五代史》，皆本朝大臣所修，微臣所不敢议，故纪、传迄隋，若礼、乐、行政，务存因革，故引而至唐云，此所以明其书之断限也。清乾隆三十二年敕修《续通志》五百二十七卷，体例一仍郑氏，纪、传起唐，诸略起五代、宋，而皆迄于明末。其于纪、传，定为二例：一曰异名者归一，如《五代史·家人传》并入《后妃》《宗室》，《一行传》并入《隐逸》《孝友》，《宋史·道学传》并入《儒林》，《元史·儒学传》并入《儒林》《文苑》；一曰未备者增修，如《唐书》之《奸臣》《叛臣》《逆臣传》，《明史》之《阉党》《流贼》《土司传》，皆诸史所无，而为考核事实，分立此门，是也。其于诸略，不惟续之而已，于郑《略》之未载者则补其阙遗，已载者则正其伪误，如郑氏《艺文略》，有但列书名卷数者，兹则各补撰人、爵里是也。《续志》之作，虽出官修，而大体精善，至继《续通志》而作之《清通志》（原名《皇朝通志》），则仅有"二十略"，而无纪传及谱，是为政典之一，不得与正、续《通志》比数，又可知矣。

刘知幾以《史记》为"六家"之一，《史记》通上古迄汉武而为一书，不以某一朝代为限，实梁武《通史》之所自昉也。然《史记》具有翦裁，不似《通史》之钞撮前史以前一书，《通志》之病，正同《通史》，此非通史之极则也。刘氏于《史通》中罕论及"通史"一体，仅谓"《通史》（指梁武《通史》）以降，芜累尤深，遂使学者宁习本书而怠窥新录"（《六家》）。而《四库提要》于《通志》下亦云，其例综括千古，归一家言，非学问足以该通，文章足以镕铸，则难以成书，此又撰总辑之史之难于断代者矣。然刘氏又谓"书事之法，其理宜明，使读者求一家之废兴，则前后相会，讨一人之出入，则始末可寻"（《惑经》）。此又论及通史之长，为不可废，不惟《通志》一书若是，凡《通鉴》《通典》诸书以贯通各代为职志者，亦无不如是也。

其五则为补阙之史。范晔《后汉书》未及作"志"而殁，梁人刘昭取司马彪《续汉书》之"八志"以补之，并为作注，此补阙之史所自始也。然范书不特缺志，抑亦无表，宋人熊方始为《后汉书》补作《年表》十卷，清人钱大昭更作《后汉书补表》八卷，合补志、补表为一编，则范与班侪可以无憾，此后贤拾补之效也。沈约撰《宋书》，以范、陈二史俱无志，所撰诸志，悉上接《史》《汉》，不以宋为断限；唐人撰《五代史志》，附于《隋书》，而《经籍》一志，上接《汉书》之《艺文》，亦不以五代为限，此亦后来补志之滥觞也。补缺之史，以补表、补志为最夥，清代以前，有宋钱文子之《补汉兵志》，金蔡珪之《补南北史志》，与熊表鼎足而三，惜蔡《志》久佚，仅存一志一表而已。清代学者，以辑佚补缺为能事，研经之外兼治乙部，补志、补表之作，蔚为大观。迄于近时，此风未杀，爰就所知，汇而为表：

书名	卷数	撰著人	附考
《补汉兵志》	一卷	宋钱文子撰	《知不足斋丛书》本，亦入《二十五史补编》，下俱同
《补后汉书年表》	十卷	宋熊方撰	通行本，清诸以敦有《校补》五卷，《补遗》一卷
《后汉书补表》	八卷	清钱大昭撰	通行本
《补续汉书艺文志》	一卷	清钱大昭撰	《广雅丛书》本
《补后汉书艺文志》	四卷	清侯康撰	《岭南遗书》本
《补后汉书艺文志》	十卷	清顾櫰三撰	《金陵丛书》本
《后汉艺文志》	四卷	清姚振宗撰	《快阁师石山房丛书》本
《补后汉书艺文志》	一卷	曾朴撰	光绪乙未刊本。又附《艺文志考》十卷
《三国志三公宰辅年表》	三卷	清黄大华撰	《二十五史补编》

书名	卷数	撰著人	附考
《三国志世系表》	一卷	周明泰撰	排印本。 又陶元珍有《补遗》一卷
《三国职官表》	三卷	清洪饴孙撰	《广雅》本
《补三国疆域志》	二卷	清洪亮吉撰	《广雅》本。 谢宗英《三国疆域志补注》十五卷，又《三国疆域表》二卷，金兆丰有《校补三国疆域志》不分卷
《补三国艺文志》	四卷	清侯康撰	《岭南》本
《三国艺文文》	四卷	清姚振宗撰	《快阁师石山房》本
《新校晋书地理志》	一卷	清方恺撰	《广雅》本。 毕沅有《晋地理志补正》五卷，方恺有《晋地理志校补》一卷
《东晋疆城志》	四卷	清洪亮吉撰	《广雅》本
《补晋兵志》	一卷	清钱仪吉撰	家刊本
《补晋书艺文志》	四卷附录一卷	清丁国钧撰，子辰注	《丁氏丛书》本
《补晋书艺文志》	六卷	清文廷式撰	排印本
《补晋书艺文志》	四卷	清秦荣光撰	排印本
《补晋书艺文志》	四卷	吴士鉴撰	刊本
《补晋书艺文志》	四卷	黄逢元撰	排印本
《十六国疆域志》	十六卷	清洪亮吉撰	《广雅》本
《十六国年表》	一卷	清张愉曾撰	《昭代丛书》本

（续表）

书名	卷数	撰著人	附考
《补宋书宗室世系表》	一卷	罗振玉撰	自刊本
《补宋书刑法志》	一卷	清郝懿行撰	《郝氏遗书》本
《补宋书食货志》	一卷	同上	同上
《补宋书艺文志》	一卷	聂崇岐撰	《二十五史补编》本
《补南齐书艺文志》	四卷	陈述撰	同上
《补梁书疆域志》	四卷	清洪齮孙撰	《广雅》本
《补陈疆域志》	四卷	臧励龢撰	《二十五史补编》本
《补魏书兵志》	一卷	谷霁光撰	同上。 张穆《延昌地形志》，以延昌时为准，为补正《魏书·地形志》而作
《隋唐之际月表》	一卷	清黄大华撰	同上
《隋书经籍志补》	二卷	张鹏一撰	同上。 侯康补《宋》《齐》《梁》《陈》《魏》《北齐》《周》各书《艺文志》各一卷，汤洽补《梁书》《陈书》《艺文志》各一卷，未见传本
《补南北史志》	六十卷	金蔡珪撰	见《金史》本传，原书佚
《补南北史年表》	一卷	清周嘉猷撰	《广雅》本

(续表)

书名	卷数	撰著人	附考
《补南北史帝王世系表》	一卷	同上	同上
《补南北史世系表》	五卷	同上	同上
《南北史补志》	十四卷	清汪士铎撰	《淮南书局》本,补《天文》《地理》《五行》《礼仪》四志
《南北史补志》未刊稿	十三卷	同上	《二十五史补编》本,补《舆服》《乐律》《刑法》《职官》《食货》《氏族》《释老》七志,惟《艺文志》三表未见
《补南北史艺文志》	三卷	徐崇撰	同上。此即补汪稿之缺
《补五代史艺文志》	一卷	清顾櫰三撰	金陵本
《宋史艺文志补》	一卷	清倪灿撰,卢文弨校正	《八史经籍志》本。亦见《群书拾补》
《西夏艺文志》	一卷	清王仁俊撰	《西夏文缀》附刻本
《辽艺文志》	一卷	缪荃孙撰	《辽文存》附刻本
《辽史艺文志补证》		清王仁俊撰	《辽文萃》附刻本
《补辽史经籍志》	一卷	黄任恒撰	排印本
《金史氏族志》	二卷	陈述撰	仅见《中央研究院历史语言研究所集刊》
《补元史氏族志》	三卷	清钱大昕撰	《潜研堂集》本

（续表）

书名	卷数	撰著人	附考
《补元史艺文志》	四卷	同上	同上。内兼及辽金
《补辽金元艺文志》	一卷	清倪灿撰，卢文弨校正	《八史经籍志》本。亦见《群书拾补》
《补三史艺文志》	一卷	清金门诏撰	同上
《建文逊国之际月表》	二卷	清刘廷銮撰	贵池《先哲遗书》本

附注：外如万斯同《历代史表》五十九卷，吴廷燮《历代方镇年表》若干卷，皆非专补一史，故未一一列入，沈炳震《二十一史四谱》五十四卷，陈芳绩《历代地理沿革表》四十七卷，杨丕复《舆地沿革表》四十卷，清官修《历代职官表》六十三卷，皆非补史之作，更不阑入

上表所列，以补志为多，若补表则仅当补志四之一耳。志有全补者二，若蔡珪、汪士铎之《南北史补志》是也；表有全补者三，若熊、钱二氏之《补汉书年表》，张愉曾之《补十六国年表》，是也。补志以经籍、艺文为多，凡得二十五种。《汉》《隋》二志，本属相接，纷纷补作，诚为多事。综观诸家所补，后汉、三国、晋、南北朝诸志，多属千篇一律，陈陈相因，《隋志》而外，或就本传所举，他书所引，此等著述，以为部目，尽属佚篇，无由考见，如《后汉·艺文志》《晋书》、两《艺文志》，补者各有五，何不惮烦乃尔。学人好事，本为一病，避难就易，藉以得名，亦其蔽也。然以《隋志》衡之，著录之书增至数倍，又或明其来历，附以考证，亦极便学者之检考焉。《辽》《金》《元》三史皆无《艺文志》，而清撰《明史》，只限本代，旧著存佚，无可考见，于是钱大昕发愤而补《元史·艺文志》，而辽、金二朝人之著作，并以

附焉，衡其重要，堪与《汉》《隋》二志比。盖史籍中之必不可无者，不得取与诸家之作，同类而并讥也。次于此者，厥为地理，综其补作，凡得六种，若洪亮吉之《十六国疆域志》，非惟《晋书》所不能详，抑亦研十六国史者之要籍也。兵、刑、食货，以多具于本书，故补者甚少，而氏族一志，端倪具于《魏书》，而钱大昕乃为《元史》补《氏族志》，以为魏氏《新编》、柯氏《新史》之先声，近人陈述又为《金史》补《氏族志》，条贯粗明，盖戛戛乎其难矣。清儒治学，长于辑佚，如邵晋涵自《大典》中辑得《旧五代史》一种，即出斯学之赐。而诸氏之撰补志，亦由辑佚蜕变而出，其为有功后学，又不待言。

抑考补志之作，有不限于表列各种者，如郝经《续后汉书》所撰八录：曰《道术》、曰《历象》、曰《疆理》、曰《职官》、曰《礼乐》、曰《刑法》、曰《食货》、曰《兵》，是就《三国志》所原无者，而悉为补撰，亦汪氏《南北史补志》之类也。陈鳣改撰五代史，而为《续唐书》，于旧史诸志之外，别增《艺文》一志，历鹗撰《辽史拾遗》，亦补《选举》《艺文》二志，是亦顾櫰三补《五代史·艺文志》之伦类也。近顷所刊之《二十五史补编》，汇诸补志，而为一书，诚便学者之寻检，然于郝、陈二氏之书，未知掇取，犹不得谓备焉。

病《宋史》之缺略，而为之作补传者，陆心源之《宋史翼》是也；病《元史》之缺略，而为之作补纪、补传、补表者，洪钧之《元史译文证补》是也。历鹗撰《辽史拾遗》二十四卷，杂采诸书以补《辽史》之阙略，虽不加别择，近于史料，而网罗之富，殊为罕见。杨复吉撰《辽史拾遗补》五卷，杭大宗更仿厉氏之例，以撰《金史补》，拟全书为百卷，而实未成，仅有传钞本五卷可考，此又病《辽》《金》二史之阙略而从事者也。至近人罗振玉所作《补唐书张义潮传》，王国维所作《宋史·忠义传王禀补传》，皆于二史外，广征史实据而补之，此虽属一鳞一爪，亦不可无述者。

　　其六则为注释之史。释史之作，莫始于《公》《榖》，《春秋》之有《公羊》《榖梁》二传，皆重义例，而不甚详事实，然其所诠释者，乃褒贬予夺之书法，为近代之史家所不取，故后人乃为别之曰，此经学，非史学也。今本《史记》，以三家注为主，一为宋裴骃之《集解》，一为唐司马贞之《索隐》，一为唐张守节之《正义》，后来者莫能尚矣。按之《隋志》，于裴注外，仅有徐野民《史记音义》十二卷，梁邹诞生《史记音》三卷，其他则未之有闻，而《汉书》注本，有应劭、服虔、韦昭、刘显、夏侯泳、萧该、晋灼、陆澄、姚察、刘孝标、梁元帝等二十余家之多，何其盛也。盖《汉书》中多存古义，非训释不能通，故马融受《汉书》于班昭，至伏阁下读之，且《汉书》多本之《史记》，通《汉书》之义训，即已通《史记》之半，魏、晋、六朝人重《汉书》而薄《史记》，故习《汉书》者亦多于《史记》，注释之多，殆由此矣。至唐颜师古乃集众家之训释而为一编，是为今本之《汉书注》。师古于太宗贞观十一年为秘书少监，太子承乾命师古注《汉书》，解释详明，承乾表上之，太宗命编之秘阁，颜氏《叙例》所谓，储君体上哲之姿，膺守器之重，懿孟坚之述作，嘉其弘赡，以为服应蠹说，疏薮尚多，苏晋众家，剖断盖尠；蔡氏纂集，尤为牴牾，自兹以降，蔑足有云。顾召幽仄，俾竭刍荛，岁在重光，律中大吕，是谓涂月，其书始就，是也。重光为辛，即贞观十五年辛丑，承乾以十七年被废，十九年师古卒，年六十五，则书成时，年六十一，即承乾被废前二年也。据《叙例》，师古以前注《汉书》者凡五种，服虔、应劭、晋灼、臣瓒、蔡谟也。大约晋灼于服、应外，增伏俨、刘德、郑氏、李裴、李奇、邓展、文颖、张揖、苏林、张晏、如淳、孟康、项昭、韦昭十四家，臣瓒于晋灼所采外，增刘宝一家，颜注于五种注本外，又增荀悦、崔浩、郭璞三家，其注以解释详明，称为班书功臣，由于能集众家之长也。《旧唐书·师古传》，叔父游秦撰《汉书决疑》十二卷，为学者所称，师古注《汉书》，多取其义，今注中不载游秦，《叙例》亦不举其名，或以盗窃为疑。不悟古人为学，或父子世业，或叔侄相续，尝自称曰某氏学，人称之为一家之言，鲜有以一人一世而独成其学者。班固踵其父彪之业而撰《汉书》，而叙传中不称其父曾撰《史记后传》，微范书为之作传，何由征之？然古人不以为病者，正由父子世业学成家言故也。以此为解，庶有当乎。据《隋志》著录，范晔本《后汉书》一百二十五卷，梁剡令刘昭注（《梁书》本传作集注），是昭已取范书而全注之矣。昭以范书无志，乃取司马彪《续汉书》之"八志"以补之，并为之注，于是范书中又含有彪书之一部，今则志注存，而纪传之注亡。唐章怀太子李贤乃取范书纪、传注之。据《新唐书》章怀本传及张公谨、岑长倩传，与章怀共任注释者，有张大安、刘讷言、格希玄、许叔牙、成玄一、史藏诸、周宝宁等，既非一手所成，不免有踳驳漏略之处。论者谓章怀之注范，不减颜监之注班，诚为过誉，然后来者亦莫之能先也。或又谓章怀注范，悉本刘昭，又谓于纪传则改昭注，于八志注则仍昭旧，昭注久亡，无由质证，语出逆亿，未敢谓然。宋人刘攽与兄敞及敞子奉世，撰《两汉书刊误》，谓之"三刘刊误"，而吴仁杰又有《两汉刊误补遗》十卷，此亦两汉注本之附庸也。《三国志》有裴松之《注》专务补阙，不以注释为事，前已论之。《晋书》有何超（唐人）《音

义》三卷，杨齐宣（字正衡）为之序，或谓为齐宣撰者（胡三省
《通鉴注序》），误也。《新唐书》有李绘《补注》二百二十五卷
（见《宋〔史〕·艺文志》），董冲（宋人）《释音》二十五卷，
《新五代史》有徐无党注，而他史之有注释者，则甚罕见。以上所
述，乃考论诸史旧注之大略也。

　　清代儒者食汉学昌明之赐，取群经一一为之改撰新疏，近代说
经之语，萃以入录，蔚为巨观。更有余力罩及子史，疏证、补注、
集解之书连犿而出，读其一书可备多书之用，此又注释家进步之一
征也。注释史部之书，约举为下列数种：

书名	卷数	撰著人	附考
《汉书补注》	一百二十卷	王先谦撰	用颜注本
《后汉书集解》	一百二十卷	王先谦撰	用章怀太子注本
《晋书斠注》	一百三十卷	吴士鉴撰	
《新唐书注》		唐景崇撰	全书未成，仅本纪十卷先成付刊

　　盖清代学者，研习《汉书》至勤，其总两汉者，如钱大昭《汉
书辨疑》二十二卷、《后汉书辨疑》十一卷、《续汉书辨疑》九
卷，沈钦韩《汉书疏证》三十六卷、《后汉书疏证》二十卷，周寿
昌《汉书注校补》五十六卷、《后汉书注补正》八卷；其专释《后
汉》者，如惠栋之《后汉书补注》二十四卷。其分释一篇或数篇
者，尤不胜枚举。若汪迈孙、全祖望、钱坫、吴卓信、陈澧之于地
理，钱大昕、李锐之于律历（三统术），徐松之于《西域传》，
皆属专门绝学。至于顾（炎武）、阎（若璩）、王（念孙）、俞
（樾）诸家集中，释两汉者，随处可见。王先谦撷其菁英为一编，

先于光绪二十六年成《汉书补注》，次于一九一五年成《后书集解》。近人论其书者，以先谦受业周寿昌门下，得其指授，究心班书，用力三十余年，钞集百余万言，取精用宏，致思最勤，而《地理志》尤为卓绝。窃尝衡论两书，实以《补注》为善。王氏自谓近儒致力《后汉》者，莫勤于惠栋，其于惠氏《补注》，服膺有年，而憾与章怀注别行，无人为之合并，爰推阐其遗文奥义，取而备载之；又外征古说，请益同人，而成《集解》一编（《自序》），是则以惠书为主，而复少有增益焉。兹考其书，于惠注外，殊鲜精言眇义，且多所漏略，不如《补注》远甚。盖书成之日，王氏已届髦年，精力不继，间或假手他人，书已付刊，又由门人黄山为作校补，附于每卷之后。然考览诸家之说，究以此书为备，是亦《补注》之亚，不可废也。补注《三国志》者，有杭世骏、侯康、赵一清、梁章钜（《旁证》三十卷）、周寿昌诸家，而赵一清《三国志注补》六十五卷，最为精审，近则卢弼著《三国志集解》，萃诸家之补注，附于裴《注》之后，亦陈《志》之一善本矣。近人吴士鑑撰《晋书斠注》一百三十卷，亦用裴《注》之法，取诸杂记、类书，以详诸家之异同，采撷略备，颇便省览。吴兴刘承幹见之愿任刻赀，遂署刘名，以为同撰，虽云多财好事，嘉惠学子非浅矣。清季学部尚书唐景崇发愿为《新唐书》作注，其与《旧书》有异同者，则取而考辨之，又杂取唐人记载入注，其体亦如集解。迨成稿过半（唐氏曾命象山陈汉章为注《地理》《艺文》二志及列传数篇，见陈著《史学通论》，是其书亦不尽出己手），而唐氏旋殁，近有人取其《本纪注》十卷付刊，而列传、志、表缺焉，如有人焉，能因其业而卒成之，亦乙部之巨制也。清人之究心《史记》者，以梁玉绳之《史记志疑》为最著，近则有瞿方梅之《史记三家注补正》，李笠之《史记订补》，仅能就其片辞只义，为之笺证订补，无有能如王、吴二氏之例，就全书而为之统释者，有之其唯日本泷川资言之《史记会注考证》乎。泷川氏之书，以三家注为主，署曰"会注"，合三家注而名之也；其在三家注以后之注释，汇而载之，时下己意，谓之"考证"，其体一依王氏《补注》《集解》，已于序例言之矣。考证中之所采者，以清人之说为夥，如钱大昕、王念孙、梁玉绳、张文虎、孙诒让，下至近人崔适、李笠诸家，靡不毕载；又以《群书治要》《太平御览》，校其文字之异同；而日本学者之治《史记》者，自中井积德以下尤备举之，摭拾至勤，为他家所未有。惟考其所下己意，颇涉粗略，应释要义，亦不免腐浅；又于明人凌稚隆《史记评林》所录诸家近于评点文义者，亦时时引之，别择未精，亦是一病；盖是书以比辑为事，而不以综核见长也。

以上所述，悉为统释一史之作，尚有取某史之一篇而为之注释考证者，亦不可无述焉。以其繁也，列表明之：

书名	卷数	撰著人	附考
《史记天官书考证》	十卷	清孙星衍撰	又有《天官书补目》一卷
《史记三书正讹》	三卷	清王元启撰	三书者律书、历书、天官书也
《史记三书释疑》	三卷	清钱塘撰	
《史记天官书恒星图考》	一卷	朱文鑫撰	
《汉书艺文志考证》	十卷	宋王应麟撰	

书名	卷数	撰著人	附考
《汉书人表考》	九卷	清梁玉绳撰	未刊
《汉书地理志稽疑》	六卷	清全祖望撰	又蔡云《人表考补》一卷,《续考补》一卷
《汉书律历志正讹》	二卷	清王元启撰	
《新斠注汉书地理志》	十六卷	清钱坫撰	附徐松集释
《汉书地理志补注》	一百三卷	清吴卓信撰	
《汉书地理志水道图说》	七卷	清陈沣撰	吴承志《汉志水道图说补正》二卷
《汉书地理志补校》	二卷	清杨守敬撰	又洪颐轩有《汉志水道疏证》五卷
《汉书地理志校注》	二卷	清王绍兰撰	
《汉书地理志详释》	四卷	清吕吴调阳撰	
《汉书艺文志条理拾补》	八卷六卷	清姚振宗撰	
《前汉书艺文志注》	一卷	刘光蒉撰	
《前汉书食货志注》	一卷	同上	
《汉书西域传补注》	二卷	清徐松撰	
《后汉书郡国志校补》	囗卷	清朱右曾撰	未见
《续汉书律历志补注》	二卷	清钱塘撰	未刊
《魏书地形志校录》	三卷	清温曰鑑撰	
《魏书宗室传注》	六卷	罗振玉撰	附表一卷

(续表)

书名	卷数	撰著人	附考
《魏书官氏志疏证》	一卷	清陈毅撰	
《隋书地理志考证附补遗》	九卷	清杨守敬撰	
《隋书经籍志考证》	十三卷	清章宗源撰	仅有史部，余未见
《隋书经籍志考证》	五十二卷	清姚振宗撰	
《新唐书天文志疏证》	百卷	清张宗泰撰	
《新唐书艺文志注》	八卷	清缪荃孙撰	传抄本
《唐书方镇表考证》	百卷	清董沛撰	未见，沈炳震《校正唐书方镇表》及《宰相世系表订讹》附《唐书合抄》后
《宋史西夏传疏证》	一卷	罗福苌撰	未竟而卒
《辽史地理志考》	五卷	清李慎儒撰	

大抵往代史家，所撰诸史，限于时日见闻，不能无所疏略，后人为弥补其阙，有所撰述，可约为三类：一为补阙之作，前已述之；一为考证之作，一为校订之作，即本节著录诸书是也。惟校订之作，尚不止此，如卢文弨《群书校补》一书，含已校正诸史多种，不暇一一备举，触类引申，思过半矣。

其七为合钞之史。所谓合钞者，即取两种以上之史，综为一编，明其异同，以省阅者翻检之劳者也。往者班固《汉书》，于武帝太初以前，悉用《史记》而时时增损其文，故不能无异同。宋人倪思撰《班马异同》三十五卷（或云刘辰翁撰，非是），考其字句异同，以明得失，例以《史记》本文大书，凡《史记》无而《汉书》所加者，则以细字书之；《史记》有而《汉书》所删者，则以墨笔勒字旁；或《汉书》移其先后者，则注曰《汉书》上连某文下连某文；或《汉书》移入别篇者，则注曰《汉书》见某传，二书互勘，长短较然，此即后来合钞之史之滥觞也。明季李清曾撰《南北史合注》一百九十一卷、《南唐书合订》二十五卷，初著录于《四库》，后以所撰《诸史同异录》，内称清世祖与明思宗四事相同，以为拟非其伦，触犯清廷忌讳，遂将著录各书，悉为撤出。今考《四库提要》，虽不见李清之名，而《简明目录》以刊行在前，犹以《南北史合注》著录于别史类，《南唐书合订》著录于载记类，是则以帝王之威欲为毁灭其迹，而犹未能也。惟前数年，故宫博物院检点清内廷所藏诸书，李氏二书之稿本具在，而原拟之提要，仍冠于其端，此极可珍贵之史料也。爰为移录于下：

一、《南北史合注》提要　　臣等谨案，《南北史合注》一百九十一卷，明李清撰。清字心水，号映碧，扬州兴化人，礼部尚书思诚之孙，大学士春芳之玄孙，崇祯辛未进士，官至吏部给事中，事迹附《明史·李春芳传》。清以南北朝诸史并存，冗杂特甚，李延寿虽并为一书，而诸说兼行，仍多矛盾，尝与张溥议，欲仿裴松之注例，合《宋》《齐》《梁》《陈》四史为《南史》，《魏》《齐》《周》《隋》四史为《北史》，未就而溥殁。后清简阅佛藏，见《三宝记》载有北魏大统中遗事，《感通录》载有齐文宣、隋文帝遗事，《高僧传》载有宋孝武帝遗事，因思卒前业，乃博采诸书以成此注，参订异同，考订极为精审。又于原书之失当者，略为改正其文，如高欢、宇文泰未篡以前，史书之为帝者，皆改称名；后梁之附《北史》者，改为《南史》；宋武帝害零陵王，直书为弑；魏冯、胡二后以弑君故，编为逆后，与逆臣同书。又二史多谶纬、佛门事，以非史体，悉改入注，其持论亦为不苟。然裴松之注《三国志》，虽多所纠弹，皆仍其本文，不加点窜；即《世说新语》不过小说家言，刘孝标所注，一一正其谬妄，亦不更易其文，盖古来注书之体如是也，谯周改《史记》为《古史考》，荀悦改《汉书》为《汉纪》，范蔚宗合编年四族纪传五家为《后汉书》，并采掇旧文，别为新制，未尝因其成帙，涂乙丹黄，盖古来著书之体如是也。清既不能如郝经《三国志》，改正重编，又不肯如颜师古之注《汉书》，循文缀解，遂使《南》《北》二史，不可谓之清作，又不可谓之延寿作，进退无据，未睹其安。至于八史之中，四史无志，《南》《北》二史亦无志，故清割《宋书》《南齐书》《魏书》《隋书》四史之志，取其事实，散入纪传之中。不知《隋志》本名《五代史志》，故其事上括前朝，当时未有《南》《北》二史，无所附丽，故奉诏编入《隋书》。清既合注《南》《北》二史，自应用《续汉》十志补《后汉书》之例，移掇编入，而以刘昭之例详考诸书以注之，于典制典章，岂不明备，乃屑屑删改纪传，置此不言，亦为避难而趋易。今特以八代之书牴牾冗杂，清能会通参考，以归一是，故特录而存之，其瑕瑜并见，则终不相掩也。乾隆五十一年五月恭校上，总纂官臣纪昀，臣陆锡熊，臣孙士毅，总校官臣陆费墀。

二、《南唐书合订》提要　臣等谨案《南唐书合订》二十五卷，明李清撰。清有《南北史合注》，已著录。是书纪南唐一代事迹，以陆游书为主，而以马令书及诸野史辅之。凡陆书所无而增入之传，则以"补遗"二字分注其下，盖仿裴松之注《三国》之法，而稍变通之。书则引唐余《纪传年世总释》诸说，大抵欲以李氏绍长安正统，仍由陆游之谬说。不知知诰为徐温养子，得国后始自言出自唐宗，其世系本无确证，即使果属建王嫡系，而附庸江左，奉朔中原，亦断不能援昭烈蜀都之例。以此而学郝经、萧常之书，刘知幾所谓"貌同而心异"者也。然其他更定陆书义例者，如钟巘、李延邹等，于本纪摘出，别列《忠义传》，以旌大节，颇合至公；又张洎等之列入《唐周宋臣传》，樊若水之列入《叛逆传》，亦深协《春秋》斧钺之义。其间文献缺遗，详征博引，亦多考证，视《江南野录》《江表志》诸书，实远胜之，故纠其持论之纰缪，而仍取其考古之赅洽焉。乾隆五十一年八月恭校上。（下略）

二书内容，具如上述。惟《南北史合注》以"八书"之异于"二史"者，分注正文之下，观此一书，可抵"八书"之用，虽云出于钞撮，鲜存精义，而便于学子非浅矣。闻李氏后裔之在兴化者，尚藏有《南北史合注》稿本，而兴化李详复藏有《南唐书合订》之残本。且此书曾经刊行，非绝无仅有之孤本，清代禁毁各书，以有人收藏，逐渐出世，则此书终有好事者为之重刊行世，吾侪拭目俟之可也。继李氏之后而为合钞之业者有二：一为沈炳震之《新旧唐书合钞》，一为彭元瑞、刘凤诰合撰之《五代史记补注》。沈书撰于雍正癸丑（十一年）以前，凡二百六十卷，积十年之力乃成。其于纪、传，一从《旧书》，而以《新书》分注之，于志多从《新书》，而以《旧书》分注，自有所见，则加案以别之。

兹考其书，于纪、传亦非概从《旧书》，如宣宗以下诸纪，多从《新书》增入，而列传中之从《新书》增入者，尤属不乏。盖《旧书》于唐季史料，所得甚微，阙遗待补者，非止一二事，宋人修《新书》时，则遗籍间出，足供采取，于《旧书》之所阙遗者，为之大事补缀，此即《新书》之胜于《旧书》者，前已详论之矣（见第六章）。沈氏识得此旨，既知穆宗长庆以前，《旧书》为备，乃悉用之为正文，又知长庆以后，阙遗甚多，乃取《新书》各传，附于《旧书》正文之后，盖于《新》《旧》两书之长，均能取精用弘，此沈书所以为精善也。至于诸志，亦非尽用《新书》，如《历》《天文》《五行》《地理》《兵》《仪卫》六志，皆用《新书》，而《乐》《职官》《舆服》《经籍》《刑法》五志，仍以《旧书》为正文，而以《新书》分注之，《礼》《选举》《食货》三志，则《新》《旧》参用，是其不囿一隅，折衷至当，又可知矣。其于诸表，俱从《新书》增入，而于《宰相》《方镇》两表，都有增删，又别撰《宰相世系表订讹》十二卷，附于书后，用力既勤，足为《唐书》功臣。或谓王先谦撰《唐书补注》二百六十卷，稿具未刊，而唐景崇所撰之《唐书注》，不过就沈书加以翦裁订补之功，以云胜之，则病未能。此继李氏而有作者，一也。清初朱彝尊，曾与钟广汉同注《五代史》，稿具十四五，未几失去，后又续辑；同时有徐章仲（其名待考），亦注《五代史》，彝尊序之（见《曝书亭集》三十五），而未见刻本。据俞正燮《癸巳存稿》（卷八）所考：宋人姚宽（字全威）曾为《五代史》作注，用裴松之注《三国》注例，惜其未传；又谓朱彝尊所注之《五代史》，亦用裴注例，曾在济南见其手稿，即用南监版本夹手书签千七百余条，多碑拓文字，此盖从事综辑而未及勒定者。其后彭元瑞成《五代史记传注》十六卷，亦犹姚、朱二氏之注欧《史》也；刘凤诰更因彭稿，而成《五代史记补注》七十四卷，以其中含有彭稿十六卷，遂并署元瑞之名，以为合撰，此刘氏用心之忠厚也。惟据俞正燮所纪：甲子秋为此学，依姚、朱、彭例，采书裁贴成编，朱签存者已全采，惜不能校写；又云：刘宫保在浙日，以正燮稿本，广延诂经精舍人校对，皆茫然；及罢官寓家苏州，又延王君渭校之，王君日醉不看书，丙子秋，仍以稿本还正燮，正燮自食不给，不能看书，仍还之宫保，而阿监使为写清本，未校也，越十年，正燮仍以还宫保广东，竟无有为校者，其未审处，惟自知之，他人未必能察也。所谓宫保，即指凤诰而言，据此则是书稿本，多出自正燮，而刘氏不过以位尊多金能任刊刻，遂自尸其名耳。创注此书为朱彝尊，继之者为彭元瑞，毕其役者为俞正燮，任校刊者为刘凤诰，是此一书实成于四氏之手（或谓尚有徐炯），而凤诰独与元瑞同署，遗彝尊、正燮而不举，果何说耶，岂正燮所纪尚非信而有征耶？寻"补注"之作，以欧《史》为正文，又全录"徐无党注"，并以薛《史》《五代会要》《五代史补》《五代史阙文》《五代史纂误》以及《北梦琐言》《册府元龟》诸书，汇而为补注，命曰"补注"，对徐注而言也。是时薛《史》甫自《大典》辑出，行世未广，故是书悉取之，分注欧《史》正文之下，故与其谓之补注，无宁谓为合钞，盖其体仿裴松之，而与沈炳震为一类者也。此继李氏而有作者，二也。一代之史，作者往往数家，佚者无论矣。《唐书》《五代》，均新旧并行，《南》《北》二史之外，更有"八书"，《宋史》之有柯、王，《元史》之有屠、柯，亦为新著，卷帙既繁，异同尤夥，翻阅之顷，殊病其烦。唯有合钞一体，则同者不复再举，异者列为子注，一编之内，本末粲然，可与汇注、集解之书，异曲同工，虽欲无述，不可得也。

其八则为辑逸之史。清代学者，长于辑逸，于经学然，于史学亦然。其为之最早者，有姚之骃之《后汉书补逸》，前已略言之矣（见第四章）。其后则孙志祖、王谟皆有谢承《后汉书辑本》，而汪文台之《七家后汉书》，尤为详备，凡得谢承书八卷，司马彪书五卷，华峤、袁山松书各二卷，薛莹、张璠书各一卷，末附《失名氏后汉书》一卷，共二十一卷，不惟悉注所出，内容丰富，且无姚书以《续汉》八志为出于范晔所撰之误，此则后胜于前者也。此外长于辑逸者，则有黄奭、汤球诸氏。黄奭所辑之书曰《汉学堂辑佚书》，其目如下：

> 薛莹《后汉书》一卷　　华峤《后汉书注》一卷　　谢沈《后汉书》一卷　　袁山松《后汉书》一卷　　张璠《后汉纪》一卷　　虞预《晋书》一卷　　朱凤《晋书》一卷　　何法盛《晋中兴书》一卷　　谢灵运《晋书》一卷　　臧荣绪《晋书》一卷　　众书《晋书》一卷　　陆机《晋纪》一卷　　干宝《晋纪》一卷　　习凿齿《汉晋春秋》一卷　　邓粲《晋纪》一卷　　孙盛《晋阳秋》一卷　　刘谦之《晋纪》一卷　　孔衍《春秋后语》一卷　　陆贾《楚汉春秋》一卷　　司马彪《九州春秋》一卷　　荀绰《晋后略》一卷　　卢綝《晋八王故事》一卷　　《晋四王遗事》一卷　　王隐《晋书·地道记》一卷

汤球所辑者，则为下列数种：

《九家旧晋书》三十七卷　　《晋纪》五卷　　《晋阳秋》五卷　　《汉晋春秋》四卷　　崔鸿《十六国春秋辑补》一百卷　　《十六国春秋纂录校本》十卷　　萧方等《三十国春秋》不分卷　　武敏之《三十国春秋》　　常璩《蜀李书》和苞《汉赵记》　　田融《赵书》　　吴笃《赵书》　　王庆《二石传》　　范亨《燕书》　　车频《秦书》　　王景晖《南燕书》　　裴景仁《秦记》　　姚和都《后秦记》　　张谐《凉记》　　喻归《西河记》　　段龟龙《凉记》　　刘昞《敦煌实录》　　张诠《南燕书》　　高闾《燕志》

此外工于辑逸者，尚有数家：

书名	卷数	撰著人	附考
《古本竹书纪年辑校》	一卷	王国维	
《世本》	一卷	孙冯翼	陈其荣《补订孙辑世本》二卷，附《考证》
《校辑世本》	二卷	雷学淇	
《世本辑补》	十卷	秦嘉谟	
《宋衷世本注》	五卷	张澍	
《重订谢承后汉书补遗》	五卷	孙志祖	

至清代乾隆时官辑史部之书，尤有卓卓可称者：

宋薛居正《旧五代史》一百五十卷

宋吴缜《五代史记纂误》三卷

宋李焘《续资治通鉴长编》五百二十卷

宋《两朝纲目备要》十六卷（无撰人）

宋王益之《西汉纪年》三十卷

宋熊克《中兴小纪》四十卷

汉刘珍等《东观汉记》二十四卷

元郝经《续后汉书》九十卷

上所举官修诸书，多自《永乐大典》辑出，亦即为清修《四库全书》之先声。其后辑逸之风渐盛，迄于今而未杀。余之研史，亦喜辑佚，向纂《渤海国志长编》，即由群书钞纂比次而成；后纂《王黄华先生（庭筠）年谱》，亦用辑佚之法。《金史》之误，凡得数事，悉为正之，此辑佚之效也。《大元大一统志》一千三百卷，原书佚于明初，而《大典》中引用最夥，借使乾隆之世，得有徐松等辈，肯为一一抄出，则不难恢复旧观，可与《宋会要》两相辉映，乃竟任其亡佚而不知恤，良可惜矣。余曾由《满洲源流考》《热河志》诸书辑出《大一统志》四卷，刊入《辽海丛书》第十集，而于分见《大典》残本各韵，尚未及一一辑出；又如元代之《经世大典》，亦可自《大典》残本辑出多卷；此又辑佚之有资于研史者也。

综上八目言之，乙部诸书，创作最难，而改修、分撰次之，补阙、注释又次之；总辑合钞之史，多仍旧作，义例既定，着手非难，而辑佚之史，有抱残守阙之意，既近于补阙，复类于合钞，八目之中，斯为较易者矣。唐、宋以来，私修诸史，以改修之作为多，而创作之史，则仅三四见，此何故也？盖是时创作之史，多属官修，私家草创，易触忌讳，故宁避近就远，从事改修，多寡不伦，诚非无故。总辑之史，除郑氏外，绝未一见，造端宏大，卷帙繁重，非一手一足之烈所能为役也。清儒长于考证，喜事比缉，故补阙、注释、合钞、辑佚之史，独多于往代，此以治经之法，移而治史，食汉学昌明之赐者也。然亦时涉细碎，未得始终条理之宜，语曰，尺有所长，寸有所短，其斯之谓欤？

二、编年体之《通鉴》

编年之史，莫古于《春秋》及《竹书》。《春秋》者鲁之史记，而《竹书》则魏之史记也。《左氏传》为释《春秋》而作，其体亦为编年，而记载甚备，《史通·六家篇》，以《左传》家居其一，即编年史之初祖也。其后荀悦易班书之纪传体而为编年，悉由钞撮成书，是为《汉纪》。袁宏、张璠、干宝、裴子野之徒，尤而效之，于是断代之史，编年与纪传并行，迨有宋司马光出，创修《通鉴》，贯穿今古，以为一书，而面目为之一新，殆由《左传》《汉纪》二书扩而充之以成巨制者也。光尝自言："凡百事皆出人下，独于前史粗尝尽心，每患迁、固以来文字繁多，欲删削冗长，举撮机要，专取关国家盛衰、系民生休戚，善可为法，恶可为戒者，为编年一书，使先后有伦，精粗不杂。"又于仁宗嘉祐中，语其门人刘恕曰："春秋之后，迄今千余年，《史记》至《五代史》一千五百卷，诸生历年不能竟其篇第，毕世不能举其大略，厌烦趋易，行将泯绝，余欲托始于周威烈王命韩、赵、魏为诸侯，下讫五代，因丘明编年之体，仿荀悦简要之文，网罗众说，成一家言。"是则光之蓄志修史，盖已久矣。厥后承乏侍臣，因间以请，英宗遂命光论次历代名臣事迹，以为一书，并得就秘阁翻阅，给吏史笔札，以治平二年受诏，至神宗元丰七年成书，历时十有九年。其采用之书，正史之外，杂史凡三百二十二种。其残稿在洛阳者，尚盈两屋。故其《进书表》，尝称"臣之精力，尽于此书"。又襄其事者，《史记》、前后《汉书》属刘攽，三国、晋、南北朝属刘恕，唐、五代属范祖禹，皆所谓天下选也。光初名其书为《通志》，约战国至秦二世为八卷以进。至英宗所命修者，则只曰"历代君臣事迹"，而未有定名也；迨治平四年神宗即位，十月初开经筵，命以其书进讲，始定名曰《资治通鉴》，御制序文，俟书成日写入；又历七年，书始撰就，上起周威烈王二十二年，下迄五代之末，凡十二代，一千三百六十二年，为卷二百九十有四，信为乙部之总会，编年史之圭臬矣。光于刘恕，极推重之。英宗尝命光自选馆阁英才，共任修书之役，光对曰："馆阁之士诚多，至于专精史学，臣未得而知，所识者，惟和川刘恕一人而已。"光又谓与恕共修书凡数年，史事之纷错难治者，则以诿之，己则仰成而已。兹考《通鉴》之文，博而得要，简而不遗，始终如出一手，是则光笔削润色之功，可一览得之，其曰仰成，盖谦词也。恕尝请于光曰："公之书不始于上古或尧舜，何也？"光曰："周平王以来，事包《春秋》，孔子之经，不可损益。"恕又曰："曷不始于获麟之后？"光曰："经不可续也。"是则光之用意可识矣。然胡三省则为之释曰："孔子序《书》，断自唐虞，讫《文侯之命》，而系之秦，鲁《春秋》则始于平王四十九年；左丘明传《春秋》，止哀之二十七年赵襄子惎智伯事，《通鉴》则书赵兴智灭以先事，以此见孔子定《书》而作《春秋》，《通鉴》之作，实接《春秋》《左氏》后也。"（《通鉴注·序》）三省又曰："为人君而不知《通鉴》，则欲治而不知自治之源，恶乱而不知防乱之术；为人臣而不知《通鉴》，则上无以事君，下无以治民；为人子而不知《通鉴》，则谋身必至于辱先，作事不足以垂后。"（同上）此又与太史公所论《春秋》之旨相同（见第二章）。依此所释，则光虽不欲尸续经之名，而实际已不啻续之矣。光既自言，因丘明编年之体，仿荀悦简要之文，故于书中义例，皆为论以发之，而起以"臣光曰"一语，此即用《左传》"君子曰"、《汉纪》"悦曰"之例，亦由《左传》《汉纪》二书扩而充之之明证也。且前代编年之史，有若两《汉纪》《晋纪》《宋略》《齐典》《梁典》，皆为断代之书，本可据之以通为一编，惟至宋代，多就散亡，其可见者，仅有荀、袁二纪；且《汉纪》一书，系由班书钞撮而成，绝无翦裁，殊乏精义。而《通鉴》则不然，凡前汉十二帝之纪事，虽不出荀悦所纪之范围，而与《汉纪》之面目则大异，盖取《史》《汉》之文，徐徐自出手眼，冶于一炉，创为新作。试取其书观之，无一语不出于《史》《汉》，而无一处全袭《史》《汉》，非特前汉为然，全书无不如是，所谓剥肤存液，取精用宏，神明变化，不可方物者，非《通鉴》一书不足以当之，此所以为冠绝古今之作也。且《通鉴》之难能可贵，尤在贯穿古今事迹而为一编，凡梁武、郑樵所逊谢而不能为者，而光则绰绰然有余裕矣。梁武《通史》已亡，无从取证，郑樵《通志》全书具在，非惟纪、传全出钞袭，不足置数，即其自负甚深之"二十略"，亦非有精深之义例，严密之组织，以视《通鉴》之融会众家，首尾一贯，其不可同日而语，又何待深论耶。郑樵、章学诚二氏，皆尊通史而鄙断代，樵所自造，已难满人意，而学诚更不能自造一史；近顷学人，亦盛论通史，摧其利病，具体之作，则无闻焉。求其比较精善，供人考览者，仍为《通鉴》一书。不特此也，《通鉴》于晋代则兼采用十六国史，于南北朝则兼采八朝所撰之私史，于唐、五代则兼采实录及诸家纪载，其所采用之书，多就亡佚，今人征考正史以外之史实，往往于《通鉴》求之，以得梗概，此又《通鉴》难能可贵之一端也。或谓《通鉴》尊详君臣事迹，属于政治一类，至于社会经济制度、学术文化，非其范围所及，是则仅为通史之一部，不足以概其全也。不悟中土史籍，偏重政治，君臣事迹之外，皆属语焉不详，以今人之见衡论古人，讵能得其情实。且胡三省于本书唐玄宗开元十二年内注云，温公作《通鉴》，不特纪治乱之迹而已，至于礼乐、历数、天文、地理，尤致其详，读者如饮河之鼠，各充其量，此为本其命意所在，而特发其凡者。然则谓《通鉴》一书，属于政治一类者，亦非深符名实之论矣。或又谓光受英宗之命，而撰是书，设局自随，选贤为佐，与前代官修之史何异，不得与于私家撰述之林也，此亦不然。试考光之自言及刘恕所述，其蓄志修史，非一日矣，及承英宗之命，乃得实践其言；且官修诸史，皆取禀监修，任编纂者，往往阁笔相视，含毫不断，而光之修《通鉴》则无是也。编纂之役，统由自任，上无监修之牵制，下无同辈之推诿，二刘一范，则悉取光旨，共任助役，有相济之美，无意见之差，故撰人独署光名，而他人不得与，虽云近于官修，而与向来之官修者异矣。光谓修《通鉴》成，惟王胜之借一读，他人读未尽一纸，则欠伸思睡（见《通鉴胡序》《文献通考·经籍编年考》及《容斋随笔》），是则以文繁而不易终卷，亦常人贱近贵远之所致也。试问今之研史者，能不取《通鉴》而诵习一过乎？古人之所谓难者，正今人之所谓易，亦以其书，去今已远，为大儒鸿博所称，故竞取而读之，未尝以其繁而置之，贱近贵远之见有以使之然也。惟光已以本书浩繁，览者难省，别撰《目录》三十卷，以收提纲絜领之功，又以其中之一事，有用三四出处纂成者，别撰《考异》三十卷，以明异同去取之准，晚年又病《目录》太简，更著《举要历》八十卷，以适厥中，而未成也。至其所撰《历年图》《百官表》《稽古录》，无一不与《通鉴》有关，又有《释例》一卷，不必尽出光意。而刘恕又撰《通鉴外纪》十卷，起包羲氏，迄周威烈王，以补《通鉴》所不及，本应名曰《前纪》，恕以为成于病中，采摭未备，谦不敢当，改曰《外纪》。其后金履祥亦撰《通鉴前编》十八卷，《举要》三卷，然其博洽非《外纪》之比；袁枢又为《通鉴》作《纪事本末》，于纪传、编年二体之外，别创一格，将于下节论之；至王应麟有作，更为《通鉴撰答问》，撰《地理通释》；于是《通鉴》一书，遂为专门之学，可与《汉书》比隆矣。

世称颜师古为《汉书》功臣，吾谓胡三省亦《通鉴》功臣也。三省生于宋末，理宗宝祐丙辰（四年）进士，承其家学而治《通鉴》。先是刘安世有《通鉴音义》十卷，至宋末已不传。三省乃依陆德明《经典释文》例，厘为《广注》九十七卷，并著《论》十篇。至恭帝德祐二年丙子三月，元兵入临安，三省避地越之新昌，稿失去，乱定还乡，复购他本为之注，乃以所注并《通鉴考异》，散入本书各文之下，初名《通鉴新注》，后又易名《音注》，讫乙酉冬乃克成编。又以蜀史炤所撰《释文》，舛谬甚多，别撰《释文辨误》十二卷，以附本书之后。乙酉岁为元世祖至元二十二年（公元一二八五年）即宋亡后之六年，而《自序》用岁阳名，署曰旃蒙作噩，其不肯题至元年号，亦陶潜于义熙后但题甲子之旨也。又其《自序》有云："或勉以北学于中国，嘻有志焉，然吾衰矣"，是其不肯仕元之意，显然可睹。至序中"宋朝英宗皇帝"一语，疑元人刊书时所易，原文应曰"国朝"，此又可一览而知者也。自来著录家，皆称三省为元人，非是，若为正其称曰宋人，庶几符其意志乎。王应麟《通鉴地理通释》，撰于元世祖至元十七年庚辰，为宋亡之明年，而《自跋》亦但题曰上章执徐，亦犹三省之用心也。元人袁桷《清容集》，谓三省经三十年之兵难，稿凡三失，乙酉岁留袁氏家塾，日手钞定注，己丑寇作，以书藏窖中得免。按己丑为至元二十八年，所谓寇作，不知何指？至谓乙酉之前，稿凡三失，亦不尽可信，应以自叙为主。三省之注《通鉴》，尝自比于颜之注班。其言曰："注班者多矣，晋灼集服应之义，而辨其当否，臣瓒总诸家之说，而驳以己见，至小颜新注，则又讥服应之疏紊尚多，苏晋之剖断盖鲜，訾臣瓒以差爽，诋蔡谟以牴牾，自谓穷波讨源，构会甄释，无复遗恨，而刘氏兄弟之所以议颜者，犹颜之议前人也，人苦不自觉，前注之失，吾知之，吾注之失，吾不能知也。"盖胡注之于《通鉴》，亦所谓"穷波讨源，构会甄释，无复遗恨"者，其于名物训诂，固已奥衍浩博矣，所释地理，尤为精审，偶有小失，无害其大，故吾谓胡氏为《通鉴》功臣，非溢美也。

《通鉴》一书，迄于五代，有宋以后，尚待续修，南宋李焘踵《通鉴》之例，备采北宋一祖八宗一百六十余年之事迹，起太祖建隆元年，迄钦宗靖康二年，以成一书。焘谦不敢言续《通鉴》；以光修《通鉴》时，先成《长编》，乃曰吾书可名《续资治通鉴长编》，及以其书上进，孝宗览之，则曰吾已许李焘题为《续通鉴长编》矣。《通鉴》为时所重，至于如此，而焘书之可贵，亦由此见之矣。

后于孝宗淳熙元年，纂成全书九百八十卷，《举要目录》六十八卷，合为一千又三十六卷（据《建炎朝野杂记》甲四及《玉海》四十七）六百八十七册，重为上进。然《文献通考》仅著录《长编》一百六十八卷，与上进者多寡悬殊特甚，或谓前者并子卷计之，亦不为无因也。明初修《永乐大典》，曾以是书录入宋字韵下，而徐乾学于康熙初，获旧本一百七十五卷于泰兴季氏，凡太祖、太宗、真宗、仁宗、英宗五朝，《大典》本正文及分注之考异，皆视徐氏本加详，神宗、哲宗二朝，徐本所阙，亦具载于《大典》，而《大典》所阙者，惟徽宗、钦宗二朝及熙宁、绍圣间七年之事耳。此书已由四库馆臣自《大典》辑出，厘为五百二十卷。以余所知，如薛映、王曾、宋绶三氏《奉使契丹行程记》，具录宋国史《契丹传》者，而是书一一具载之，可与《文献通考》（契丹传）、《辽史·地理志》互证，又可正《契丹国志》之误。其《进书状》，则谓"宁失之繁，勿失之略"，命名"长编"，正以此故。其后杨仲良（亦宋人）因焘书以撰《皇宋通鉴长编纪事本末》一百五十卷（中有阙卷）。凡《长编》所阙之卷，尚可据此得其梗概。清代黄以周等遂据杨书以撰《续资治通鉴拾补》六十卷，于是《长编》之全书，乃大略可识矣。续李氏《长编》者，则有李心传（南宋人）之《建炎以来系年要录》二百卷，与《长编》《要录》互证者，则有徐梦莘（南宋人）之《三朝北盟会编》二百五十卷。《要录》一书，述高宗一朝三十六年之事，编年系月，全仿《通鉴》，而上与《长编》相续。《会编》则自徽宗政和七年七月与金人海上通好之日起，至高宗绍兴三十二年完颜亮犯淮败亡之日止，凡分三帙，以政和、宣和为上帙，靖康为中帙，建炎、绍兴为下帙，专叙徽、钦、高三朝与金人结盟败盟之事，故名曰《三朝北盟会编》。其书亦为编年体，惟每事先立一纲，其下取诸家所说及制、诏、书、疏、传、志以详其究竟，实为编年体之别派，而与朱熹《通鉴纲目》互相呼应者也。凡《长编》《要录》《会编》三书，皆引证赅洽，具举原书，《要录》则与《长编》相近，而《会编》视二书为尤详。心传、梦莘二氏，生于同时，年世相仿，《要录》成书在前，为梦莘所见，故《会编》一再引用之。及《会编》成书行世，而《要录》尚未刊行，故心传又屡引《会编》之说，且《会编》所录，虽以宋金交涉为限，而《长编》所佚之两朝事，亦可藉此考见其梗概，吾故因论《长编》，而将《要录》《会编》二书附及之。

上述二李氏之书，皆不得谓之《续通鉴》，而真能续《通鉴》者，则别有其书在。明人王宗沐、薛应旂皆撰《宋元通鉴》，以续司马氏之书，其文视二李氏为简，已异乎《长编》之体矣。然其所采之书甚少，如《长编》《要录》《会编》诸书，皆未寓目，遑言造作；王书有年月参错事迹脱落之失，薛书更以表章理学为主，其他则不甚措意。其于《辽》《金》二史，所录尤少，盖有鄙夷不屑道之意存焉；以言续《鉴》，尚有不称。其足以当续《鉴》之称而无愧者，其徐、毕二氏之书乎。清代徐乾学始撰《资治通鉴后编》一百八十四卷，与其役者为万斯同、阎若璩、胡渭，皆一时之选也。其书于事迹之详略先后有应参订者，皆依司马光例作《考异》以折衷之，其诸家议论足资阐发者，并采系各条之下，间附己意，亦依光书之例，标"臣乾学曰"以别之，其以端宗、帝昺继恭帝之后，系年纪号，并可正《宋史》之失。是时清廷文纲未密，故得申其所见，若在乾隆四库开馆之后，则不敢以此著诸简牍矣。其于李氏《长编》，亦知援据采入，惜所见者，为一百七十五卷之残本耳。盖是时，乾学方领一统志局，多见宋元方志，而若璩诸人复长于地理之学，故所载舆地，尤为精核，至其裒辑审勘，用力颇深，订误补遗，时有前人所未及，《四库提要》亦尝称之矣。惟前修未密，后出转精，其终逊于毕氏之续作，又时为之也。毕沅于乾隆时，官湖广总督，以好士名，如邵晋涵、章学诚之以史学名家者，皆在其幕中，毕氏乃于此时发愿修《续通鉴》，属僚友为之，大抵就徐乾学本，加以损益，阅二十年，书乃脱稿。或谓此书最后经邵晋涵校定，即今日通行之本也。然据章学诚所论，邵君出绪余为之覆审，已大改观，毕氏卒后，其家仍用宾客初定之本付刊，盖邵君覆审之本，已因毕氏家被籍没，而不可访矣。其说确否，不敢遽定。至毕氏纂书之旨，则具见学诚代毕制军致钱宫詹（大昕）一书之中，大略言之：其一，则以宋、辽、金、元四史为正本，不惟宋事在所宜详，辽、金大事一无遗漏，其于元事，则多采文集，间及说部，一矫旧作详宋而忽辽、金、元之弊；其二，则所采《长编》为足本，并据《系年要录》及熊克《中兴小纪》、宋季《三朝政要》诸书，以补徐本之未备，而宁宗嘉定以后之阙略，尤注意补其遗闻佚事；其三，则别作《考异》散入本书正文之下，其例略同徐本；其四，则不用徐本之例，系以"臣某曰"，以为据事直书，善恶自见，苟无卓见特识，发前人所未发，转病其赘，故付阙如。书中又谓邵与桐（晋涵）、章实斋与商义例，语出章氏，当无虚饰，其所以胜于诸本后来居上者，亦当在此数端矣。余喜研宋事，曾读毕《鉴》数过，觉其长于综辑，而短于镕裁，其于四史及二李之书，概取原文入录，欲如司马氏之融会众家，冶于一炉，不特去之弥远，抑亦绝不可能，此固由于书成众手，敷衍完篇，亦以与其役者，才谢三长，无二刘、一范之选，宜其不能追踪古人，与《通鉴》并美也。张之洞《书目答问》云，有毕《鉴》则诸家续鉴皆可废，此语亦不尽然。毕《鉴》袭取徐氏《后编》之处，几于一字不易，于辽、金、元人名、地名、官名，悉从清代译改。又于宋恭帝德祐二年被掳北上之后，即系以元年，削端宗、帝昺之号而不书。又从《通鉴辑览》之例，以德祐二年三月以前属之宋，四月以后属之元，一年之中，而有两号，虽云慑于时君之威，未敢以此获谴，究违涑水以来相承之法，此又鄙见未敢苟同者也。考毕《鉴》凡二百二十卷，初次付刻，仅至一百三卷而止，嘉庆六年，桐乡冯集梧又为补刻一百十七卷，而全书始完，得以行世，否则不堪问矣。以上所述，又明、清二代编纂续《鉴》之大略也。

徐、毕二氏之撰续《鉴》，本应下及明末，乃竟避而不为者，明去清近，易代之际，详则语涉忌讳，略则不足言史也。覃及清季，文纲渐疏，撰《明鉴》者，乃有二家：一为陈鹤之《明纪》，一为夏燮之《明通鉴》。陈书凡六十卷，起太祖迄思宗崇祯元年之五十二卷，为鹤自撰，未及竣功而卒，卷五十三以下之八卷，则由其孙克家续成之（克家别撰《考异》若干卷，未及刊行）。夏书凡九十卷，又有《前编》四卷，纪太祖建号以前之事，《附记》六卷，纪晚明弘光、隆武、永历三帝及鲁监国之事，合为百卷，并自撰《考异》，散入正文之下；又仿司马氏之例，别撰《目录》五卷，其用力之勤，又非陈氏所及也。陈书参稽杂史多种，而大致原本《明史》及《明史稿》，不如夏书网罗之富。惟两书同属草于咸丰同治间，而各不相谋，故无《系年要录》与《北盟》互相印证之功。《明纪》早出，故苏州官书局复刊司马氏《通鉴》、刘氏《外纪》及补配毕氏《续鉴》时，并取陈氏《明纪》配之，不复齿及夏书，以其尚未行世也。夏书所据者，除《明史》及永乐、正德、嘉靖等数朝实录外，多据乾隆官撰之《通鉴纲目三编》，谓可弥未见实录之阙。元顺帝为宋恭帝之私生子，权衡《庚申外史》纪之，建文逊国出亡，未尝自焚，谷应泰《明史纪事本末》详之，夏书皆以为可信；又所系论评，多采《乾隆御批辑览》及《三编》发明，胥为究心史学者所不惬心；且明代历朝实录，既未全睹，则所补苴者，究属甚微。今人所不满于《明史》者，夏氏究未能弥其阙失，凡此诸端，皆待订补。况清社既屋，纪传之史略具，而编年一体亦待续纂，有志研史者，曷不一留意及此乎。

刘氏《外纪》，金氏《前编》，所以补《鉴》前之阙，王、薛、徐、毕、陈、夏六氏之《后编》《续编》及《明纪》《明鉴》，可以续正《鉴》之后，皆编年一体必备之籍也。宋人曾憕撰《通鉴补遗》一百篇，今已不传。清人严衍乃作《通鉴补正》，取正史所载者，以补《通鉴》之阙遗，如《通鉴》所纪五代事时，《辽史》未出，仅据宋人所纪及传闻入录，不失之虚，则失之略，衍为一一补之，亦足以为治《鉴》之助矣。此书实衍与其门人谈允厚同撰，衍又有《补正略》三卷，钱大昕称其有功《通鉴》，为胡三省后所仅见，语盖不诬。

以《通鉴》为蓝本，少为更其体例，使简约易省，因而别张一军者，则朱熹之《通鉴纲目》是也。据熹《自序》谓司马温公著《通鉴举要历》八十卷，未成，而南阳胡文定公（安国）复为《补遗》若干卷，然犹病不能领其要而及其详也，乃与同志，因两公书，别为义例，增损隐括，以就此编；盖表岁以首年，而因年以著统，大书以提要，而分注以备言，使夫岁年之久近，国统之离合，事辞之详略，议论之同异，通贯晓析，如诸指掌，名曰《资治通鉴纲目》，凡五十九卷。又手定凡例若干事：曰系统、曰岁年、曰名号、曰即位、曰改元、曰尊立、曰崩葬、曰篡贼、曰祭祀、曰行幸、曰恩泽、曰朝会、曰封拜、曰征伐、曰废黜、曰罢免、曰人事、曰灾祥，每一事之前，皆以凡字发之，以拟《左氏传》之

"五十凡"。或谓《纲》仿《春秋》，而兼采诸史之长，《目》仿
《左氏》，而稽合诸儒之粹（王懋竑《朱子年谱》），故大书以提
要者谓之"纲"，仿《春秋》之经也，分注以备言者谓之"目"，
仿《左氏》之传也。寻朱熹初意，不过欲因司马光之书，而为提纲
挈领之作，便人省览而已。今观其书之起迄，一依《通鉴》之旧，
并仍其故名，其题曰《纲目》，亦犹《目录》《举要历》，为《通
鉴》作一简本耳。又与门人赵师渊（字讷斋）《论纲目书》云：
"此书无他法，但纲欲谨严而无脱略，目欲详备而不烦冗。"则其
意可睹矣。然熹之用意，颇在劝惩，屡于凡例中见之。故《自序》
又曰，岁周于上而天道明矣，统正于下而人道定矣，大纲概举而监
戒昭矣，众目毕张而几微著矣。如夺曹魏之纪以存汉统，排武后之
号以系唐年，即所谓岁周于上，统正于下者也；又如扬雄不能执汉
臣之节，而书曰莽大夫，陶潜不肯仕刘宋之朝，而称为晋处士，即
所谓鉴戒昭几微著者也。近人谓史重客观，劝惩之旨为无谓，因以
盛讥朱熹。不悟朱熹所生之日，正《春秋》学昌明之时，研史之
士，奉为圭臬，虽以欧阳修之能文章，通史法，而所撰《五代史
记》，不能不上效《春秋》之书法，是则朱熹效法《春秋》，自订
凡例，又何足深怪也耶。本书之"纲"，或出自撰，或命门人分
撰，而其目则属赵师渊为之，成书之岁，为宋孝宗乾道八年壬辰
（公元一一七二年据本书《自序》），朱熹年仅四十余，精力未
衰，度必能亲手校订，不得以其一部假手门人，遂谓其未能亲手勒
定也。先是吕祖谦撰《大事记》十二卷，始周敬王三十九年，盖以
上接左氏，迄汉武帝征和三年，本欲迄于五代，会疾作而罢，熹尝
称伯恭（祖谦字）宗太史公之学，非汉儒所及者，大抵指是书也。
同时张栻亦撰《经世纪年》，以昭烈上继献帝，而附魏、吴于下，

正为《纲目》所本（见元刘壎《隐居通义》二十四）。徐梦莘所撰《北盟会编》，与朱熹同时，亦用"纲目"体。后此则"纲目"盛行，为编年体之小宗，亦所谓"不废江河万古流"者，实由朱熹倡之，何必专宗司马氏以自隘耶。元末陈桱撰《通鉴续编》二十四卷，述盘古至高辛氏为第一卷，以补金氏《前编》所未备，次摭契丹在唐及五代时事，以补《通鉴》之未备，其余二十二卷，则述有宋十八帝之事，以上接五代，乍观此书，似续《通鉴》，实则大书分注，全仿《纲目》，当名之曰《续纲目》，此续纲目之最先者也。明成化中，乃命大学士商辂等撰《通鉴纲目续编》二十七卷，所采之书，多出中秘，与宋、辽、金、元四史，颇有异同，薛应旂等遂据此以撰《宋元通鉴》，是则此书，虽非尽善，要不可轻易抹杀也。清乾隆中，更敕撰《通鉴纲目三编》，以纪明事，而清纲目现尚无人续作。又乾隆中，因明李东阳之《通鉴纂要》，敕撰《通鉴辑览》一百十六卷，附《明唐、桂二王本末》二卷，此书亦用"纲目体"，简要有法，未可以其为官书而薄之。清康熙中，青浦杨陆荣，依据《辽》《金》二史，撰《辽金正史纲目》三十卷，辽、金各居其半，此书不及二史之详，而有纲有目，颇便省览，且向来撰编年史者，咸以辽、金事附于两宋，而此书则划出别行，亦可为一创格矣。此书仅有传钞本，见藏日本静嘉堂文库，盖陆氏皕宋楼故物也。凡此所述，皆为纲目体，亦《通鉴》一书之支与流裔也。

兹将上方所述，综为一表，以便省览：

(续表)

书名	卷数	撰著人	附考
《资治通鉴》	二百九十四卷	宋司马光撰	
《通鉴目录》	三十卷	同上	
《通鉴考异》	三十卷	同上	单行本较散入本书正文者为详，然异同甚少
《通鉴举要历》	八十卷	同上	未成
《通鉴释例》	一卷	同上	实为其曾孙伋所辑，一作《通鉴前例》
《稽古录》	二十卷	同上	
《历年图》	六卷	同上	
《通鉴节要》	六十卷	同上	
上为司马光自撰之《通鉴》及与《通鉴》有关之作			
《资治通鉴音注》	二百九十四卷	宋胡三省撰	
《通鉴释文辨误》	十二卷	同上	
《通鉴地理通释》	十四卷	宋王应麟撰	
《通鉴答问》	五卷	同上	
《通鉴问疑》	一卷	宋刘羲仲撰	羲仲，恕之子也

书名	卷数	撰著人	附考
《读通鉴论》	三十卷	明王夫之撰	假古事以申己见
			上为《通鉴》注释
《通鉴外纪》	十卷《目录》五卷	宋刘恕撰	
《续资治通鉴长编》	五百二十卷	宋李焘撰	
《建炎以来系年要录》	二百卷	宋李心传撰	此书为李焘书之续
《资治通鉴前编》	十八卷《举要》三卷	元金履祥撰	
《宋元资治通鉴》	六十四卷	明王宗沐撰	
《宋元资治通鉴》	一百五十七卷	明薛应旂撰	
《资治通鉴后编》	一百八十四卷	清徐乾学撰	
《续资治通鉴》	二百二十卷	清毕沅撰	
《明纪》	六十卷	清陈鹤撰，其孙克家续成	
明通鉴	一百卷	清夏燮撰	附有《目录》若干卷

（续表）

书名	卷数	撰著人	附考
《资治通鉴补正》	二百九十四卷又《补正略》三卷	清严衍撰	又童和豫为撰《刊误》二卷
《续通鉴长编拾补》	六十卷	清黄以周、秦缃业同辑	
上续补司马氏《通鉴》			
《资治通鉴纲目》	五十九卷	宋朱熹撰	卷首凡例一卷
《资治通鉴纲目续编》	二十七卷	明商辂等奉敕撰	
《资治通鉴纲目前编》	二十五卷	明南轩撰	
《资治通鉴纲目三编》	四十卷	清乾隆中敕撰	
《通鉴辑览》	一百十六卷附《唐桂二王本末》二卷	清乾隆中敕撰	
《三朝北盟会编》	二百五十卷	宋徐梦莘撰	用纲目体，故附于此
《通鉴续编》	二十四卷	元陈桱撰	此书为纲目体，非续《通鉴》
《辽史金史纲目》	三十卷	清杨陆荣撰	辽十五卷，金十五卷
上为朱熹因《通鉴》所作之《纲目》及纲目体之各编年史			

三、以事为纲之纪事本末

刘知幾谓史有二体，纪传、编年是也。论者多谓纪传以人为主，编年以年为主，而未及以事为纲之记事体，犹不得谓之尽致也。吾谓正史有本纪，其标目为某帝，其内容则为编年，此以年为主之史也；又有列传以纪一人之行迹，此则以人为主矣；然正史中又有书、志，书、志所纪，于典章制度之外，或纪一事之首尾，如《史记》之有《封禅》《河渠》二书是也；由是言之，虽纪传体之正史号以人为主者，亦含纪年、纪事之二体在内矣。《说文》之释"史"字曰，史，记事者也，史指记事之官，固非指书而言。然凡名为史之书，必职司纪事，又不待言。无论其体以人为主，以年为主，而皆属记事之史。魏元晖招集儒士崔鸿等，依仿梁武帝《通史》，而取其行事尤相似者，以为《科录》；或云撰录百家要事，以类相从（据《史通·六家》及《魏书·宗室传》），此实纪事本末一体之滥觞。特以事为纲之史，在唐以前则甚罕见，而《科录》一书亦早佚，故知幾不复举之耳。梁启超有言，善钞书者可以成创作，荀悦而后，惟袁枢是也。盖荀悦取《汉书》之文，分年排纂，以成《汉纪》一书，非于《汉书》之外，别取新材，然能易其纪传体为编年，为后来作史者所仿效，此即钞书可以成创作之显例也。袁枢生于南宋，以《通鉴》纪一事而隔数卷，首尾难稽，乃自出新意，区别门目，以类排纂，每事各详起迄，自为标题，每篇各编年月，自为首尾，始于三家之分晋，终于周世宗之征淮南，凡得二百三十九事，厘为四十二卷，名曰《通鉴纪事本末》。此书亦全抄《通鉴》而成，别无取材，然能易其编年体，而以事为纲，此亦善钞书可以成创作者也。枢书既成而未显，孝宗淳熙三年十一月，参政龚茂良始言枢所编纪事有益见闻，诏严州摹印十部，仍先以缮本上之（王应麟《玉海》），帝读而嘉叹，以赐东宫及分赐江上诸帅，曰，"治道尽在是矣"（《宋史》本传）。而杨万里叙其书，则曰："大抵搴事之成，以后于其萌，提事之征，以先于其萌，其情匿而泄，其故悉而约，其究遐而迩，其于治乱存亡，盖病之源，医之方也。"此皆缘其书之精善，见称于当世君臣者也。

章学诚极推崇袁书，谓有化臭腐为神奇之效，于《文史通义·书数篇》申其旨云：

> 司马《通鉴》病纪传之分，合之以编年，袁枢《纪事本末》又病《通鉴》之合，而分之以事类。按本末之为体也，因事命篇，不为常格，非深知古今大体，天下经纶，不能网罗隐括，无遗无滥，文省于纪传，事豁于编年，决断去取，体圆用神，斯真《尚书》之遗也。在袁氏初无此意，且其学亦不足与此，书亦不尽合于所称，故历代著录诸家，次其书于杂史，自属纂录之家便观览耳。但即其成法，沈思冥索，加以神明变化，则古史之原，隐然可见。书有作者甚浅，而观者甚深，此类是也。故曰神奇化臭腐，而臭腐复化为神奇，本一理耳。

寻此所论，其旨有二：一谓《尚书》为记事之祖，袁氏师《尚书》之义，而创纪事本末一体，此即章氏所谓"书教"也；一谓袁氏初意不过钞纂《通鉴》，以识一事之始末，而其究则能文省于纪传，事豁于编年，故曰作者甚浅，而观者甚深，此又梁氏所谓善钞书可以成创作也。盖近世新史之体，皆以事为纲领，以明因果演变之迹，故枢所创纪事本末之法，实与近世新史之体例为近。若纪传体以人为主，一事散见数篇，宾主不辨，与编年体之一事隔越数卷，首尾难稽者，其为病正同。此虽吾国史家相传之成法，而今日不免讥为臭腐者也。章氏臭腐化为神奇之语，可谓善喻矣。纪传一体，创于司马迁，而大成于班固；编年一体，创于左氏，而大成于司马光，皆竭毕生之力而成一书，不图其体皆远于近世之新史，而纪事一体，亦可云创于元晖，而大成于袁枢，章、梁二氏不称《科录》，尚嫌其漏。惟袁枢善用钞撮之法，自具一事之首尾，而竟与新史相近，成为不刊之名作，语曰，其作始也简，其将毕也钜，若袁枢者，可以当之。

仿袁枢之体而继作者，则有下列数种：

书名	卷数	撰著人	附考
《宋史纪事本末》	二十六卷	明冯琦原编 陈邦瞻纂补	
《元史纪事本末》	四卷	明陈邦瞻撰	
《西夏纪事本末》	三十六卷	明张鉴撰	
《左传纪事本末》	五十三卷	清高士奇撰	
《辽史纪事本末》	四十卷	清李有棠撰	
《金史纪事本末》	五十二卷	同上	
《明史纪事本末》	八十卷	清谷应泰撰	
《续明纪事本末》	十八卷	清倪在田撰	
《明朝纪事本末补编》	十五卷	清彭孙贻撰	
《三藩纪事本末》	四卷	清杨陆荣撰	
《皇宋通鉴长编纪事本末》	一百五十卷	宋杨仲良撰	又有《皇朝中兴纪事本末》，疑为宋欧阳守道撰
《通鉴前编纪事本末》	百卷	沈朝阳撰	见《十七史商榷》一百

（续表）

书名	卷数	撰著人	附考
《续资治通鉴纪事本末》	一百十卷	清李铭汉撰	用毕《鉴》本

又有《通鉴纪事本末补后编》五十卷，清仁和张星曜撰，以袁氏有纪崇信释老之乱国亡家为篇者，乃杂引正史所载，附以稗官杂记及诸儒明辨之语，条分类载，以为此书。丁日昌藏稿本，见莫友芝《宋元旧书经眼录》。

上所举诸书，如《宋》、《辽》、《金》、《元》、《西夏》、《左传》、两续《通鉴》等纪事，悉由采摭正史及本书而成；然如《明史》《三藩》二纪事，则俱撰于明、清二史未成之日，固无本书之可采也。明代临朐冯琦，始撰《宋史纪事本末》，未就而殁，御史刘曰梧得其遗稿，属陈邦瞻续成之，大抵本于琦者十之三，出于邦瞻补撰者十之七。《宋史》最为繁芜，南渡以后尤甚，邦瞻凡立一百九目，条分缕晰，眉目井然，故其书虽稍次于袁枢，而其难则倍之，学子颇患《宋史》难读，如能先读此书，则可寻得头绪，而《宋史》亦不难治矣。又邦瞻之意，以辽、金大事可附于宋，故于是书中兼详辽、金，此犹柯维骐、王惟俭诸氏之见解也。《四库提要》因谓是书可称宋、辽、金三史纪事，第李有棠所撰辽、金二《纪事本末》，不惟依据正史，复能旁采他书，以极其博，又仿裴注《三国》、胡注《通鉴》之例，自为之注，名曰《考异》，亦属难能可贵，可与陈邦瞻书并行。陈氏《元史纪事》，则失之略，元初事迹，既已叙入《宋史纪事》，元亡事迹，又待叙入未成之《明史纪事》，而本书无一语及之，则其所纪者亦仅矣。谷应泰之《明史纪事本末》，则异说甚多，一说山阴张岱撰此稿，应泰以五百金购得之；一说谈迁《编年》（即所撰《国榷》一百卷），张岱《列传》，两家具有《本末》，而应泰并采之，以成《纪事》（《四库提要》引邵廷采说）；一说此书出自海昌谈迁，而后论则杭州陆圻所作也（姚际恒说）；一说此书乃德清徐焯代作（朱彝尊说）。总之应泰位跻通显，倩人代作，势有可能，至攘人之善以为己有，则非有确证，不敢信其然也。书中所纪，如《成祖设立三卫》《亲征漠北》，以及《沿海倭寇》《议复河套》，皆视《明史》为详，且多有出入。盖明末清初之际，私撰《明史》者有数家，为应泰所见，故据以撰《纪事》，不得以清修之《明史》未成，遂谩诋为无据，其叙"建文逊国"一事，则据野史传闻，谓其遁迹为僧，亦可姑备一说矣。张鉴之纪《西夏》，实开吴广成《西夏书事》之先河；杨陆荣之纪《三藩》，又温曰睿《南疆逸史》之别体也。杨仲良《长编纪事本末》，撰于南宋，卷首有欧阳守道一序，未言为何人所撰（《宋史·艺文志》以为守道撰，误），阮元《四库未收书目提要》据陈均《九朝编年》引用书目，始知出于仲良，此书幸得不亡，可据以补《长编》之阙，而为考宋事者所宝焉。武威李铭汉为毕氏《续通鉴》撰《纪事本末》，盖以上续袁枢之书，刊于光绪二十九年癸卯，而行世未广，武进孟森得一帙于北京，作跋张之，世人乃知有此书，此亦叙纪事本末一体所应附记者也。

往者马骕撰《左传事纬》及《绎史》二书，皆用纪事本末体，论者谓《左传事纬》，实胜于高士奇之《左传纪事本末》，盖持平之论也。《绎史》凡一百六十卷，起开辟，迄秦末，首太古，次三代，次春秋，次战国，每事立一标题，详其始末，且有别录，以当诸史之表、志，皆博引古籍，附以辨证，意在补《史记》所未备，供学人之撷取。惟其所引诸书，不尽可据，盖以多为胜，遂不复加以别择，斯则美中不足耳。至《三朝北盟会编》一书，本为编年中之纲目体，而《四库提要》以之入纪事本末类者，盖以其书专叙北盟，不杂他事故也。类此之书，又有多种，为避繁冗，故从略焉。

近年坊间印行《清史纪事本末》一书，凡八十卷，署曰黄鸿寿撰，以一题为一卷，自太祖迄德宗十一帝之事迹，悉采《东华录》，而参以私家记载，宣统一朝，则杂采群书以成之。时《清史稿》尚未印行，然清代各帝，均有实录，视《东华》为详，宣统朝亦有《政纪》，又清国史馆之《诸臣列传》亦汇印成书，而撰者未及采取，则其内容可知矣。如以世祖贵妃董鄂氏，为冒辟疆之姬人董小宛，出于野史记载，近者孟森已谓其诬，而本书亦谩为采入，尤不得谓之信史也。兹以清代有《史稿》，而无纪事本末，又其为书明晰可寻，故取而并论之。

四、属于典志之通史专史

典谓典礼，志谓方志，二者之书，属于官修者，上章已略论之矣。私家著述之属于典礼者，有《通典》及《文献通考》二书，是盖古官礼之遗，而以明因革损益为务者也。昔者杭世骏课士必以"四通"，谓杜佑《通典》、郑樵《通志》及马端临《文献通考》、司马光《资治通鉴》也。或于《通典》《通志》《通考》之外，益以秦蕙田之《五礼通考》，称为"四通"，至《通鉴》则摈而不数焉。初刘知幾之子秩于开元末，采经史百家之言，佯《周礼》六官所职，撰分门书三十五卷，号曰《政典》，大为时贤称赏，房琯以为才过刘更生。杜佑得其书，以为条目未尽，因广其所阙，参以《开元礼》，勒成《通典》二百卷。凡分八门：曰《食货》，曰《选举》，曰《职官》，曰《礼》，曰《乐》，曰《兵刑》，曰《州郡》，曰《边防》，每门又各有子目。其《自序》云：

> 所纂《通典》，实采群言，征诸人事，施诸有政。天理之先，在乎行教化，教化之本，在乎足衣食。《易》称聚人曰财，《洪范》八政，一曰食，二曰货。管子曰，仓廪实知礼节，衣食足知荣辱。夫子曰，既富而教，斯之谓矣。夫行教化在乎设职官，设职官在乎审官才，审官才在乎精选举，制礼以端其俗，立乐以和其心，此先哲王致治之大方也。故职官设然后兴礼乐焉，教化隳然后用刑罚焉，列州郡俾分领焉，置边防遏戎狄焉。

此盖释其编第之旨，皆有深意存焉。兹考其书，盖采群经诸史，每事以类相从，举其始终，历代沿革废置及当时群士议论得失，靡不条载，上溯黄、农，下迄有唐天宝之末，肃、代以后，间有因革，亦附载注中。佑于代宗大历中，为淮南节度掌书记，实纂斯典，至德宗贞元十七年官淮南节度使，乃奏上之，历时盖甚久也。吾考其书之美善，应与《通鉴》并称：《通鉴》穿贯十六代一千三百六十二年之事，以为一书，镕铸群史，如出一手，而《通典》亦镕铸群经诸史，成一家言，简而能备，蔚乎其文，一也。《通鉴》叙君臣事迹，详于治乱兴衰，盖出于诸史之纪传，《通典》记典章制度，明乎因革损益，盖原于诸史之书、志，二者如辅车相依，必合观之乃备，二也。《通鉴》之学，已成专门，胡注王释，均称绝业，而《通典》言礼一门，多至百卷，鸿博论辨，悉具其中，又能征引古经，时存旧诂，三也。未几杜氏又删其要为《理道要诀》十卷，凡三十三篇，皆设问答之辞，末二卷又记古今异制，自谓详古今之要，酌时宜可行，于贞元十九年表上之，盖后于《通典》之成二年也。迨至宋末马端临出，以杜氏之书，天宝以后阙而未备，理宜续辑，乃因杜书而广之，以撰《文献通考》三百四十八卷。凡立二十四门：曰《田赋》，曰《钱币》，曰《户口》，曰《职役》，曰《征榷》，曰《市籴》，曰《土贡》，曰《国用》，曰《选举》，曰《学校》，曰《职官》，曰《郊社》，曰《宗庙》，曰《王礼》，曰《乐》，曰《兵》，曰《刑》，曰《舆地》，曰《四裔》，凡十九门，俱因《通典》之成规，而离析其门类，天宝以前，则增益其事迹之所未备，天宝以后，至宋嘉定之末，则续而成之；曰《经籍》，曰《帝系》，曰《封建》，曰《象纬》，曰《物异》，凡五门，则《通典》所未有，而采摭诸书以成之者也。至其增析之故，端临于《自序》中曾申明之。其言曰：

有如杜书纲领宏大，考订该洽，固无以议为也，然时有古今，述有详略，则夫节目之间，未为明备，而去取之际，颇欠精审。盖古者因田制赋乃米粟之属，非可析之于田制之外也。古者任土作贡，贡乃包篚之属，非可杂之于税法之中也。乃若叙选举，则秀孝与铨选不分，叙典礼，则经文与传注相汩，叙兵则尽遗赋调之规，而姑及成败之迹，诸如此类，宁免小疵。至于天文、五行、艺文，历代史各有志，而《通典》无述焉。马、班二史，各有诸侯王列侯表，范晔《东汉书》以后无之，然历代王侯未尝废也。王溥作《唐会要》及《五代会要》，首立帝系一门，以叙各帝历年之久近，传授之始末，次及后妃、皇子、公主之名氏、封爵，后之编会要者仿之，而唐以前则无其书。凡是二者，盖历代之统纪典章系焉，而杜书亦不复及，则亦未为集著述之大成也。

至其以《文献通考》名书之故，端临亦自释之曰：

> 昔夫子言夏、殷之礼，而深慨文献之不足征，释之者曰：文，典籍也，献，贤者也。生乎千百载之后，而欲尚论千百载之前，非史传之实录具存，可以稽考，儒先之绪言未远，足资讨论，虽对人亦不能臆为之说也。窃伏自念，业绍箕裘，家藏坟索，插架之收储，趋庭之问答，其于文献，盖庶几焉。……凡叙事，则本之经史，而考之以历代会要，以及百家传记之书，信而有征者从之，乖异传疑者不录，所谓文也。凡论事，则先取当时臣僚之奏疏，次及近代诸儒之评论，以至名流之燕谈，稗官之纪录，凡一语一言，可以订典故之得失，证史传之是非者，则采而录之，所为献也。其载诸史传之纪录而可疑，稽诸先儒之论辨而未当者，研精覃思，悠然有得，或窃著己意附其后焉。命其书曰《文献通考》（《自序》）。

盖端临为宋末宰相马廷鸾之子，家于饶州之乐平，承其家学，而有是著，名以文献，盖有由也。《宋史》廷鸾有传，而不为端临著一字。端临于度宗咸淳中，漕试第一，会廷鸾忤贾似道去国，端临因留侍养，不与计偕。宋亡后，曾任衢州路柯山书院山长。据《通考》卷首所载，有元仁宗延祐六年王寿衍之《进书表》，英宗至治二年之抄白，去宋亡已四十余年，而端临尚健在，度已七八十岁矣。《元史》亦不为端临立传，故其事迹不甚可考。端临本南宋世家子弟，国亡之后，闭户著书以终老，其志有足悲者。今本《通考》，刊于元代，书中屡称宋朝，殊为不辞，盖即《国朝》二字之刊改，其不肯仕元，又可知也。《通典》之美善，可比《通鉴》，然杜书行时，《通鉴》尚未出世也。至《通考》一书，则撰于《通鉴》之后，而端临之意，盖以取配《通鉴》。其言曰：

《诗》《书》《春秋》之后，惟太史公号称良史，作为纪、传、书、表，纪、传以述理乱兴衰，八书以述典章经制，后之执笔操简牍者，不能易其体。然自班孟坚而后，断代为史，无会通因仍之道，读者病之。至司马温公作《通鉴》。取千三百年之事迹，十七史之纪述，萃为一书，然后学者开卷之余，古今咸在。然公之书详于理乱兴衰，而略于典章经制，非公之智有所不逮也，编简浩如烟埃，著述自有体要，其势不能以两得也。窃尝以为理乱兴衰，不相因者也，晋之得国异乎汉，隋之丧邦殊乎唐，代各有史，自足以该一代之始终，无以参稽互察为也。典章经制实相因者也，殷因夏，周因殷，继周者之损益百世可知，圣人盖已预言之矣。爰自秦汉以至唐宋，礼、乐、兵、刑之制，赋敛、选举之规，以至官名之更张，地理之沿革，虽其终不能以尽同，而其初亦不能以遽异。如汉之朝仪官制，本秦规也，唐之府卫、租庸，本周制也，其变通张弛之故，非融会错综原始要终而推寻之，固未易言也。其不相因者，犹有温公之成书，而其相因者，顾无其书，独非后学之所宜究心乎（《自序》）。

第近贤多扬《通典》，而抑《通考》，以为其书除因袭《通典》之外，多钞取史志、会要及宋人议论，类于册府、类函者，附于其中，以视《通典》之体大思精，简而得要，渺乎其莫及焉，其言未尝不是。抑吾闻李焘之撰《续鉴长编》也，曰，宁失之繁，勿失之略，《长编》之可取者，在宁繁勿略，《通考》之可取者，亦在宁繁勿略。以吾所知，近人武进吕思勉，治国史颇具条贯，其书中所称引之典章制度，屡举《通考》而罕及《通典》，岂非以其称引者，多为杜书所未备乎？近贤之喜称《通典》，盖亦有故。《通典》一书，长于言礼，多存古训，极有裨于治经，而《通考》则否，此专经之彦所取资也。《通典》之文，简而不俚，首尾一贯，极有助于文章，而《通考》则否，此又缀文之士所乐道也。若夫研史之士则不然，典礼贵明其因革，而不必多录旧说，文章贵详其原委，而不必过为修饰。以体例言，《通典》之详于典礼未必是，以事实言，《通考》之详于记载未必非，虽《通典》所载魏晋六朝议礼之文，别有其可贵之价值，乃应划入经学范围，自为专书，混而为一，未见其可。清儒之治史学者，多自经学入，以治经之法治史，故盛称《通典》。不悟总览全编，窥其大略，固以简严为贵，若专取某一门而探讨之，详如《通考》，犹病其略，况《通典》乎？此又治史之术之不同于治经者矣。且吾观究心典章制度之人，无不以《通考》为宝藏，而恣其撷取，犹高语于人曰，吾取君卿，而鄙贵与，滔滔者皆是，又奚足责哉？群经之中有《周官》，以明典章制度者也；又有《仪礼》《礼记》，以明节文仪注者也。《通典》《通考》，实兼具二者之用，故曰为古官礼之遗。然《周官》一书，仅当《通典》之《职官典》、《通考》之《职官考》；《仪礼》《礼记》二书，仅当《通典》之《礼典》《通考》之《郊社》《宗庙》《王礼》三考；其他各典各考，非古官礼之所尽具也。马氏谓太史公作八书以述典章经制，斯言最谛。是以《通典》之述州郡则仿自《汉书》地理志，述边防则出自诸史外国传，《通考》之述艺文则仿自《汉》《隋》两志，苟一一取而探索之，必皆有其渊源。是故谓仿自官礼则可，谓悉出自官礼则不可。若乃郑氏《通志》之"二十略"，太半钞自《通典》，而无所增补，以视马书更远不如。且马书所载宋制最详，多为《宋史》各志所未备，所下案语，亦能贯穿古今，折衷至当，是又《通考》之长，非《通志》之所能尽具也。章学诚讥《通考》无别识通裁，实为类书，便于对策敷陈之用（《释通》），此殊不然。章氏尝许《通志》一书有别识通裁矣，而"二十略"多钞自《通典》，不易一字，不识所谓别识通裁者果何在，而《通考》之于《通典》，则无是也。浅学之士，贵耳贱目，其轻视《通考》，实由章氏启之。以上两书，为典礼类之通史。即自通史中之一部而贯穿古今以叙述之者。善治史者，主以《通典》之精简，辅以《通考》之详赡，则能兼取其长，而折衷至当矣。

《通典》《通考》二书，私家皆有续作，宋人宋白《续通典》，起唐至德初，至周显德末，凡二百卷（计凡《食货》二十、《选举》十二、《职官》六十三、《礼》四十、《乐》五、《兵》十二、《刑》十一、《州郡》二十六、《边防》十一，又目录二卷，时论非其重复，不得传布，见《玉海》五十一）。虽奉真宗诏撰，无异白之自作。其后魏了翁又续宋书，名曰《国朝通典》，皆见称于马端临《通考·自序》。而端临则谓宋之书成而传习者少，魏则属稿而未成书，今则宋书久佚，仅《通鉴考异》引用数事，又《通鉴注》屡屡引之，为元末其书尚在之证。《通考》叙天宝后迄五代事，自必依用宋书，然端临既谓传习者少，或竟未见其书，就其所称，今行世者独杜公之书，可以征之。明人王圻撰《续文献通考》二百五十四卷，上接宋宁宗嘉定，下迄明神宗万历，其于马书门类，稍有增易，盖欲于《通考》之外，兼擅《通志》之长。初意王氏之书，作于明之中叶，文渊旧藏具在，前代逸事，不难旁求，乃于明代以前，悉取《宋》《辽》《金》《元》四史入录，绝少新材，为之失望。然其书以多为胜，又辑明事甚备，其《经籍考》著录之书，多可与焦竑《国史·经籍志》《明史·艺文志》相印证，亦为不废之典。清四库馆臣，讥其体例糅杂，颠舛丛生，遂使数典之书，变为兔园之策，然取此以衡清修《续通志》，度亦无以相胜也。海宁朱奇龄（字与三，清康熙时优贡）撰《续文献通考补》十册，四十八卷，即补王圻之书，续万历以后事讫于明末，合彼两书，可备一代之典，惜为钞本，迄未刊行。由是言之，续《通典》《通考》者，各有两种，而传世者止有王氏《续考》一书。清代官撰之《续通典》《续通考》，大体尚可，惟《通考》本为增补《通典》之未备而作，两书实为一书，而续之者，并为一书可矣，而必各依原门，一一为之续撰，既蹈重僵之诮，抑何其不惮烦耶？今之考典制者，重视王氏《续考》，尤过于官书，是又以罕而见珍矣。清廷续《通典》《通考》而不足，又为之撰《皇朝通典》及《皇朝文献通考》，且因有《续通志》，又撰《皇朝通志》，不过去其纪传与谱，而仅撰"二十略"，以接前书耳。《通志》之"二十略"，去其《氏族》《六书》《七音》《校雠》《图谱》《金石》《昆虫》《草木》诸略，亦与杜、马二书无异，此亦所谓续其所不必续者。盖清高宗性喜夸大，震于"三通"之名，遂取而一一续之，以成其所谓"九通"。至于是否必要，是否重复，则又有不暇计者矣。近人吴兴刘锦藻，以清修《皇朝通考》（即《清通考》），迄于乾隆二十六年，乃取而续之，名《皇朝续文献通考》，其初稿撰于清光绪末年，故只续至光绪三十年而止；辛亥以后，锦藻又续其书至宣统三年清亡之日止，上接前书，而有清一代之典制备矣。锦藻虽续官书，实为私撰，愚检读其《经籍考》著录各书，略系解题，实远胜于《清史稿·艺文志》，其他各考，亦极详赡，继杜、马之业，而侪王、朱二氏，以续成一代之典，诚为近顷所仅见矣。

通考各代之礼制，而撰成一书者，始于徐乾学之《读礼通考》一百二十卷，助其修书者为阎若璩，或又谓其稿出于万斯同，斯同固精于三礼者也。惟所考者，特详凶礼，不能备五礼之全，后乃并吉、军、嘉、宾四礼，别撰《五礼备考》若干卷，稿本见存浙江图书馆，而书实未成。厥后秦蕙田乃撰《五礼通考》二百六十二卷，依周礼吉、凶、军、嘉、宾之五目，立为五门七十五类，以乐律附于吉礼、宗庙制度之后，以天文、推步、勾股、割圆立"观象授时"一题统之，以古今州国、都邑、山川、地名立"体国经野"一题统之，并载入嘉礼，是则取历代之典章制度之属于礼者而通考之，视徐书为大备矣。然《四库提要》则谓其事属旁涉，非五礼所应该。而章太炎先生亦曾论及是书曰：

此书由戴东原、钱竹汀、方观承等参酌而成，"观象授时"一门，戴氏之力居多，全书记载详尽，胜于《通志》。先是徐乾学作《读礼通考》一百二十卷，特详凶礼，于是秦书于凶礼独略，名为五礼，实止四礼，此一失也。又古今典章制度，本非五礼所能包举，秦书二百六十二卷，吉礼占其大半，且多祭祀一类，考古有余，通今不足，此又一失也。《通考》综朝觐巡狩诸事，称曰"王礼"，选举、学校，分门别立，

　　而秦书一皆入之"嘉礼"，其中又设"观象授时""体国经野"诸类，以统天文、舆地，此又极可笑者也。彼以为《周礼》朝觐属于"宾礼"，后世帝王一统，宾礼止行于外藩臣工入见，无所谓宾礼，故以朝礼入嘉礼，巡狩之礼亦并入焉，不知其为大谬也。夫"体国经野""设官分职"，《周礼》六官皆然，而吉、凶、军、嘉、宾五礼，为春官大宗伯所掌，大宗伯掌邦教，以佐王和邦国，以吉礼事邦国之鬼神，以凶礼哀邦国之忧，以宾礼亲邦国，以军礼同邦国，以嘉礼亲万民，以五礼为纲，其目三十有六。周代众建诸侯，礼则宜然。后世易封建为郡县，五礼之名，已不甚合；且嘉礼以亲万民，焉得以政治制度当之。《礼记》云，经礼三百，曲礼三千。郑康成谓，《经礼》者，《周礼》也；《曲礼》者，仪礼也。余以为"观象授时""体国经野""设官分职""学校制度""巡狩朝觐"，皆可谓之经礼，《左传》所谓礼经国家，定社稷，序民人，利后嗣，《孝经》所谓安上治民莫善于礼，是也。经礼之外别立曲礼一类，然后依五礼分之，如是始秩然不紊。今但以五礼分配，于是舆地归"体国经野"，职官归"设官分职"，一切驱蛇龙而放之菹，不识当时戴东原、钱竹汀辈，何以不为纠正也（《史学略说》）。

　　所论可谓切中其失，知经礼、典礼之宜分，则典章制度不宜混入于节文仪注之内，明矣。或谓秦书盖因徐氏《五礼备考》旧稿增补而成，吾未得见备考，无以断其说之然否。然取《通典》《通考》二书，与秦书比而观之，以其名言，则秦书仅当彼一书言礼之一部，以其实言，则秦书所含不止言礼，又似彼二书之别一礼。夫古人言礼，实包典制在内，故亦合称典礼，所谓经礼是也。依此言之，则《通典》《通考》俱可称为通礼，然秦书所载者，实不能赅《通典》《通考》在内，则其所注重者在节文仪注之典礼，又不待言矣。秦书之后，又有黄以周《礼书通故》一百卷，精博过于秦书，可谓后来居上。然其所重不在因革损益之迹，故仍以秦书为唯一之礼史，或取秦书以与"三通"相配，谓为"四通"，亦非无故也已。吾谓诸言通史者，于"三通"外，不可遗《通鉴》而不数，杭氏之说允矣。再益以秦书，则可称为"五通"。《通志》兼政事典制而并举之，《通鉴》则专详政事，《通典》《通考》则专详典制，秦书又于典制之外，兼详节文仪注之典礼，合此五书，乃得备通史之全，所谓典礼类之通史，亦大略尽于是矣。

通史之外，又有专史。专史者，自通史析而出之，而语又加详者也。例如《通典》，凡分八门，每门可自为一史，析为专史八种；《通考》凡分二十四门，每门可自为一史，析为专史二十四种。故自其合而言之，谓之通史，自其分而言之，又谓之专史。今世所撰之专史，或曰田赋史，或曰财政史，或曰教育史，或曰民族史，或曰边疆史，一寻其源，多出自杜、马二书，此一种通史可析为多种专史之明证也。吾国专史之最著者，首推类于传记之学术史，其述者虽有多种，然可称为代表之作者，亦不过二三种而已。朱熹于宋孝宗乾道九年，撰《伊雒渊源录》十四卷，记周敦颐以下及程颢、程颐兄弟交游门弟子言行，以明其学之所自，此稍具学史雏形者也。逮明末清初，黄宗羲撰《明儒学案》六十二卷，而吾国乃有真正之学史。先是周汝登撰《圣学宗传》，孙钟元撰《理学宗传》，宗羲则谓各家自有宗旨，而汝登见闻隘陋，主张禅学，搅金银铜铁为一器，是汝登一人之宗旨，非各家之宗旨也；至钟元则杂收不复甄别，其批注所及，未必得其要领，而其闻见亦犹之汝登也。于是搜采有明一代讲学诸人文集语录，分析宗派，以为此书。大约分全明为三期：初叶犹行程朱之学，故先立《崇仁》《河东》两学案，《崇仁》以吴与弼为首，而胡居仁、娄谅附焉，《河东》以薛瑄为首，而吕枏附焉，此皆纯以程朱为主者也。此期又立《白沙学案》，以陈献章为主，一传而为湛若水，此派自立门户，不附程、朱，近于陆学，实启王学之机缄。中期则以王学为主，首立《姚江学案》，专述王守仁，次浙中、江右、南中、楚中、北方、粤闽各学案，皆缀以王门二字，以见传授之广，此王学极盛之时也。末期则立《东林》《蕺山》两学案，《东林》以顾宪成、高攀龙为首，《蕺山》则为刘宗周一人，亦宗羲之所师法也。此期以修正王学末流之弊为务，而下启清儒考证学及浙东史学之绪。又立《诸儒学案》，以收诸家以外之讲学诸子。至于叙次之法，先为诸家撰小传，以概其生平，次录其精要语，以明论学之大旨，此可谓体大思精网罗宏富者矣。此书之佳处有三：一能分别各家论学之宗旨，二能透露其人一生之精神，三于一偏之见，相反之论，尤能着眼理会，已具见于其自撰之发凡矣。书成于清康熙十五年丙辰以后，时宗羲年近七十，犹发凡起例，续纂《宋元学案》，仅成十七卷而卒，其子百家续之，亦未卒业。其后全祖望乃为续成之，自乾隆十年以至十九年（为全氏卒之前一年）之十年中，全氏无岁不修此书，其所修补者，殆居全书十之七，有原本所有而为之增损者，有原本所无而为之特立者，亦有自原本析出而别为一案者。草创甫定，而祖望卒，稿本归其门人卢镐，又由宗羲之玄孙稚圭同其子正黼为之整补，写成八十六卷，又经王梓材为之校补，足成祖望序录百卷之数（梓材又有《宋元学案补遗》百卷，近已刊入

《四明丛书》）。书经五六人之手，积久而后付刊，噫何其难也！此书之佳处，每一学案之前先立一表，备举其师友弟子，以明学派渊源及其传授之广，次立小传，次录论学语，后缀附录，载其遗闻逸事及后人评论，其方法视《明儒学案》为更进一步矣。所立宋儒诸学案，应以濂溪、明道、伊川、横渠、晦翁、象山六学案为主，而二程、朱、陆之传授尤广，并为学案之中坚。首以安定、泰山，明其源也，次之以涑水、百源，则周、张、二程之亚也，再次以南轩、东莱、水心、龙川，则朱、陆二氏之亚也，其余则二程、朱、陆之支与流裔也。《元儒学案》举鲁斋、静修、草庐诸氏，略备一格而已。明人冯从吾曾撰《元儒考略》四卷，掇拾残丛，稍存梗概，或亦全氏之所取资乎。清人唐鉴撰《国朝学案小识》十五卷，专明程、朱之学，推崇清初之二陆（陆陇其、陆世仪）、二张（张履祥、张伯行），而于汤斌以下兼宗陆、王者，率多贬辞，门户之见太深，不如黄、全之书远甚，而坊刻取与相配，称为"四朝学案"，非其伦也。（徐世昌命其门客撰《清儒学案》一百卷，最近始刊行）。近人唐晏撰《两汉三国学案》十一卷（在《龙溪精舍丛书》内），以《易》《书》《诗》《礼》《乐》《春秋》《论语》《孝经》《孟子》《尔雅》为目，而次治各经之学者于下，末附明经文学列传，亦以明文章之本于经术。此书之作，盖以明经学之传授，而其他不得与，然亦新撰学史之一种也。清代儒先长于考证，惠栋、戴震俱为大师，言《易》必取荀、虞，言《书》必斥伪孔，言《诗》必宗毛氏，言《礼》必崇二郑，言《左氏》必主服、贾，皆汉人之说也。惠氏之弟子江藩，为撰《汉学师承记》八卷，以尊扬之，虽以汉学先导之顾炎武，亦仅列于附录。又别撰《国朝宋学渊源记》（凡二卷又附记一卷，）以载宋学诸家，门户之深，与唐氏同，然由是书可窥见清儒治学梗概，亦学史中之后劲也。然学史之书尚有不止者，万斯同之《儒林宗派》，熊赐履之《学统》，张伯行之《伊雒渊源续录》，戴望之《颜氏学记》，或明各家之派别，或究一家之始末，若斯之类，不可殚数，姑举一二，以明其概而已。

专史之作，初不以上述为限也。如朱彝尊撰《经义考》（三百卷），翁方纲撰《经义考补正》（十二卷），专录经部之书，不论存佚，悉加比缉。谢启昆《小学考》（五十卷），亦用斯例，览之可收辨章学术之效，此经学、小学二史之权舆也。章学诚仿《经义考》之例，撰《史籍考》三百二十五卷，书既未就，稿亦散佚，否则亦史学史之权舆矣（详见下章）。南海张维屏撰《诗人征略》，满洲震钧亦撰《书人辑略》，皆以清代为限，亦与近顷之文学史为近。阮元《畴人传》（四十六卷），罗士琳《续畴人传》（六卷），诸可宝《畴人传三编》（七卷），周亮工《印人传》（三卷），皆具专史之一体，特其所叙，前者以书为主，近于目录，后者以人为主，近于传记，与近顷以学术为主之专史，有新旧之不同耳。凡此所述，悉自典礼一类之专史扩而充之以至于无极者也。吾谓专史之作，应肇自诸史之志、传，如合诸史之《儒林传》可为学术史，合《文苑传》可为文学史，合《艺文志》可为目录学史，合《地理志》可为舆地沿革史，合《食货志》可为经济史，此与分析《通典》《通考》之各门可成为若干专史者同旨。故谓学史之作，至黄宗羲而具其规模，可也，谓始于黄宗羲，不可也。

析一通史可为若干专史，此学贵分析之效也。反之，亦可合若干专史而为一通史，此学贵综合之效也。今之方志，以县为单位，综合若干县志，即可成一省志，亦如综合若干专史而为一通史。然政事典礼之史，皆以纵为通，而方志之史，则以横为通，以横为通，即为旁通，又非章学诚之所谓横通也（参阅《文史通义·横通篇》）。吾国舆地之学，肇于晋之裴秀，而盛于唐之贾耽。《晋书·裴秀传》云：

秀儒学洽闻，且留心政事，……职在地官（武帝时官司空，掌土地之职），以《禹贡》山川地名，从来久远，多有变易，后世说者，或强牵引，渐以暗昧，于是甄摘旧文，疑者则阙，古有名而今无者，皆随事注列，作《禹贡地域图》十八篇，奏之，藏于秘府。其序曰：图书之设，由来尚矣。自古立象垂制，而赖其用，三代置其官，国史掌厥职，暨汉屠咸阳，萧何尽收秦之图籍。今秘府既无古之地图，又无萧何所得，惟有《汉世舆地》及《括地》诸杂图，各不设分率，又不考正准望，亦不备载名山大川，虽有粗形，皆不精审，不可依据；或荒外迂诞之言，不合事实，于义无取。大晋龙兴，混一六合，以清宇宙，始于庸蜀，采入其阻，文皇帝乃命有司，撰访吴蜀地图。蜀土既定，六军所经，地域远近，山川险易，征路迂直，校验图记，罔或有差。今上考《禹贡》山海川流，原隰陂泽，古之九州，及今之十六州，郡国县邑，疆界乡陬，及古国盟会旧名，水陆径路，为《地图》十八篇。制图之经有六焉：一曰分率，所以辨广轮之度也；二曰准望，所以正彼此之体也；三曰道里，所以定所由之数也；四曰高下；五曰方邪；六曰迂直，此三者各因地而制宜，所以校夷险之异也。有图象而无分率，则无以审远近之差，有分率而无准望，虽得之于一隅，必失之于他方，有准望而无道里，则施于山海隔绝之地，不能以相通，有道里而无高下、方邪、迂直之校，则迳路之数，必与远近之实相违，失准望之正矣，故以六者参而考之。然远近之实，定于分率，彼此之实，定于道里，度数之实，定于高下、方邪、迂直之算，故虽有峻山钜海之隔，绝域殊方之回，登降诡曲之因，皆可得举而定者，准望之法既正，则曲直远近，无所隐其形也。

盖古人虽有舆图，而粗率特甚，自裴秀出，始立制图之经。所谓分率、准望、道里、高下、方邪、迂直六者，即今日制图之新法，亦不能出其范围，此诚史学界之一大发明也。《旧唐书·贾耽传》则云：

> 耽好地理学，凡四夷之使，及使四夷还者，必与之从容，讯其山川土地之终始。是以九州之险夷，百蛮之土俗，区分指画，备究源流。自吐蕃陷陇右积年，国家守于内地，旧时镇戍，不可复知。耽乃画陇右、山南图，兼黄河经界远近，聚其说为书十卷。表献曰：臣闻楚左史倚相，能读《九丘》，晋司空裴秀，创为六体，《九丘》乃成赋之古经，六体则为图之新意。臣虽愚昧，凤尝师范，累蒙拔擢，遂忝台司，虽历践职任，诚多旷阙，而率土山川，不忘窥寐，其大图，外薄四海，内别九州，必藉精详，乃可摹写，见更缀集，续冀毕功。然而陇右一隅，久沦蕃寇，职方失其图记，境土难以区分，辄扣课虚微，采摄舆议，画关中陇右及山南九州等图一轴。伏以洮湟旧墟，连接监牧，甘凉右地，控带朔陲，岐路之侦候交通，军镇之备御冲要，莫不匠意就实，依稀像真。如圣恩遣将护边，

新书授律，则灵庆之设险在目，原会之封略可知，诸州诸军，须论里数人额，诸山诸水，须言首尾源流，图上不可备书，凭据必资记注，谨撰《别录》六卷。又黄河为四渎之宗，西戎乃群羌之帅，臣并研寻史牒，翦弃浮词，罄所闻知，编为四卷。通录都为十卷，文义鄙朴，伏增惭悚。德宗览之称善（此贞元九年事）。至十七年，又撰成《海内华夷图》及《古今郡国县道四夷述》四十卷。表献之日：臣弱冠之岁，好闻方言，筮仕之辰，注意地理，究观研考，垂三十年。绝域之比邻，异蕃之习俗，梯山献琛之路，乘船来朝之人，咸究竟其源流，访求其居处，阛阓之行贾，戎貊之遗老，莫不听其言而掇其要；阎闾之琐语，风谣之小说，亦收其异而芟其伪。……去兴元元年，伏奉进止，令臣修撰国图。……近乃力竭衰病，思殚所闻见，蒐于丹青，谨令工人画《海内华夷图》一轴，广三丈，纵三丈三尺，率以一寸，折成百里，别章甫左衽，莫高山大川，缩四极于纤缟，分百郡于作缋，宇宙虽广，舒之不盈庭，舟车所通，览之咸在目。并撰《古今郡国县道四夷述》四十卷，中国以《禹贡》为首，外夷以班、史发源，郡县纪其增减，蕃落叙其盛衰。前地理书以黔州属酉阳，今则改入巴郡；前《西戎志》以安国为安息，今则改入康居，凡诸疏舛，悉从厘正。陇西十地，播弃于永初之中；辽东乐浪，陷屈于建安之标，曹公弃陉北，晋氏迁江南，缘边累经侵盗，故墟日致湮毁，旧史撰录，十得二三，今书搜补，所获太半。……其古郡国题以墨，今州县题以朱，今古殊文，执习简易。……优诏答之（《新书·耽传》较此为略）。

耽所言制图之法，大抵原于裴秀，惟所制之《华夷图》，率以一寸折成百里，深合今日经纬分度之法，视裴秀之分率法，而益为精密矣。据《新唐书·艺文志》，著录耽所著书有《古今郡国县道四夷述》四十卷、《关中陇右山南九州别录》六卷、《吐蕃黄河录》四卷，盖即《旧书》本传之所载者。又有《地图》十卷、《皇华四达记》十卷、《贞元十道录》四卷。《新书·地理志》末云：贞元宰相贾耽，考方域道里之数最详，从边州入四夷通译于鸿胪者，莫不毕纪，其入四夷之路，与关戍走集最要者也。其下纪入四夷之道凡七：一曰营州入安东道，二曰登州海行入高丽渤海道，三曰夏州塞外通大同云中道，四曰中受降入回鹘道，五曰安西入西域道，六曰安南通天竺道，七曰广州通海夷道，各纪其经道里甚详。愚考《武经总要·北蕃地里》一卷及《登州海程下》，数引贾耽《皇华四达记》，而文与《唐志》略同，是则《唐志》所谓"边州入四夷道里"，即节录《皇华四达记》之文也。高丽金富轼《三国史记》，亦数引贾耽之书，一曰《古今郡国志》，一曰《四夷述》，殆即耽所著之《古今郡国县道四夷述》。伪齐刘豫阜昌中，曾刊《华夷图》于石，作纵横方格，略如耽所述（中略补入宋代地名及诸夷），原石见存长安碑林，是盖用耽所绘之本，寻《旧书》本传所纪，盖以《华夷图》绘于《四夷述》之前，共为一书，故《新唐志》亦不复别举之也。耽之于地理学，不惟究心于图之制法，且极注意沿革，其以古郡国题以墨，今州县题以朱，至今犹为不易。而所撰《古今郡国县道四夷述》一书，兼具古今，明其因革，应为地方总志之善本，视隋代官撰之《区宇图志》，唐魏王泰命其府僚合撰之《括地志》，尤为切实有用，是盖纵横并用以为通者，亦为治地理沿革学者之开山也。其后元人朱思本，所画《方

图》，为罗洪先所本，以改制《广舆图》，朱图犹为顾祖禹所见
（《方舆纪要·凡例》），而今亦不可复得，是亦贾耽之后劲，而
不可不述者。

　　贾耽之后，地志之可述者，在唐则有李吉甫之《元和郡县图
志》，宋乐史之《太平寰宇记》，王象之之《舆地纪胜》，至王存
之《元丰九域志》，出于官撰，已述于上章者，则不之数焉。吉甫
之书，以宪宗元和时之郡县为本，起京兆府，尽陇右道，凡四十七
镇，成四十卷，详载四至八到及开元、元和之户数，每镇皆有图冠
于篇首，故有图志之称。宋孝宗淳熙二年，程大昌称图已亡，故今
仅志存，而又有阙卷，实存三十四卷。清严观有《补志》九卷，缪
荃孙又辑佚文三卷，则所阙者亦仅矣。洪迈跋是书，谓为元和八
年所上，然书中有"更置宥州"一条，乃在元和九年，盖吉甫于
书成后，又自续入之也。前于此者之图经地志，如《区宇图志》
《括地志》，均已散佚，惟此书为最古，其为世所宝重，宜矣。乐
史之书，撰于宋太宗时，而所叙郡县，多属唐代之旧，是时燕云
十六州，久为石晋割赠契丹，而史亦取其地，一一列入版图。盖史
之作此书，实以贾耽《十道志》、李吉甫《郡县图志》为蓝本，凡
为原书所有者，太半录入；又宋人之意，仍以十六州为中国旧疆，
恢复之念，未尝一日能忘，与其置而不数，无宁过而存之也。贾耽
之书，吾所未见；吉甫之书，于前代图经地志，采撷颇多；然乐史
犹谓贾、李之书为阙漏，于列朝人物题咏，并有登载，始为后来方
志必列人物、艺文之所始。兹考唐、宋二代地理之书，自以《寰宇
记》为最赅博，而前此佚书之逸句，亦尝藉此得以考见，此是书之
所以可贵也。原本为二百卷，今本阙卷一百十三至一百十九之七
卷，遵义黎庶昌自日本访得卷一百十三至十七又十八卷之半，共为

五卷半，刊入《古逸丛书》之内，则所阙者，仅为一卷有半矣。王象之更取李、乐二书，及王存《九域志》之纪名胜古迹者，别为《舆地纪胜》二百卷，又就宋人诗集中之咏名胜古迹者附益之，惟其中尚阙二十二卷。元代修《大一统志》，所录李、乐诸氏之记载，多自是书间接迻录，试取残本证之，可知吾说不谬。至如欧阳忞之《舆地广记》，祝穆之《方舆胜览》，虽非上述数书之比，然亦《九域志》之亚，犹附庸之于大国焉。

辽金时代，官撰之地方总志，今无所考。惟元代于官撰《大一统志》之外，又有二书：其一曰《圣朝（一作大元）混一方舆胜览》，其二曰《大元混一方舆要览》。《胜览》书凡三卷，无撰人名，今传元刊《事文类聚翰墨全书》后乙集地理类，及《群书通要》癸集，皆以此书录入之。首以各行省为纲，次则省属之各路府，次则各路府属之州，次则州属之县，每州县之下，略具沿革故事、山川形胜，可与《元史·地理志》互证，而时有异同。《翰墨全书》本为元代坊贾所刻，而其中往往含有遗珍，此书即元人地方总志仅存之作也。钱大昕《补元史艺文志》，于《胜览》外，并著录郭衡《大元混一方舆要览》七卷，而见无传本；厉鹗《辽史拾遗》，凡六引《要览》，其中三事，同于《胜览》。吾颇疑《翰墨全书》《群书通要》所著录者，即为郭氏之书，而节删七卷为三卷，钱氏集中有《跋胜览》一首，未尝语及郭作，是则《要览》，亦为钱氏所未见。钱氏盖据《千顷堂书目》而著录，然《千顷堂目》，只有《要览》，而无《胜览》，而钱氏则并著之，亦其考古之疏也。

明代于官修《寰宇通志》《一统志》之外，有一巨制，即宛溪顾祖禹之《读史方舆纪要》是也。祖禹生当明末，遭亡国之痛，伏处故里，自撰一书，年三十九始功，经二十年之岁月乃成。其全书之大旨，悉具于《总序·凡例》之中。《总序》三首，实为一首而分三段，盖仿《太史公自序》而作，其序作书之动机，由于禀父遗命。先是祖禹之高祖大栋，于嘉靖时官光禄丞，著《九边图说》行世，祖禹蒙此影响，故笃志于地理学。祖禹又述其父柔谦临殁之言曰：“及余之身，而四海陆沉，九州腾沸，仅获保首领具衣冠以从祖父于地下，而十五国之幅员，三百年之图籍，泯焉沦没，文献莫征，能无悼叹乎，故于父殁四年后，命笔撰述，以成此书。”而祖禹亦自谓：“凡吾所以为此书者，亦重望夫世之先知之也，不先知之，而以惘然无所适从者任天下之事，举宗庙社稷之重，一旦束手而畀之他人，此先君所为愤痛呼号扼腕以至于死也。”是即自述其作书之动机也。祖禹又释其名书之意云：

> 地道静而有恒，故曰方，博而职载，故曰舆。然其高下险夷刚柔燥湿之繁变，不胜书也；人事之废兴损益，圮筑穿塞之不齐，不胜书也；名号屡更，新旧错出，事会滋多，昨无今有，故详不胜详者莫过于方舆。是书以古今之方舆衷之于史，即以古今之史质之于方舆，史其方舆之乡导乎。苟无当于史，史之所载不尽合于方舆者，不敢滥登也。故曰《读史方舆纪要》（《凡例》）。

吾谓史学之与舆地，相资为用者也。研史而不明舆地，则必多扦格难通之处，且舆地之属于古今沿革者，乃为史学之一部，与治自然地理、人文地理者殊途。试取诸史《地理志》而连贯读之，以求其通，是为舆地沿革之学，则无有善于此书者矣。书凡一百三十卷，首论州域形势九卷，次两京十三司一百十四卷，次川渎六卷，末以分野一卷殿之。前世撰地志者，偏重名胜古迹，至于邱壤山川攻守利害，多略而不书，《纪胜》《胜览》诸书且勿论，《寰宇记》亦不免此病，独《元和志》识得此意，而后则罕有能续之者。故此书叙山川险易、古今用兵、战守攻取之宜，兴亡成败之迹最详，而于景物游览之胜则从略，此又作者经世致用之微旨也。至其叙次之法，两京及各司先冠总序，次之以图，次则有正文，有分注，有特见者，有附见者，大抵以府、州、县为纲，而以在某一县内之城镇山川附注之，顶格写者为正文，低格写者为注，夹行写者为注中之注，凡涉史迹，纤悉靡遗，而首尾联贯如一论文。其论州域形势，则用朱熹《纲目》之法，自撰纲要，而复自为之注，眉目清晰，颇便省览。祖禹之著此书，盖集百代之成言，考诸家之绪论，穷年累月，矻矻不休，至于舟车所经，亦必览城郭，按山川，稽里道，问关津，以及商旅之子，征戍之夫，或与从容谈论，考核异同（据《自序》）。而其友南昌彭士望则称之曰："是人则踽踽穷饿妻子之不惜，独身闭一室之中，心周行大地九万里之内外，别白真伪，如视掌中，手画口宣，立为判决，召东西南北海之人，质之而无疑，聚魁奇雄桀闳深敏异之士，辨之而不穷，据之而有用。"（据士望《方舆纪要序》）。由是言之，其用力之深，为何如也。祖禹承其先志，抱有亡国之痛，除晚年一应徐乾学之招参修《一统志》之外，未肯一入仕途，盖与黄宗羲、顾炎武、王夫之诸氏，节概意趣相同，谓之明遗民可也。故其书中壹以明之两京十三司为主，无一语及于新朝。近有传钞本出世，校以刊本，如《辽东行都司》一卷，所纪建州故实，以涉时忌而削剟者至夥，有人录出为《补遗》一卷，凡今本称明者，悉为"国朝"二字，又可征其微尚之所存矣。清嘉、道中有许鸿磐者，撰《方舆考证》一百卷，以清代之各直省为主，体例一依顾书，虽能订其阙误，补其未备，而议论之闳博，识力之远大，不如顾氏远甚，盖以考订补缀见长，而不敢以疆域形势为务者也。近岁此书始有刻本，愚尝取校顾书，故得从而衡论之。

　　与祖禹年世相若者，有昆山顾炎武，年世稍后者，有无锡顾栋高，可与祖禹合称"三顾"。炎武著《肇域志》未成，又著《天下郡国利病书》，其志亦在经世，与祖禹为桴鼓之应。唯其书系杂取各府、州、县志，历朝奏疏、文集及《明实录》钞撮而成，盖为所撰《肇域志》之稿本，以其中所载多为明代史实，故世人与《方舆纪要》并宝重之。栋高所著书曰《春秋大事表》，系将《左传》之全部，分为若干标题，综集一题之事实，列而为表，盖与《通鉴纪事本末》之作法相同，不过易纪事而为表耳。清代史家如万斯同，以善制表名，吴先生廷燮所撰《历代方镇年表》，衰然巨帙，可与万氏之《历代史表》后先辉映。至如清代官撰之《历代职官表》，陈芳绩之《历代地理沿革表》，杨丕复之《舆地沿革表》，段长基之《疆域沿革二表》，皆总考诸史以为一书，非一枝一节之比，极有裨于治史。方志具史之一体，首之以图，辅之以表，与纪传编年之史同功，吾故取栋高之表而并述之。

　　以上所述之方志，多为地方总志，合全中国以为纪述之准，其次则有省志、县志，省志概称通志，前章已略述之。清代之府、厅、州、县志，多由名家主撰，如马骕之《邹平县志》（顾亭林考订），陆陇其之《灵寿县志》，王昶之《太仓州志》，戴震之《汾州府志》，洪亮吉之《怀庆府志》，章学诚之《和州志》《永清县志》，段玉裁之《富顺县志》，李兆洛之《凤台县志》，莫友芝之

《遵义府志》，陈沣之《番禺县志》，郭嵩焘之《湘阴县图志》，王闿运之《湘潭县志》，李慈铭之《绍兴府志》，缪荃孙之《顺天府志》《江阴县志》，或以官于其地，或以生于是乡，或以交旧延修，或以旅程所至，不必设局置属，多由一手草成。章学诚不得自撰一史，犹得寄其意于修志者，此史家之不得已也，又何可以无述乎？

本期私修诸史之四类，如上所述，不过略具梗概，然已有繁而不杀之叹，诚以作者之多也。兹总所述，括以二端：一曰本期史家之辜较，二曰本期史学之趋势。

吾向谓榷论吾国史家，应以史籍为依据。凡史家所擅之史学，即具于所著史籍之中，论古代然，论近代亦然，其在例外而当别论者，仅刘知幾、章学诚数人而已。以吾所知，唐代则有贾耽、杜佑，宋代则有欧阳修、司马光、袁枢、郑樵、马端临，明清之交则有顾祖禹、黄宗羲，此皆章学诚所谓具有别识通裁者。其他若唐之吴兢、柳芳，宋之宋祁、胡三省，金之元好问、刘祁，元之王鹗、苏天爵，明之宋濂、柯维骐、王惟俭，清之全祖望、钱大昕、屠寄、柯劭忞，不过随时补苴，规模未远，非上述数家之比也。司马光、郑樵合十七史之纪传以为一编，而一则仍为纪传，一则改为编年，杜佑、马端临合十七史之书志以为一编，而一以精简胜，一以详赡胜，而顾祖禹更以方舆为经，史事为纬，治史地之学为一炉，于是人始知治史者不可不明地理，此皆具有通裁者也。贾耽因裴秀之成法而精研之，以制《华夷图》，袁枢析《通鉴》为若干事类，以成纪事本末，黄宗羲汇萃讲学家之传志学说，而创修学术史，此皆具有别识者也。然通裁之中未尝无别识，而别识之中亦未尝无通裁焉。若乃欧阳修之不假众手，奋笔暗室，自撰一史，上以追综子长、孟坚，下以开明、清二代私家撰史之风，尤为唐、宋以来所仅见，又不能以别识通裁而为之限者。要之，皆就其所撰之史，以为推论之资，而其所擅之史学亦即在是，一也。论者多谓魏晋南北朝之世，私家修史之风最盛，后世莫能比数，此非衷于情实之论也。试观本期之私史，林林总总，多于魏晋南北朝时数倍，讵得谓不能比数。虽然，此两期之私史，则不无其异致焉。后汉亡于魏，而《东观纪》以成，魏易为晋，而《三国志》以作，晋有东西，而作史者十八家，疆分南北，而有书者十六国，至于在南之宋、齐、梁、陈，在北之魏、齐、周、隋，私家之作，更不胜数。且如干宝《晋纪》，撰于南渡之后，孙盛《阳秋》，作于典午未终，不必易代，乃得命笔，以今例古，亦不其然。近世私家作史，困难綦多，宋之王偁，以一手一足之烈，述东都九帝之事，继武欧阳，本属罕觏。明人好撰国史，而吴炎、潘柽章、庄廷珑之徒，以修明史受祸，后遂相戒而不为。特撰史之风，不能因此而杀，于是避近代，而转趋前古，怯于创作，而转勇于改修，不敢谈治乱兴衰，而转考典章制度，大抵本期诸史，不出上述三端。是故私史虽多，而面目大异于昔，趋势如此，其他可知，二也。

　　总而言之，本期史学，自有相当之成绩，相当之进步，不过考古之作多，而通今之士少耳。时涉多忌，史难举职，虽豪杰之士，亦为之无可奈何，此刘知幾、章学诚二氏，所为徒垂空论而不能自造一史也。

第八章　刘知幾与章学诚之史学

　　吾国史家，能自造一史垂之百代，实始于司马迁，而成于班固，故吾前撰专章述之。至取诸家所作之史，为之阐明义例，商榷利病，则又始于刘知幾，而章学诚继之，前之马、班为作史家，未必不能评史，后之刘、章为评史家，亦尝有意于作史，必合而一之，乃得谓之史学。吾于古代，取马、班二氏为作史家之权舆，兹于近代，又取刘、章两家为评史家之圭臬。刘、章两家之史学，非一二语所能尽，特立专章论之，亦继轨马、班之意也。

　　"史学"一辞，创于十六国之石勒，《晋书》（卷一百四）载记，石勒于晋元帝太兴二年（公元三一九年）自立为赵王，以任播、崔濬为史学祭酒，是也。至刘宋文帝元嘉中，儒、玄、史、文四学并建，以太子率更令何承天立史学，明帝泰始六年，又以国学废，置总明观，内分玄、儒、文、史四科，科置学士各十人，南齐因之。又其时史学学生之著者，有山谦之可考，《宋书·礼志》，元嘉二十年，太祖（即文帝）将亲耕，以其久废，使何承天撰定《仪注》，史学生山谦之已私鸠集，因以奏闻，是也。谦之后又为史科学士，《礼志》又谓，太祖诏学士山谦之草《封禅仪》，是也。按石勒所立，尚有律学祭酒，祭酒者，一学之长也，史学与律学分立，已树分门研习之规，刘宋以儒、玄、文、史分为四学，后又分为四科，儒以研经为务，玄则属于诸子，而文章悉具于总集、别集，合以史籍，是为经、子、文、史四学。晋人荀勖类别群书分为甲、乙、丙、丁四部，泊唐人撰《隋书·经籍志》，乃有经、史、子、集之名，后来相沿无改，此又可与学科分部互证，而史学之自成一科，亦自此始矣。观夫史学生山谦之能于在学研习之日，私撰《仪注》，其邃于史学、明习典礼可知。而主学之何承天，亦以明礼著称于时，惟史学设科，南齐以后无闻焉。南朝太学诸师，讲经皆具讲疏，声容之盛，冠于今古，借使史学之立，继绳弗替，所具讲疏，必能流传至今，又何必待刘知幾出，而始有专论史学之书哉。

刘知幾，字子玄，以避玄宗嫌名，故以字行，彭城人也。幼年，父藏器为授《古文尚书》，业不进，及闻为诸兄讲《春秋左氏传》，辄能辨析所疑，以为书能如是，读之何难，由是遂通览群史，擢进士第。于武后时，官著作佐郎，转左史，曾以本官兼修国史，历中宗、睿宗，至玄宗立，又除著作郎，累官至左散骑常侍，开元九年，遭贬，旋卒，年六十一。刘氏自述其幼年治史之次序云：

先君授以《左氏》，期年而讲诵都毕，于时年甫十有二矣。……又读《史》《汉》《三国志》，既欲知古今沿革，历数相承，于是触类而观，不假师训，自汉中兴以降，迄乎皇家实录，年十有七，而窥览略周。洎年登弱冠，射策登朝，旅游京洛，颇积岁年，公私借书，恣情披阅，至如一代之史，分为数家。其间杂记小书，又竞为异说，莫不钻研穿凿，尽其利害。……始在总角，读班、谢两汉，便怪前书不应有《古今人表》，后书宜为更始立纪，当时闻者，以为童子何知，而敢轻议前哲，于是靦然自失，无辞以对，其后见张衡、范晔集，果以二史为非，其有暗合于古人者，盖不可胜记（《史通·自序》）。

其与刘氏志同道合者，则有东海徐坚、永城朱敬则、沛国刘允济、义兴薛谦光、河南元行冲、陈留吴兢、寿春裴怀古。其于徐坚，则谓晚与之遇，相得甚欢，虽古者伯牙之识钟期，管仲之知鲍叔，不是过也。又于武后时，与朱敬则、徐坚、吴兢同修《唐书》。及中宗即位，又与坚、兢同修《则天皇后实录》，故尝自称曰，"三为史臣，再入东观"。凡此皆见《史通·正史·自序》及两《唐书》本传。本传又谓，子玄常慨时无知己，内负有所未尽，乃委国史于著作郎吴兢，是则兢之年辈又后于刘氏，兢以尽力唐国史有声于时，而刘氏则自负其才，未肯以此自限者也。

刘氏所撰之书，实有多种，今传世者，只有《史通》一书，即其研史精神之所寄也。刘氏自述作书之动机云：

> 凡所著述，皆欲行其旧议，而当时同作诸士，及监修贵臣，每与其凿枘相违，龃龉难入，故其所载削，皆与俗浮沉，虽自谓依违苟从，然犹大为史官所嫉。嗟乎，虽任当其职，而吾道不行，见用于时，而美志不遂，郁怏孤愤，无以寄怀，必寝而不言，嘿而无述，又恐没世之后，谁知予者，故退而私撰《史通》，以见其志（同上）。

《新唐书》本传亦云:

> 子玄介直自守,累岁不迁,会天子西还,子玄自乞留东都,三年,或言子玄身史臣,而私著述,驿召至京,领史事。时宰相韦巨源、纪处讷、杨再思、宗楚客、萧至忠皆领监修,子玄病长官多,意尚不一,而至忠数责论次无功,又仕偃蹇(旧书谓至忠责其著述无课),乃奏记求罢去,为至忠言五不可,至忠得书,怅惜不许。楚客恶其言诋切,谓诸史官曰,是子作书,欲置吾何地。始子玄修《武后实录》,有所改正,而武三思等不听,自以为见用于世,而志不遂,乃著《史通》内外四十九篇,讥评古今。

刘氏所谓五不可,已具录于第五章,然既自谓任当其职,见用于时,何以不尽力于国史,而竟以偃蹇无功见责于时宰耶?刘氏与吴兢同撰国史,刘氏既以偃蹇无功,而又先卒,其后兢遂自成《唐书》,自创业迄开元,凡一百一十卷(见第六章),然兢又私撰《唐书》及《唐春秋》,及兢卒,其子上进,凡八十余卷,或云使者即其家求之,得六十余篇,而论者谓其事多纰缪不逮壮年(据《新》《旧》两书本传)。今本《旧唐书》,于开元以前,多本吴兢,而世人皆称撰人为刘昫,鲜有语及吴兢者,凡官撰之史,往往史官为其实,而宰相尸其名,以至依违苟从,互相推避,此刘氏所以偃蹇无功,而终不能自造一史也。

刘氏之著《史通》,尝以扬雄《法言》、王充《论衡》、应劭《风俗通》、刘劭《人物志》、刘勰《文心雕龙》自况。其言曰:

若《史通》之为书也，盖伤当时载笔之士，其义不纯，思欲辨其指归，殚其体统。夫其书虽以史为主，而余波所及，上穷王道，下揆人伦，总括万殊，包吞千有，自《法言》以降，迄于《文心》而往，固以纳诸胸中，曾不蒂芥者矣。夫其为义也，有与夺焉，有褒贬焉，有鉴诫焉，有讽刺焉，其为贯穿者深矣，其为网罗者密矣，其所商略者远矣，其所发明者多矣，盖谈经者恶闻服、杜之嗤，论史者憎言班、马之失，而此书多讥往哲，喜述前非，获罪于时，固其宜矣，犹冀知音君子，时有观焉。尼父有云，罪我者《春秋》，知我者《春秋》，抑斯之谓也（《自序》）。

又自释以《史通》名书之义云：

尝以载削余暇，商榷史编，下笔不休，遂盈筐箧，于是区分类聚，编而次之。昔汉世诸儒，集论经传，定之于白虎观，因名曰《白虎通》，余既在史馆而成此书，故便以《史通》为目，且汉求司马迁后，封为史通子，是知史之称通，其来自久，博采众议，爰定兹名（《卷首序录》）。

按《史通》撰成于中宗景龙四年庚戌（公元七一〇年），其前二年以在东都，私自著述，为人所纠，私著之书，当为《史通》，书成凡二十卷，如今传本，此据《自序》而知之也。同时徐坚见其书叹曰，"为史氏者，宜置此于坐右也"；而宋代之宋祁，则曰，"知幾以来，工诃古人，而拙于用己"（《新唐书·刘子玄传赞》）。其所见不同如是。《四库提要》尝举其《疑古》《惑经》

等篇，以为世所共诟。又如《六家篇》讥《尚书》为例不纯，《载言篇》讥《左氏》不遵古法，《人物篇》讥《春秋》不载由余、百里奚、范蠡、文种、公仪休、甯戚、穰苴，则直斥为谬妄，此盖出于儒者尊经之见，不足以服刘氏之心。此外所举，虽不无是处，究近毛举细故，有意吹求。惟谓"班固、陈寿为记言之奸贼，载笔之凶人，可以肆诸市朝，投畀豺虎"（《曲笔篇》），则未免指斥太过，宋祁所谓"工诃古人"者，殆指此耳。特刘氏论史所长，初不在此，置之不论可也。

大抵论史之书，其途有二：一曰扬榷利病，一曰阐明义例。扬榷利病者，主于分析，阐明义例者，贵乎综合，二者相资，未可偏废。或谓《史通》一书，以扬榷利病为职志，盖善于用析，以演绎法为论列者。兹考本书《内篇》凡三十九篇，《外篇》凡十三篇，总为五十二篇，《内篇》之末三篇，曰《体统》，曰《纰缪》，曰《弛张》，皆亡佚已久，然《新唐书》本传，已云《史通》《内》《外》四十九篇，且考《内篇》之序，所亡三篇，皆在自序之后，颇为不伦，或本无此三篇，抑编者之错置欤？《外篇》之首，冠以《史官建置》《古今正史》二篇，古代之史家，即为史官，而史籍之精者，悉为正史，子玄取古代之史官，及隋唐以往之正史，序而列之，以明源流所自，观其于《内篇》之首，即云自古帝王编述文籍，《外篇》言之备矣，编述必出于史官，文籍悉归于正史，由此可证此二篇之撰在前，而《内篇》之撰尚在后，否则其本末之序紊矣。次则总论诸史之体例，而首以《六家》《二体》：六家者，《尚书》家、《春秋》家、《左传》家、《国语》家、《史记》家、《汉书》家是也；二体者，纪传、编年是也。《春秋》《左传》则属于编年，《史记》《汉书》则属于纪传，此二体之权舆也。《尚书》则属于记言，《春秋》则义在记事，《史记》则开通史之规，《汉书》则为断代之祖，《左传》则以年分，《国语》又以国别，此六家之所以名也。至于正史之各类，一曰《本纪》，二曰《世家》，三曰《列传》，四曰《表历》，五曰《书志》，六曰《论赞》，七曰《序例》，各以一篇论之，又以《载言》一篇继于《二体》之后，为衍列传一体未竟之绪而作者也。寻《史通》全书，以《史官》《正史》《六家》《二体》四篇之包蕴为最富，盖内外篇之纲领，论史者之总枢也。盖非洞究源流，则史例无以明，所谓阐明义例，贵乎综合，诚亦莫大乎是，岂仅主于分析，以扬榷利病为职志哉！若夫自《题目》以下迄于《辨职》之二十五篇，则以扬榷利病为务，亦以分析见长，所谓以演绎法为论列者，其在是矣，《辨职》之后，复缀以《自叙》一篇，而《内篇》终焉。《外篇》则《史官》《正史》二篇而外，有若《惑经》《申左》二篇，则尚论古经传之得失，附于古人之诤友，而《疑古》一篇，又自曝其所见，以待论定，亦后来崔述《考信录》之滥觞也。《点烦》《杂说》以下，迄于《暗惑》七篇，皆为条举伴系随手札记之作，本为《内篇》之遗，非刘氏精意之所寄，至《忤时》篇则为专载与萧至忠书而作，又本书之附录也。要之，刘氏论史，好指陈利病，言非一端，然非绝口不谈义例。或谓《内篇》皆论史家体例，辨别是非，《外篇》则述史籍源流，及杂评古人得失（出《四库提要》），斯言也，大致得之。

兹取刘氏议论之精要者论之。刘氏视《春秋》《左传》为古史，《春秋》之书，为亲者讳，为尊者讳，故鲁隐公被弑，而书曰薨，周襄王实为晋文所召，而书曰天王狩于河阳，此虽为鲁史旧法，孔子不敢擅改，而去史以传信之义则远矣。《左传》则不然，

《春秋》重名，《左传》征实，《春秋》略举大纲，《左传》详于记事。研史之士，贵详而征实，是以刘氏有《惑经》《申左》之作，如王充之有《问孔》《刺孟》，言人之所不敢言。浦起龙所谓学究之所骇明者不与较者是也，此一事矣。自来记言、记事之书，概名曰史，然当时史官记载，务求详尽，巨细不遗，是为史料；后来秉笔者，据以勒定成书，是曰史著。汉世天下计书，上于太史，是为备采之史料，太史公据此以成《史记》，是为勒定之史著。然自现代史家视之，前古之所谓史著，亦正今日之所谓史料，史料史著，本属变动不居，而其厘然有别，则古今初无二致。刘氏则曰："书事记言，出自当时之简，勒成删定，归于后来之笔，当时草创者，资乎博闻实录，后来经始者，贵乎俊识通才，必论其事业，前后不同，然相须而成，其归一揆。"（《史官篇》）分析之当，议论之精，后有述者，无以尚之，此二事矣。史家略远详近，由来旧矣，不晓此旨者，辄轻加诋諆。刘氏则曰："余以为近史芜累，诚则有诸，亦犹古今不同，势使之然，鲁史所书，实用此道，自宣、成以前，三纪而成一卷，至昭、襄以下，数年而占一篇，是知国阻隔者记载不详，年浅近者撰录多备，夫论史之烦省者，但当要其事有妄载，苦于榛芜，言有阙书，伤于简略，斯则可矣，必量世事之厚薄，限篇第以多少，理则不然。"又曰："往之所载，其简如彼，后之所书，其审如此，若使同后来于往世，限一概以成书，将恐学者必诟其疏遗，尤其率略者矣。"（《烦省篇》）其持论之通，固最近史家之所尚，亦放之中外而皆准者，此三事矣。作史须先立例，尤贵有法，刘氏则曰："史之有例，犹国之有法，国无法，则上下靡定，史无例，则是非莫准。"（《序例篇》）是则例即法，法即例矣。又论本纪、列传之作法曰："盖纪之为体，犹

《春秋》之经，系日月以成岁时，书君上以显国统，而陆机《晋书》，列纪二祖，直序其事，竟不编年，年既不编，何纪之有？"又曰："纪者既以编年为主，唯叙天子一人，有大事可书者，则见之于年月，其书事委曲，付之列传，此其义也。"（《本纪篇》）又曰："夫纪、传之不同，犹诗赋之有别，而后来继作，亦多所未详，案范晔《汉书》，记后妃六宫，其实传也，而谓之为纪，陈寿《国志》，载孙、刘二帝，其实纪也，而呼之曰传，考数家之所作，其未达纪、传之情乎？"（《纪传篇》）凡此所论，又足以垂示史法，作方来之准则，此四事矣。刘氏之论作史也，主于征实去伪，尚简汰烦，故于《载文篇》则谓，载文之失有五：一曰虚设，二曰厚颜，三曰假手，四曰自戾，五曰一概。于《邑里篇》则谓，爰及近古，其言多伪，至于碑颂所勒，茅土定名，虚引他邦，冒为己邑，此乃循流俗之常谈，忘著书之旧体；于《言语篇》则谓，楚汉世隔，事已成古，魏晋年近，言犹类今，已古者即谓其文，犹今者乃惊其质，天地长久，风俗无恒，后之视今，亦犹今之视昔，而作者皆怯书今语，勇效昔言，不其惑乎？于《曲笔篇》则谓，汉末之董承、耿纪，晋初之诸葛、毋丘，斯皆破家殉国，视死如生，而历代诸史皆书之曰逆，将何以激扬民教，以劝事君者乎，古之书事也，令贼臣逆子惧，今之书事也，使忠臣义士羞，若使南、董有灵，必切齿于九泉之下；凡此皆以明征实去伪之旨也。又于《叙事篇》云，夫国史之美者，以叙事为工，而叙事之工者，以简要为贵；于《浮词篇》则谓，词寡者出一言而已周，才芜者资数句而方浃。于《书事篇》则谓，近代史笔，叙事为烦，推而论之，其尤甚者有四：凡祥瑞之出，非关理乱，而史官征其谬说，真伪莫辨，其烦一也；藩王岳牧，朝会京师，非复异闻，载之简册，一何辞费，其烦二也；近世自三公以下，一命以上，苟沾厚禄，莫不备书，赞唱为之口劳，题署由其力倦，具之史牒，夫何足观，其烦三也；夫人之有传也，惟书其里邑而已，其失之者，则有父官令长，子秩丞郎，叙其名位一二无遗，此实家牒，非关国史，其烦四也；夫记事之体，欲简而且详，疏而不漏，若烦则尽取，省则多捐，此乃忘折中之宜，失均平之理，凡此皆以明尚简汰烦之旨也。此五事矣。上述五事，皆其持论之至精者，故为撷取大要，以备考览，其余扬榷利病，不名一端之论，则有不暇悉举者矣。

刘氏之论，有应节取者，有不可以为典要者。其论《艺文志》则云："班《汉》定其流别，编为《艺文志》，《续汉》已还，祖述不暇，夫前志已录，而后志仍书，频烦互出，何异以水济水，愚谓凡撰志者，宜除此篇，必不能去，当变其体。"（《书志篇》）绎其意旨，盖谓总录群籍，宜别为专书，无取附入正史。不知历代艺文，可与列传互证，史所宜详，前汉以往之群籍，设无班固为之著录，岂复有他书可考耶？惟前志已录，后志仍旧，实嫌繁复，清撰《明史》《艺文》不载前代，盖采刘氏之论，而加以折衷者，后有作者，亦不能违，此应节取者也。至其论表则云："以表为文，用述时事，施彼谱牒，容或可取，载诸史传，未见其宜，且表次在篇第，编诸卷轴，得之不为益，失之不为损，用使读者，莫不先看本纪，越至世家，表在其间，缄而不视，语其无用，可胜道哉。"（《表历》）不悟表之为用，便于记载烦细，凡本纪、列传所不能尽载，而又不忍遗弃者，惟有佐之以表，乃足以宏其用。唐、宋以下诸史，大抵有表，近代史家如万斯同，亦以善于制表，有裨研史。刘氏此论，可谓一言不智。且刘氏亦非不知表之有用也，尝曰："观太史公之创表也，燕越万里，而径寸之内犬牙可接，昭穆九代，而方尺之中雁行有序，使读者举目可详。"（《杂说篇》）何为一书之中，前后矛盾若是？此又不可为典要者也。然刘氏又以天文、五行、符瑞诸志，作者相仍，殊为烦费，所谓古之天犹今之天也，今之天即古之天也，必欲刊之国史，施之何代不可（《书志篇》），尤为至当不易之论，而后来作者，罕能悟此，为可慨也。至论其作史自注之例，则盛称挚虞、陈寿、周处、常璩之作，文言美辞，列于章句，委曲叙事，存于细书；又曰，亦有躬为史臣，手自刊补，虽志存该博，而才阙伦叙，除烦则意有所吝，毕载则言有所妨，遂乃定彼榛楛，列为子注，其言是矣。然又讥裴松之之注《国志》，喜聚异同，不加刊定，恣其击难，坐长烦芜（《补注篇》），此则得失相兼有难以概论者矣。

刘氏因身任史官，与修史之役，而不得申其志，故发愤而有《史通》之作。其于《模拟篇》云："模拟之体，厥途有二：一曰貌同而心异，一曰貌异而心同。"又曰："盖貌异而心同者，模拟之上也，貌同而心异者，模拟之下也，然人皆好貌同而心异，不尚貌异而心同者何哉？盖鉴识不明，嗜爱多僻，悦夫似史，而憎夫真史，此子张所以致讥于鲁侯有叶公好龙之喻也。"此盖叹真赏难遇，而慨乎其言之矣。且刘氏尝谓自梁、陈以降，隋、周而往，诸史皆贞观年中群公所撰，近古易悉，情伪可求，至如朝廷贵臣，必父祖有传，考其行事，皆子孙所为，而访彼流俗，询诸故老，事有不同，言多爽实（《曲笔篇》）；又谓《晋书》多采《语林》《世说》《幽明录》《搜神记》，或诙谐小辨，或神鬼怪物，其事非圣，扬雄所不观，其言乱神，宣尼所不语（《采撰篇》），虽所论甚当，而其放言无忌，则为后来所仅见。盖刘氏之志，既不获申于修史，故于当代官修之史，亦抨击不遗余力，纵有才堪厘革，而以人废言，勿谓秦无人，吾谋适不用，此刘氏所以借喻于绕朝也（本《浮词篇》）。

吾国文史之学，以魏、晋、南北朝之世为极盛：以文学言，先有梁昭明太子萧统之《文选》，以为齐、梁以往文章之总集，继有刘勰之《文心雕龙》，以扬榷其体例，并阐明其义蕴焉；以史学言，隋唐以往，作者如林，虽于江陵之陷，太半随梁元以同殉，然著录于《隋志》史部者，悉为私家名作，亦多至不可胜数矣。刘氏生当南北统一之世，有唐鼎盛之时，遗文间出，史籍大备，就其所见，一一取而论列之，以成《史通》一书，诚为《文心》之匹，宜其取以自况也。且考《隋志》著录之史书，唐初罕睹其全，半存残帙，刘氏身任史官，恣览中秘，其得尽窥，自不待言，今之言后汉者，多重谢承、华峤，言晋史者，必称干宝、臧荣绪，言十六国史者，或述崔鸿、萧方等，言南北朝史者，又推裴子野、王劭，言古史者，又取资于《汲冢纪年》及《琐语》，而刘氏则一再称引，评隲加详，原书虽亡，犹可藉此以窥其大略，是则《史通》之功，尤在宣究曲隐，保存遗佚矣。至于《疑古篇》以尧、舜、夏禹之禅让为可疑，《惑经篇》以《春秋》有五虚美十二未喻，不避非圣侮经之咎，更吻合近代学者治史实事求是之精神，凡此诸端，皆非可与其他史家，取而并论者也。

刘氏领国史且三十年，礼部尚书郑惟忠尝问自古文士多史才少，何耶？对曰："史有三长，才、学、识，世罕兼之，故史才少，夫有学无才，犹愚贾操金，不能殖货，有才无学，犹巧匠无楩枬斧斤，弗能成室，善恶必书，使骄君贼臣知惧，此为无可加者"，时以为笃论（《新唐书》本传）。兹考《史通》有《覈才》篇，所以明史才也，有《识鉴篇》，所以论史识也。刘氏叹史才之难，而盛讥蔡邕、刘峻，诚为过言，然谓文史异辙，与文之胜质，实为至论。至谓假令其间有术同彪、峤，才若班、荀，怀独见之明，负不刊之业，而皆取窘于流俗，见嗤于朋党，遂乃哺糟歠醨，俯同妄作，披褐怀玉，无由自陈，此又自发其愤慨也。其论史识，则谓识有通塞，神有晦明，毁誉以之不同，爱憎由其各异；又谓丘明躬为鲁史，受经仲尼，语世则并生，论才则同耻，彼二家者，师孔氏之弟子，预达者之门人，才识本殊，年代又隔，安得持彼传说，比兹亲授；末又归之于废兴时也，穷达命也，而书之为用，亦复如是。凡此皆足与前论相发明。惟只论史才、史识，而不及史学，何也？夫岂不以《史通》全书，皆关论学，不待明言，而读者自能了了耶？

刘氏既不屑于撰史，而委其事于吴兢，乃别撰刘氏家史及谱考，以见其意，按据明审，议者高其博（本传），此后来章学诚不得躬为史臣，而寄意于方志之意也。惜其书已不传，无由窥其意旨。又据《唐会要》所载，刘氏晚岁奉敕与诸史臣同修《姓族系录》及则天、中宗、睿宗三帝后实录，是则官修之史，未能终于不与也。特其治史精神，仍在《史通》一书。史称刘氏善持论，辨据明锐，视诸儒皆出其下（本传），读《史通》可见其然；又谓，其殁后，玄宗诏河南府就家写《史通》，读之称善，追赠工部尚书，谥曰文（本传），此与陈寿殁后由范頵表上其书略同。且刘氏之二子餗、秩，皆究心史学，秩著《政典》三十五卷，为杜佑《通典》所本，餗亦著《史例》三卷，惜皆不传，是则以名父之子世其家学，尤为史家所罕见云。

《史通》行世以后，颇有学人致力于其书者，其流别有三：其一有绎其意旨而为之注释者，其二有病其繁谬而为之刊正者，其三有以唐、宋以后应并赅载而为之续作者，试分述之。

　　《史通》旧本，至明代流传已少，如《永乐大典》之网罗繁富，而独遗是书，其后陆深得蜀刻本，为校其讹舛重刻之，而恨无别本可参，万历壬寅（三十年），长洲张鼎思又据陆本重为校定，《曲笔篇》增四百余字，《鉴识篇》增三百余字，而去其自他篇羼入者，然未详其所增益者，果据何本。惟先于此者，又有万历五年华亭张之象刻本，疑未为张鼎思所见，惟陆氏及鼎思两本，脱误仍多，如《补注篇》则阙其下半，其采自所捐以下，又《因习篇》文也。而《因习篇》仅存十三行，多自《史官篇》窜入，非其本文，而又阙其上半。惟是时既有张之象本，凡《补注》《因习》两篇之阙文具在，据以增补，居然复完。未几李维桢（本宁）取《史通》评之，郭孔延又作附评者，则孔延所补也。惟《四库提要》谓郭氏所据者为张鼎思本，然据何焯所见万历郭氏刊本，已将《曲笔篇》"夫史之曲笔诬者"以下一百九十九字误入《鉴识篇》者，加以厘正，则前说亦未必可信。其后王惟俭因郭氏所释，参以张之象本，重为厘正，名曰《史通训故》。惟俭自称增入《因习》一篇，并于《直书》《曲笔》二篇有所更定，又于此外校正一千一百四十二字，然取郭本相校，则仅《曲笔篇》增入一百一十九字，而《因习》《直书》二篇，并与郭本相同，或者郭氏已据张之象本加以厘正，而惟俭更从而依据之也。郭氏所释，漏略实甚，惟俭引证较详，号称善本。迨及清代，黄叔琳于注《文心雕龙》之外，并取《史通》注之，因其书为订补王本而作，故名曰《史通训故补》。同时无锡浦起龙亦撰《史通通释》，初所见者，为郭、王二家注本，乃书将成，又得见黄注本，为订补若干事，书中所称"春风亭本"，即王注本，所称"北平本"即黄注本也。《通释》出诸家后，又用力勤，故最为详密，然勇于改字，又所下按语，染时文批点之习，是为小疵。此外清代学人，如何焯、卢文弨、顾广圻，皆致力于《史通》，并有校本行世，何焯所据为张之象本，又得见冯已苍评本，又称张之象得见宋本，陆深、张鼎思两本，次《因习》为上下两篇，题曰《因习上第十九》，《因习下第二十》，然《因习》上篇佚其上半，而下半则误入《补注篇》，张之象本已为之是正矣。冯本则改题《因习》上篇为《因习第十九》，改题《因习》下篇为《邑里第二十》，不以一题分为两篇，核与全书之例相符，较为整齐画一，而诸注本多因之，此必别有所据也。卢文弨曾见华亭朱氏钞宋景本，于冯、何二家外，又得钱遵王校本，据之以校《史通》，得数百事，录入《群书拾补》。又谓浦氏注释本，正字大书，皆同宋本，叹其精赅。至何氏所谓《曲笔篇》之文误入《鉴识篇》者，顾广圻则以为不误，虽是非尚待论定，而诸家考订之勤，亦于此见之矣。最近《四部丛刊》取张鼎思本景印之，孙毓修为撰《校记》，叙诸本异同綦详，亦诸刊本之较精者。象山陈先生汉章又撰《史通补释》二卷，其所释者，如谓《春秋外传》始见《汉书·律历志》，不始于韦昭，《左传》鲁人以为敏，有《檀弓》可证，董生乘马三年不知牝牡，出于《御览》，皆足订正浦释之阙误；又谓《疑古》一篇，乃子玄假古以切今，惩前而毖后，以纪氏削去为非，是则别有所见，较之纪氏所指秦人不死、蜀老犹存二事，尤为能钩沉索隐也；如取所释附于《通释》，则裨益学子非浅矣。此诸家注释之大略也。

唐末宰相柳灿以《史通》讥驳经史过当，著《史通析微》十卷以正之，又名《柳氏释史》，学者服其赡博（两《唐书》本传），此订正《史通》之最先者也。明人陆深既取《史通》校刊之，又择其中精要语，别为《史通会要》三卷（见《四库存目》），附以后人论史之语，时以己见参之。明人胡应麟谓深辑《史通》，因刘氏者十七，续刘氏者十三，繁者削之，谬者刊之，俚者文之，真子玄功臣。又谓《会要》辨论甚该，独谓艺文不必志，于义未尽（《少室山房笔丛》四及十三）。吾尝自陆氏《俨山外集》中抽读之，觉其所谓精要者，殊不尽餍人意，而所附诸家之论，多为书生之见，以言删定，似有未称。迨清纪昀则谓子玄自信太勇，立言好尽，第其抉择精当之处，足使龙门失步，兰台变色，而偏驳太甚，支蔓弗翦者，亦往往有之，使后人病其芜杂，罕能卒业，并其微言精义，亦不甚传，乃为之存其精要，削其烦复，所取者记以朱笔，纰谬者以绿笔点之，冗漫者以紫笔点之，除二色笔所点外，排比其文、尚皆相属，命曰《史通削繁》（据纪氏《自序》）。又于书眉，别为评语，以醒眉目。其后涿州卢坤遂止录朱笔为一帙，并汰浦释之支赘者，付之剞劂。盖纪氏以《史通》一书为载笔之圭臬，故研治甚深，其所刊削，语皆穿贯，如化工裁物，天衣无缝，学者读之，洒然自喜。吾谓研史之士，先读削繁，乃知《史通》之易晓，再取原书读之，亦迎刃而解，此纪氏长于文学之效也。考纪氏于《史通》四十九篇中，删去《载言》《表历》《疑古》《点烦》四篇，尚余四十五篇，其中仍用原文者，为《载文》《补注》《邑里》《品藻》《直书》《曲笔》《鉴识》《覈才》《烦省》《杂述》十篇，加以刊削者，则为其余三十五篇。然所删之处未必悉当，研史之士仍须全读。于《疑古篇》谓其是非缪于圣人，故尽去之，纪氏之见，亦与柳灿、陆深略同。此诸家刊削之大略也。

踵刘氏之后而续其书者，殊罕其伦，章学诚《文史通义》虽文史并释，实以释史为主，谓为刘氏以后仅见之作，谁曰不宜，特以其书义蕴宏深，别于下文论之。近人张尔田撰《史微》内篇八卷，自谓向、歆之业，自是得一理董，然考其意旨，乃以明诸子之出于史，与专治史学者有别，不得谓为《史通》之伦类也。最近则有瑞安宋慈抱撰《续史通》内外篇，布之于世，录其篇目如下：

内篇　凡二十篇

《惜马》《斥班》《尊欧》《恨李》《国志》《晋纪》《唐书》《宋史》《四通》《两案》《曲笔》《浮词》《表志》《纪传》《补述》《方乘》《载记》《论赞》《沿革》《体例》。

外篇　凡二十篇

《考献》《监修》《模拟》《创造》《因时》《度德》《损益》《毁誉》《注释》《评断》《问刘》《诘章》《点烦》《辨惑》《政治》《人物》《疑信》《功罪》《杂说》《余论》。

兹就以上各篇，略致商榷。

窃谓《史通》之书，作于唐之景龙，自是迄今，时逾千载，续作本不易言，衡以史家详近略远之例，其可述者，亦奚止一端，兹语其要，应首以《史官》《正史》二篇。续书《考献》一篇，叙《旧唐》以下迄于《明史》，即为续前书《正史篇》而作。然叙宋重修《唐书》，未语及宋敏求之《补唐实录》；叙《宋史》，未语及元初之修本；叙《金史》，未语及张柔所得之实录及王鹗之初修本；其叙《元》《明》二史，亦多漏略；且前书所谓正史者，兼纪传、编年、别史、杂史四者而已，而续书专就纪传一体之列入正史者论之，岂足以概其全乎；其于唐、宋以来之史官，则更不著一字，此又疏略之尤者也。其次则为《六家》《二体》两篇之订补，吾以为自有袁枢《通鉴纪事本末》行世，代有踵作，于是纪传、编年二体之外，又增出纪事一体，是可谓之三体，应撰一篇论之。至如杜佑《通典》专详典礼，黄宗羲《明儒学案》专详学术，是于上述三体之外，别创通史、学史之一格，亦子玄所未及窥见者也。续书有《四通》《两案》二篇，略阐斯旨，然于通史专史之分，既病语焉不详，而于纪事本末一体，尤未能尽量阐发，以补前书之未备，大者如是，小者可知矣。续书喜用俪语，好为诋諆，文效《史通》，而逊其栗密，盖宋氏生长浙东，习于永嘉一派，所论近于《东莱博议》，张溥《史论》，又时时采取《四库提要》及朱彝尊、赵翼之说，至其略于唐、宋以后，不中论史之程，又其小焉者矣。且如《国志》《晋纪》为刘氏所已言，何必重标是目，《唐书》《宋史》固应论列，何为遗《辽》《金》《元》《明》诸史而不数？《表志》箴子玄之失，补史为近代所长，方志备史之一体，论之是矣，然所应续者讵止于此？至《沿革篇》本论史部之如何分类，《体例篇》本论作史之宜有凡例，合标《体例》一目可矣，何为分列两篇？"沿革"之名，尤难索解。他如萧常、郝经之续《后汉书》，本为改撰《国志》，而称为《补汉书》，王洙、柯维骐之改修《宋史》，意有删繁就简，尤与增补无关（《补述篇》），又盛称郭伦《晋纪》，而不及周济《晋略》，此皆可解而不能解者也。然其中亦多有精语存焉：其论《五代史》云："薛史据列朝实录，事迹颇详，欧公仿马迁遗文，体例尤谨，薛史病于丛脞，欧史失在阙遗，二书盖不可偏废，若选举、刑法之详，礼乐、职官之要，上继唐余下开宋始者，能于薛史是弃乎。"（《尊欧》）其论

《南》《北》二史云："盖《南》《北》二史无他技，但以删削迁移为务，删削不问其事之有关系与否，但以减官名裂字句为工，迁移不问其人之应离合与否，但以编家传忘品汇为先，不知官名减则职掌不明，字句裂则事迹必漏，家传多则朝代难分，品汇忘则褒贬相互。以史迁之才，删削迁移《左传》《国策》，援引多误，况延寿乎。"（《恨李》）其论《新唐书》云："唐有天下几三百年，虽文人学士之星驰，亦令主明辟之代出，圣诏原出于臣手，谠言岂乏于帝心，至德宗大赦改元，下诏罪己，山东士卒，见之感泣，李抱真谓人情如此，贼不足平，则文字之用大矣，欧公删之，岂徒没陆贽之功，亦且失兴元之政。"（《唐书》）其论《史记》云："项羽崛兴陇亩，五年之间政由己出，尊为本纪，明其革命，且迁史以政治共主，即尊为主，故项羽剖符行封则称纪，吕雉临朝称制则称纪，此意盖非刘氏所能知，厥后唐书以武曌篡窃后事，跻诸本纪，以武曌琐屑秽史，别入后传，宗法迁史，信得其宜，而《宋史》以瀛国公及益王、广王附本纪，虽江山之不复，尚朝廷之犹存，正统绪余，虚名仅见，胜于《汉书》以孺子婴附《王莽传》者。"（《纪传》）其论《明儒学案》云："黄氏学案，上自吴与弼，下逮刘宗周，叙其遗行则如睹丰仪，诠其微言则如亲謦欬，时代近则采访易周，笔削严则纪载可信，不以考古凌人，而以知今治世，其书盖契《春秋》大义，而以因时为贵（因时）。"以上所论，皆属甚当。

以上已将刘知幾史学之源流，叙述略竟，再进而叙述章学诚之史学。

章学诚，字实斋，浙江会稽人也，生于清乾隆三年戊午，卒于嘉庆六年辛酉（一七三八——一八〇一年），年六十四。幼不甚慧，二十岁后始究心史学。后游北京，依朱筠，得见当世名流，由此知名，与邵晋涵相友善，以同治史学也。四十一岁成进士，历主北方各书院讲席，为和州、永清、亳州修志，又居毕沅幕府，修《湖北通志》，后归故里，时游扬州以老。

章氏曾自述早岁治史之次第云：

> 二十岁以前，性绝呆滞，读书日不过三二百言，犹不能久识，二十一二岁骎骎向长，纵览群书，于经训未尝领会，而史部之书，乍接于目，便以夙所攻习者，然其中利病得失，随口能举，举而辄当，人皆谓吾得力于《史通》，其实吾见《史通》已二十八岁矣。二十三四时，所笔记者，今虽亡失，然论诸史于纪、表、志、传之外，更当立图，列传于儒林、文苑之外，更当立史官传，此皆当日之旧论也。……至吾十五六岁，性情已近于史学，塾课余暇，私取《左》《国》诸书，分为纪、传、表、志，作《东周书》几及百卷，则儿戏之事，亦近来童子所鲜有者（《遗书·第九家书六》）。

章氏又自谓，吾于史学，盖有天授，自信发凡起例，多为后世开山，其自负为何如，观其所自述者，与刘子玄之所自述者，奚以异焉，此所以前后旷然相接，为史家不祧之宗也。

章氏所著之书，以《文史通义》《校雠通义》二书为最著，其所论者，亦不尽属于史学，如《文史通义》所述，或论理学，或言文事，包蕴颇富，命名文史，即非专论史学之征，其他所著之杂文亦然。校雠之学，虽近于史，然亦渐成专门，本编所论，既以史学为范围，则应专取其论史之语及整理史部者比次之，以详其史学之究竟。

第一所宜论者，则六经皆史之说也。往者王守仁尝谓五经皆史，是则此论，非章氏所独创，特阐其义而益精，则自章氏始耳。其说曰：六经皆史也，古人不著书，未尝离事而言理，六经皆先王之政典也。夫《尚书》《春秋》之为古史，人人得而知之矣，古人于典章仪注，通称为礼，是《礼》为典志之一，亦得称史，而《易》为卜筮之专书、《诗》为韵文之总集，《乐》则诗歌被于管弦之谱也，何为命以史称？推章氏之意，以为《诗》三百篇，悉出史官之所录，《易》掌于太卜，太卜亦史官之一，惟《乐》亦然，古人于史官以外无著作，故掌于史官者，悉得称史；且以《易》详吉凶，有前民用之效，如后世之颁历，韩宣子称《易》与《春秋》为周礼，此亦《易》得为史之证，其说可谓极辨析之能事矣。信如所言，古代之典籍，无不得名为史，史之范畴，抑何广乎！夫史籍有史料、史著之分，史官所掌，属于史料之科，即章氏所谓记注也。《诗》《易》所包，诚具有史料之一部，然亦不尽属于史料，即让一步言之，凡《易》《诗》《乐》之所包蕴，悉可以史料目之，亦不过曰六经皆古之记注也。且考古代官署治书之吏，皆名为史，其所典录者，不过如今日之档案，逐称之为史，不几于撰述之史著无别乎。然章氏亦未尝不考见及此，其言曰："三代以上，记注有成法，而撰述无定名，所谓有成法者，即掌于诸史之档案。"由此推之，则章氏所谓六经皆史者，不过档案之渐就整理者耳。且考章氏之所谓史，非仅以六经为限也，尝曰："愚之所见，以为盈天地间，凡涉著作之林，皆是史学，六经特圣人取此六种之史以垂训者耳，子集诸家，其源皆出于史。"（《报孙渊如书》）后来之扬其波者，如张尔田、江瑔、金兆丰，皆谓诸子百家，莫不原本人事，共出于史官。夫史学不专家，而文集之中有传记（亦章氏语），是则集部含史之一体，亦属可信，废经、子、集之名，而悉集于史，可谓整齐画一矣，其奈名不副实何？是故谓《尚书》《春秋》为史，可也，谓《易》《诗》《礼》《乐》为史，不可也，谓《易》《诗》《礼》《乐》为史料，可也，径谓为史著，不可也，此吾夙日所持之论也。

第二所宜论者，则记注、撰述之分是也。记注、撰述之分，初申其旨于刘知幾，所谓书事、记言出自当时之简，勒成删定归于后来之笔，是也。章氏则谓三代以上记注有成法，而撰述无定名，三代以下撰述有定名，而记注无成法，记注即今日所谓史料，撰述即今所谓史著，前已略论之矣（见第三章）。然在章氏以前，不仅刘知幾榷论及此，而郑樵亦为之说曰：

> 有史，有书，学者不辨史、书，史者官籍也，书者书生之所作也，自司马以来，凡作史者，皆是书，不是史（《夹漈遗稿·与方礼部书》）。

刘氏所谓当时之简，与郑氏所谓史，皆指属于记注之史料，刘氏所谓后来之笔，与郑氏所谓书，皆属于撰述之史著，与章氏所论，前后若合符节，特二氏所言，不过摘举其要，迨至章氏乃为之发挥尽致耳。章氏又引申其旨云：

> 撰述欲其圆而神，记注欲其方以智也，夫智以藏往，神以知来，记注欲往事之不忘，撰述欲来者之兴起，故记注藏往似智，而撰述知来拟神也。藏往欲其赅备无遗，故体有一定，

而其德为方，知来欲其抉择去取，故例不拘常，而其德为圆（《文史通义·书教下》）。

第章氏犹以为未尽，又有所谓著述与比类之别，比次、独断、考索之分。其论著述与比类云：

> 古人一事，必具数家之学，著述与比类两家，其大要也。班氏撰《汉书》，为一家著述矣，刘歆、贾护之《汉记》，其比类也，司马撰《通鉴》，为一家著述矣。二刘、范氏之《长编》，其比类也。两家本自相因，而不相妨害，但为比类之业者，必知著述之意，而所次比之材，可使著述者出，得所凭藉，有以恣其纵横变化，又必知己之比类，与著述者各有渊源，而不可以比类之密，而笑著述之或有所疏，比类之整齐，而笑著述之有所畸轻畸重，则善矣。盖著述譬之韩信运兵，而比类譬之萧何转饷，二者固缺一不可，而其人之才，固易地不可为良者也（《报黄大俞书》）。

又论比次、独断、考索云：

> 天下有比次之书，有独断之学，有考索之功，三者各有所主，而不能相通。由汉氏以来，学者以其所得之撰述，以自表见者，盖不少矣。高明者多独断之学，沈潜者尚考索之功，天下之学术，不能不具此二途。譬如日昼而月夜，暑夏而寒冬，以之推代而成岁功，则有相需之益，以之自封而立畛域，则有两伤之弊。……若夫比次之书，则掌故令史之孔目，簿书记注

之成格，其原虽本柱下之所藏，其用止于备稽检而供采择，初无他奇也。然而独断之学，非是不为取裁，考索之功，非是不为按据，如旨酒之不离乎糟粕，嘉禾之不离乎粪土，是以职官、故事、案牍、图牒之书，不可轻议也。然独断之学、考索之功欲其智，而比次之书欲其愚，亦犹酒可实尊彝，而糟粕不可实尊彝，禾可登簠簋，而粪土不可登簠簋，理至明也（《答客问》）。

按此所谓比类、比次，皆指记注而言，所谓著述，固与撰述无殊，而独断、考索二者，又为撰述之所必具，皆与前说互相发明，而又语益加详者也。考史部分类，始于《隋志》，其后诸史未有大异，其分类之标准，概以纪传、编年之史为主，而以其他属于史者附入之，刘知几概称前书为正史，其余则权为十流，于《史通·杂述篇》论之，亦导源于《隋志》者也。现世史籍之分类，其法不一，而以史料、史著分为两类，为最新之方法，或谓此受远西史学传来之影响，与中国无与，不知百余年前，有若章氏，已为之阐发无遗，此较六经皆史之说，尤为可贵而有据，故治史之士，乐为述之。

第三所宜论者，则通史之倡导也。章氏虽以记注与撰述并言，亦谓记注为古人所重，然终不以记注为作史之极则，故甚尊扬通史，其持论大旨，具于《释通》《申郑》二篇，前于述郑氏《通志》时，已为略举之矣。其他诸作，于重撰述而轻记注之旨，时时流露于字里行间，试举数例，以见其然。其一云：

迁、固书志，采其纲领，讨论大凡，使诵习者，可以推验一朝梗概，得与纪传互相发明，足矣。至于名物器数，以谓别有专书，不求全备，犹左氏之数典征文，不必具《周官》之纤悉也。司马《礼书》，末云俎豆之事则有司存，其他抑可知矣。自沈、范以降，讨论之旨渐微，器数之加渐广，至欧阳《新唐》之志，以十三名目，成书至五十卷，官府簿书，泉货注记，分门别类，惟恐不详，《宋》《金》《元史》，繁猥愈甚，连床叠几，难窥统要，是殆欲以周官职事，经礼容仪，尽入《春秋》，始称全体，则夫子删述《礼》《乐》《诗》《书》，不必分经为六矣。马、班岂不知名物器物不容忽略，盖谓各有成书，不容于一家之言曲折求备耳。惟夫经生策括，类家纂要，本非著作，但欲事物兼该，便于寻检，史家纲纪群言，将勒不朽，而惟沾沾器数，拾给不暇，是则不知《春秋》《官》《礼》意可互求，而例则不可混合者也（《亳州志掌故例议上》）。

其二云：

或曰，王伯厚氏搜罗摘抉，穷幽极微，其于经传子史，名物制数，贯串旁骛，实能讨先儒所未备，其所纂辑诸书，至今学者，资衣被焉，岂可以待问之学而忽之哉。答曰，王伯厚氏盖因名而求实者也。王氏因待问而求学，既知学则超乎待问矣。然王氏诸书，谓之纂辑可也，谓之著述则不可也，谓之学者求知之功力可也，谓之成家之学术则未可也。今之博雅君子，疲精劳神于经传子史，而终身无得于学者，正坐宗仰王氏，而误执求知之功力，以为学即在是尔。学与功力，实相似而不同，学不可以骤几，人当致功乎功力则可耳，指功力以为学，是犹指秫黍以谓酒也。……今之俗儒，且憾不见夫子未修之《春秋》，又憾戴公得《商颂》而不存七篇之阙目，充其僻见，且似夫子删修，不如王伯厚之善搜遗逸焉，盖逐于时趋，而误以襞积补苴，为足尽天地之能事也（《博约上》）。

寻章氏之意，盖以古人之史籍，于撰述之外，别有记注一种，所谓别有专书，即属于记注之类也。即其所指名物器数之微，所称策括纂要之书，悉当属于记注，而与撰述无与者也。章氏尊扬通史，故极称郑樵，视记注之书下于通史一等，故谓王伯厚之书为纂辑，而不得谓之著述。同时有戴震，以精于名物器数，见称一时，而章氏不以为然，其曰以襞积补苴为学者，指戴震一派而言也。以史学见解言，襞积补苴，本属于纂辑一类，亦得名之为记注，而不得以撰述称之，故章氏又谓吾于史学，贵其著述成家，不取方圆求备，有同类纂（《家书》），是其立言之旨，仍以撰述为极则，求之古人，则马、班其首选也。抑章氏之论史，又有不止于此者。如云：

孔子作《春秋》，盖曰其事则齐桓、晋文，其文则史，其义则孔子自谓有取乎尔。夫事即后世考据家之所尚也，文即后世词章家之所重也。然夫子所取，不在彼而在此，则史家著述之道，岂可不求义意所归乎。自迁、固后，史家既无别识心裁，所求者徒在其事其文，惟郑樵稍有志乎求义，而缀学之士，嚣然起而争之，然则充其所论，即一切科举之文辞，胥吏之簿籍，其明白无疵，确实有据，转觉贤于迁、固远矣（《申郑》）。

又云：

> 吾于史学盖有天授，自信发凡起例，多为后世开山，而人乃拟吾于刘知幾。不知刘言史法，吾言史意，刘议馆局纂修，吾议一家著述，截然分途，不相入也（《家书》）。

又云：

> 郑樵有史识，而未有史学，曾巩具史学，而不具史法，刘知幾得史法，而不得史意，此余《文史通义》所为作也（《和州志·志隅自序》）。

是则章氏之所自负者，惟在深通史意，亦即孔子自谓窃取之义也。其所谓史意、史义，又即所称别识心裁，凡此皆申明重撰述而轻记注之旨也。章氏又云：

> 《通志》精要，在乎义例，盖一家之言，诸子之学识，而寓于诸史之规矩，原不以考据见长也。……《文献通考》之类虽仿《通典》，而分析比次，实为类书之学，书无别识通裁，便于对策敷陈之用（《释通》）。

章氏之盛称《通志》，以为其书有别识通裁，近于撰述，而甚鄙马端临不明史意，无别识通裁寓乎其中，故以类书目之，亦以其

近于记注也。窃尝论之，记注、撰述之分，变动不居者也，前日
视为撰述者，正为今日之记注，后日视为记注者，亦即今日之撰
述，《左传》《国语》，可谓撰述矣，而太史公据为史料以修《史
记》，是即以记注视之，今之撰新通史者，亦尝据"二十五史"
为史料，故论者谓吾国旧史，悉当以史料视之，是亦不以为撰述
矣。即以今之通史、专史论之，皆所谓撰述也，通史所述为概括
之事实，专史所述具一类之始末，撰通史者，必取资于各专史，是
则视专史如记注矣，然则谓之史钞类纂可乎。有如李焘之《续鉴长
编》、李心传之《系年要录》、马端临之《文献通考》，章氏视为
史钞类纂者，为之正自不易，必先有此等史钞类纂之书，然后具有
别识心裁之撰述，乃易于措手。章氏尊扬通史，故重撰述而抑钞
纂，似谓专史亦不得尸撰述之名者，岂其然乎，岂其然乎？

　　第四所宜论者，则方志学之建立也。刘、章二氏皆有志于修
史，刘氏为史官甚久，承命修国史、实录，而以不得行其志，遂不
甚措意于此，终亦不能自撰一史，以见其志，仅撰《史通》，以示
作史之准则而已。章氏虽成进士，而不得与翰林之选，清之翰林，
即前世之史官也。官修之史，章氏既不得与，乃欲自撰一史，致力
于赵宋之书，终以力有不逮，而徒托空言，转而寄其意于修志，盖
以方志亦一方之史也。章氏于此旨颇有阐发，如云：

　　　有天下之史，有一国之史，有一家之史，有一人之史。
　　传、状、志、述，一人之史也，家乘、谱牒，一家之史也，
　　部、府、县、志，一国之史也，综纪一朝，天下之史也。比人
　　而后有家，比家而后有国，比国而后有天下，惟分者极其详，
　　然后合者能择善而无憾也（《州县请立志科议》）。

又云：

郡县志乘，即封建时列国史官之遗，而近代修志诸家，误仿唐、宋州郡图经而失之者也。《周官》外史，掌四方之志，注谓若晋之《乘》、楚之《梼杌》、鲁之《春秋》，是一国之史，无所不载，乃可为一朝之史之所取裁，夫子作《春秋》，而必征百国宝书，是其义矣。若夫图经之用，乃是地理专门，按天官司会所掌书契版图。注，版谓户籍，图谓土地形象、田地广狭，即后世图经所由仿也。是方志之与图经，其体截然不同，而后人不辨其类，盖已久矣。……知方志非地理专书，则山川、都里、坊表、名胜，皆当汇入地理，而不可分占篇目，失宾主之义也。知方志为国史取裁，则人物当详于史传，而不可节录大略，艺文当详载书目，而不可类选诗文也。知方志为史部要删，则胥吏案牍，文士绮言，皆无所用，而体裁当规史法也。夫家有谱，州县有志，国有史，其义一也，然家谱有征，则县志取焉，县志有征，则国史取焉，今修一代之史，盖有取于家谱者矣，未闻取于县志，则荒略无稽，荐绅先生所难言也。然其故实，始于误仿图经纂类之名目，此则不可不明辨也（《代张吉甫司马撰〈大名县志〉序》）。

盖国史与方志，本为同条共贯之书，不过一纪国家之事，一纪地方之事，范围有广狭之殊，而同属于史，则无疑义。第自来论者，多谓方志为专详地理之书，与章氏同时之戴震，即力持其义，曾谓志以考地理，但悉心于地理沿革，则志事已竟（见章氏《记与戴东原论修志》）。故隋、唐以来诸史之经籍、艺文等志，皆以方志之书入史部地理类。直至章氏，始辨析方志与图经之别，方志应如《吴越春秋》《华阳国志》，为别史之一种，此可谓创通大义前无古人者矣。余考章氏立论之精者，无过于《方志立三书议》，其略云：

> 凡欲经纪一方之文献，必立三家之学，而始可以通古人之遗意也。仿纪传正史之体而作志，仿律令典例之体而作掌故，仿《文选》《文范》之体而作文征，三者相辅而行，缺一不可，合而为一，尤不可也。

考章氏此论，盖与上文六经皆史之说，记注与撰述之分，以及通史之倡导，皆有互相贯通之义。何以明之？兹以六经皆史为原则，而六经即有撰述与记注之分，如《尚书》《春秋》，则撰述也，"三礼"及《诗》，则记注也；再细分之，则"三礼"属于记注中之掌故一类，《诗》属于记注中之文征一类，是则方志之立三书，实原于六经皆史之旨矣。章氏尝谓古人之于名物器数，别有专书详之，撰史者不必求备，故所倡导之通史，必以合于撰述者为依归，而于掌故、文献二者，则述之不必太详，以别于史钞类纂，皆此旨也。且章氏之于方志，不仅坐而言之已也，如所撰和州、亳州、永清、天门诸志及《湖北通志》，皆能以其义例，实现于著述之中，可谓能实践其言矣。又有进于此者，章氏所撰诸志，纪传、表、考（易志称考又称书以避大名），诸体略备，一如正史，以树方志为史之规，其于列传，则佐之以表，凡其人已于正史有传者，则具其名于表，并曰事详某史，其正史所不具者，或史具而多漏略者，始为传以传之；又极重图，不惟舆地宜有图，建置水道，更宜分列专图；又谓艺文应专列书目，附以提要，别以诗文，入之文征；又为别撰掌故，以实现其方志分立三书之旨。又其治史主于诸史目录之后，别撰别录附焉。且为之说云，诚得以事为纲，而纪、志、表、传之与事相贯者，各注于别录，则详略可以互纠，而繁复可以检省，治史要义，未有加于此也（《史篇别录例议》）。此又推其修志之法以治史，以明史志之相通。以上所述，皆章氏所建立之方志学，具有别识通裁成一家之言者也。

　　第五所应论者，则校雠学之阐明也。吾国校雠之学，始于刘向、刘歆父子，汉成帝时，诏光禄大夫刘向总群书，每一书已，向辄条其篇目，撮其指意，录而奏之。迨向卒，哀帝复使向子歆，卒其父业，歆于是总群书而奏其《七略》（据《汉志》），而向复有《别录》二十卷。夫条其篇目是谓著录，撮其指意是为提要，《七略》《别录》，由是而分，亦后世解题、提要之书之所本也。未几班固据《七略》而撰《汉书·艺文志》，有著录而无提要，又去其《辑略》一篇，而为六略。《隋志》以下，继以著录，于是流而为目录之学，而校雠之旨微矣。宋代曾巩奉时君之命，校理秘阁群书，每一书已，必撰一序以述其旨，录而奏之，即师向、歆之成法。然巩为辞章之士，远于学术，非真能究明校雠之旨者。其后郑樵，乃于《通志》中撰《校雠略》，以明部次群籍之法。惟当郑氏之世，《七略》《别录》均已亡佚，仅就《汉志》考论，未能窥向、歆学术之全，且樵重通史而轻断代，诋諆班氏太过，其于《汉志》亦有吹毛索瘢之病，不得以为定论也。章氏承樵之风，而作《校雠通义》，以发明古人官师合一之旨为最精。其言曰：

　　　　有官斯有法，故法具于官，有法斯有书，故官守其书，有书斯有学，故师传其学，有学斯有业，故弟子习其业，官守学业，皆出于一，而天下以同文为治，故私门无著述文字。……秦人禁偶语《诗》《书》，而云欲学法令者，以吏为师，其弃《诗》《书》非也，其曰以吏为师，则犹官守学业合一之谓也。由秦人以吏为师之言，想见三代盛时，《礼》以宗伯为师，《乐》以司乐为师，《诗》以太师为师，《书》以外史为师，三《易》《春秋》，亦若是而已矣，又安有私门之著述哉（《校雠通义·原道》）。

　　盖自表面观之，秦人以吏为师，似为衰世之法，不知其正合古制，此由《七略》、诸子十家出于王官之说推而得之，可谓发前人之所未发矣。次则谓著录之法，甲乙部次不同，而其书含有两种学术以上者，可用《七略》互注之法，分见各部（据班氏《汉志·自注》），以收申明流别曲尽其用之效。又如"孔子三朝记"出于《礼记》，"弟子职"出于《管子》。而《七略》两著其目，是为裁篇别出之法，此亦章氏之所阐明也。至如所云，校雠之先，宜尽取四库之藏，中外之籍，择其中之人名、地号、官阶、书目，凡一切有名可治，有数可稽者，略仿《佩文韵府》之例，悉编为韵，乃于本韵之下，注明原书出处，及先后编第，自一见再见，以至数千百，皆详注之，藏之馆中，以为群书之总类，遇有疑似之处，即名而求其编韵，因韵而检其本书，参互错综，即可得其至是（同上，《校雠条理》），又即今日盛行之索引法。同时汪辉祖撰《史姓韵编》《三史同姓名录》二书，章氏曾为叙之，即本此论而作者也。其于郑氏所论，多所订正，兹不悉举。惟其后又撰《史籍考》，期与朱彝尊《经义考》相配，其纂辑要旨，具于《论修史籍考要略》

《史考释例》二篇之中。《要略》所举之例："一曰古逸宜存，二曰家法宜辨，三曰翦裁宜法，四曰逸篇宜采，五曰嫌名宜辨，六曰经部宜通，七曰子部宜择，八曰集部宜裁，九曰方志宜选，十曰谱牒宜略，十一曰考异宜精，十二曰板刻宜详，十三曰制书宜尊，十四曰禁例宜明，十五曰采摭宜详。"《释例》则谓："著录之书，肇自刘氏《七略》，班氏因之，而述《艺文》，自是荀《簿》、阮《录》，《隋籍》、《唐艺》，公私迭有撰记，其因著录而为考订，则刘向《别录》以下，未有继者，宋晁氏公武、陈氏振孙始有专书，而马氏《文献通考》遂因之以著经籍，学者便之。"又云："考订与著录，事虽相贯，而用力不同，著录贵明类例，求于书之面目者也，考订贵详端委，求于书之精要者也。"盖晁氏之《郡斋读书志》，陈氏之《直斋书录解题》，于著录书名、卷数、撰人之后，系以提要，说明其书之旨趣，间以考订其得失，此即清修《四库全书总目提要》之所由昉也。朱氏《经义考》，先分四柱，首著书名，名下注其人名，次行列其著录卷数，三行判其存佚及缺与未见，次系以序论、类跋、目次，最后附以考证，故其书原称《经义存亡考》。章氏仿之，而于序论、题跋多从节删，以避烦冗，盖其所论校雠之法，悉实现于此书，惜以其亡而不得窥见也。

上述五事，已将章氏之史学，撷举大要，不必再为旁举矣。惟章氏既以能得史意自负，故于史学亦有所阐明，此不可以无述也。章氏之言曰：

> 古无史学，其以史见长者，大抵深于《春秋》者也。陆贾、史迁诸书，刘、班部于《春秋》，家学得其本矣。古人书简而例约，虽治史者之法《春秋》，犹未若后世治经学者之说

《春秋》繁而不可胜也。故《春秋》之义行，而名史皆能自得于不言之表焉。马、班、陈氏不作，而史学衰，于是史书有专部，而所部之书，转有不尽出于史学者矣。盖学术歧而人事亦异于古，固江河之势也（《史考释例》）。

又云：

> 古人史学口授心传，而无成书，其有成书，即其所著之史是也。马迁父子再世，班固兄妹三修，当显、肃之际，人文蔚然盛矣，而班固既卒，《汉书》未成，岂举朝之士不能赞襄汉业，而必使其女弟曹昭就东观而成之，抑何故哉？正以专门家学，书不尽言，言不尽意，必须口耳转授，非笔墨所能罄，马迁所谓藏名山而传之必于其人也。自史学亡，而始有史学之名，盖史学之家法失传，而后人攻取前人之史以为学，异乎古人以学著为史也（同上）。

盖章氏喜陈古以刺今，故谓马、班、陈氏不作而史学衰，然谓古人史学无成书，其有成书，即其所著之史，则为精确不易之论。试考刘知幾以前，何曾有论史专书，考史学者，即于所著之史求之，此外则无有也。至谓史学亡而始有史学之名，史学之家法失传，而后人攻取前人之史以为史，此则出于尊古卑今之见，即实论之，未见其然。夫古人之作史者，如左、马、班、陈，诚卓卓可称矣。然于史学之科律，既未之阐明，即后学之治史者，亦苦无从著手，非古人之智虑及不此也，尔时去古未远，著述尚质，文成而后法立，学即寓于书中，作史者本不需法，又何史学之足云。魏、晋以后，史籍渐繁，载言之士，不必尽预作史之选，预其选者，亦未必尽申其志，于是以其余暇，囊括诸史，榷其利病，而《史通》一书，缘之以作，而史学之成家，亦始于是时。凡一学术之成，皆由时势孕育激荡使然，不有子玄，亦必有人能撰是书。章氏谓郑樵有史识，曾巩具史学，刘知幾得史法，岂所谓史识、史法，皆不得谓之史学乎？夫别史识于史学之外，始于刘知幾，然非谓有史识者，不必具有史学也。章氏又谓刘言史法，吾言史意，似史意又超乎史法之上，不知史学之包蕴至广，所谓史识、史法、史意，皆具史学之一体，盖必知孔子所谓其事其文其义，三者合而一之，乃得谓之史学也。第章氏又分史学专部，为考订、义例、评论、蒙求四门，并为之区分曰：

> 世士以博稽言史，则史考也；以文笔言史，则史选也；以故实言史，则史纂也；以议论言史，则史评也；以体裁言史，则史例也。南宋至今积学之士，不过史纂、史考、史例，能文之士，不过史选、史评，古人所为史学，则未之闻矣。（《上朱大司马论文》）

兹以愚见论之，蒙求之书，固不足以当史学，然如史纂、史考、史评、史例四者，岂不通史学者所能为乎？鄙屑而不屑道，未见其可。盖史纂属于事，史选属于文，史评、史例属于义，即章氏所分之四门，亦未尝不以考订、义例、评论列于史学之内，吾故曰，必三者合而一之，乃得谓之史学也。然章氏又昌言史德，其言曰：

才、学、识三者，得一不易，而兼三为难，千古多文人，而少良史，职是故也。昔者刘子玄盖以是说，谓足以尽其理矣。虽然史所贵者义也，而所具者事也，所凭者文也，非识无以断其义，非才无以善其文，非学无以练其事，三者固各有所近也，其中固有似之而非者也。记诵以为学也，辞采以为才也，击断以为识也，非良史之才、学、识也。能具史识者，必知史德，德者何谓？著书者之心术也，所患夫心术者，谓其有君子之心，而所养未底于粹也，而文史之儒，竞言才、学、识而不知辨心术以议史德，乌乎可哉？（《史德》）。

是则史德一项，又为史家三长之本，盖因前代撰史之士，多为无行之文人，故章氏慨乎言之，若为严正之史家，则必不尔，是则刘氏三长之论，仍属至当不易也。

其次尚有宜述者，则章氏尝以"因事命篇"，为作史之极则是也。于纪传、编年二体之外，"因事命篇"始于袁枢之《通鉴纪事本末》，章氏盛赞之，以为体圆用神，真得《尚书》之遗矣。而于此旨，更有阐发。如云：

夫史为记事之书，事万变而不齐，史文屈曲，而适如其事，则必因事命篇，不为常例所拘，而后能起讫自如，无一言之或遗而或溢也。……或考典章制作，或叙人事终始，或究一人之行，或合同类之事，或录一时之言，或著一代之文，因事命篇，以纬本纪，则较之左氏之翼经，可无局于年月后先之累，较之迁史之分列，可无歧出互见之烦，文省而事益加明，例简而义益加精，岂非文质之适宜，古今之中道欤？至于人名事类，合于本末之中，难于稽检，则别编为表，以经纬之，天象、地形、舆服、仪器，非可本末该之，且亦难以文字著者，则绘为图以表明之，盖通《尚书》《春秋》之本原，而拯马《史》、班《书》之流弊，其道莫过于此（《书教下》）。

章氏此论，合于近世新史之体例，前已论之；又以因事命题之法，有时而穷，佐之以图表，其于史学，可谓极尽研幾之能事矣。章氏又引申自注之法，以撰别录，以极因事命篇之用。其说云：

> 史以纪事者也，事同而人隔其篇，犹编年之史，事同而年异其卷也。左氏年次正文，忽入详具某年之句，人知无是理也。马、班纪传正文，遽曰详具某人之传，何以异乎。然杜氏之治《左》也，于事之先见者，注曰为某年某事张本，于事之后出者，注曰事见某公某年，乃知子注不入正文，则属辞既无扞格，而核事又易周详，斯无憾矣。……纪传纪年，区分类别，皆期于事有当而已矣。今于纪传之史，取其事见某传互见某篇之类，以其窜入正文，隔阂属辞义例，因而改为子注，洵足正史例矣，而于史之得以称事而无憾，犹未尽也。一朝大事，不过数端，纪传名篇，动逾数十，不特传文互涉，抑且表、志、载记无不牵连，逐篇散注，不过便人随事依检，至于大纲要领，观者茫然，故于纪传之史，必当标举事目，大书为纲，而于纪、志、表、传与事连者，各于其类附注篇目于下，定著别录一类，冠于全书之首，俾览者如振衣之得领，张网之挈纲，治纪传之要义，未有加于此者也（《史篇别录例议》）。

别录之法，非仅用于纪传已也，亦可用之于编年。其说云：

> 今为编年，而作别录，则如每帝纪年之首，著其后妃、皇子、宗室、勋戚、将相、节镇、卿尹、台谏、侍从、郡县守令之属，区别其名，注其见于某年为始，某年为终，是亦编年之中，可寻列传之规模也。其大制作、大典礼、大刑狱、大经营，亦可因事定名，区分品目，注其终始年月，是又编年之中，可寻书志之矩则也。至于两国聘盟争战，亦可约举年月，系事隶名，是又于编年之中，可寻表历之大端也。如有其事其人，不以一帝为终始者，则于其始见也，注其终详某帝，于其终见也，注其始详某帝可也。其有更历数朝，仿其意而推之可也（同上）。

盖章氏论史，尝称自注之善，谓使自注之例得行，则因援引所及，而得存先世藏书之大概，因以校正艺文著录之得失，是亦史法之一助（史注），此说诚为至当不易。宋代二李（李焘、李心传）所撰之史，其自注之可贵，尤逾于本文，即其证也。惟其所谓别录，虽视《通鉴目录举要历》为加密，然亦仅为索引之一种，须附本书而行，不能自成一史，上较袁枢，尚恐未逮。若夫以事为纲，经纬详明，可备古今之要删者，其即近人所称之通史、别史乎。

汉儒谓《春秋》有大义数十，炳如日星，吾昧于经学家法，不敢妄有论列，惟如章氏之所阐明，实有皭然不可磨灭之处，而所阐明者，厥为史之义例，盖善于用综，以归纳法而得之者也。章氏尝谓胡太学虔，于襞积编纂之功，比小子为缜密，而小子于论撰裁断，亦较胡君为长，不特取材互省功力，即成书亦互资长技（《上朱大司马书》），可谓知己知彼矣。盖以章氏比于刘知幾，一则以扬榷利病为先，一则惟阐明义例是务，惟以扬榷利病为先，故详于批评，亦兼及体要，惟以阐明义例是务，故挈其纲领，而略于节目，试以经学家之派别喻之，刘氏如治古文学，正文字，明训诂，究名物器数，而微言大义，即寓乎其中，章氏如治今文学，惟宣究微言大义之是务，而以文字训诂、名物器数之琐细者，为不足措意焉，此则二氏之辨也。

《文史通义》始撰于乾隆三十六七年之间，其《候朱春浦书》所云，出都以来，颇事著述，斟酌艺林，作为《文史通义》，是也（按章氏于三十六年十月出都）。其后续有所作，以迄于卒，如《浙东学术》一篇，系作于嘉庆五年庚申（是年所撰之文总题曰《庚申杂订》），即章氏卒前一年也。章氏于病笃时，以著述全稿，属萧山王宗炎（字毂塍）编定，宗炎旋写定一目，未及付刊而卒，章氏之次子华绂先勘定《文史通义》《内篇》五卷，《外篇》三卷，并《校雠通义》三卷，初刊于道光十二年（壬辰），于王氏旧目颇有更定，即今之通行本也。兹考内外两篇，各为六十一，《外篇》所载，悉论方志之作，后已别署为《方志略》，《内篇》之纯论史学者，不过《史德》《史释》《史注》《传记》《释通》《申郑》《答客问》（凡三篇）九篇而已。卷一凡十一篇，专明六经皆史之义，其余皆文史兼论，其意以为史须载之以文，离文不足以言史也。惟其中又有泛论学术者，如《朱陆》《浙东学术》二篇是也；有专论文学者，如《文德》《文理》《古文公式》《古文十弊》诸篇是也；然论史之旨，亦以寓焉，其命名《文史通义》，亦以此也。《校雠通义》撰于乾隆四十四年，初为四卷，后二年游汴，遇盗失去，幸前三卷有友人钞存本可据（据《酉冬戌春志馀草》），此即初刊本所据也。

其后有《文史通义补编》《章实斋文集钞》，散见各丛书中，一九二一年，浙江图书馆始将所藏钞本《章氏遗书》十八册，编为二十四卷，排印行世，然犹未备。是年吴兴刘承幹亦汇刊《章氏遗书》三十卷，《外篇》十八卷，其所收者，除两《通义》外，有《方志略》《文集》《外集》《湖北通志检存稿》及《未成稿》，又以《信摭》《乙卯札记》《丙辰札记》《知非日札》《阅书随札》五种，附以《永清县志》《和州志》及补遗、附录、校记，是为《外编》；后又取其《纪元经纬考续》为《外编》之第十九、二十两卷，章氏遗著，大略具是，非浙本之比矣。兹考其编次之法，大抵依王宗炎所编旧目，而又为之变通，如改《文史通义》《内篇》为六卷，原刊本《外篇》之论方志者，多具于《方志略》及《永清》《和州》两志，无事复载，故取诸论文史之散篇，别编为《外篇》三卷，又原刊《校雠通义》无《外篇》，乃取诸论校雠之散篇，编为一卷，核以浙本，盖用王氏旧目也。又《文史通义》《内篇》文字，与原刊本多所异同，而篇目亦有增并，所可考者，大略如此。

章氏所一意经营者，厥惟《史籍考》一书，其书始功于乾隆五十三年，时居湖广总督毕沅幕中，初为撰《论修史籍考要例》一文，未几开局纂修，实由章氏主持其事，而洪亮吉、凌廷堪、武亿等亦与其役，中间因别撰《湖北通志》，未得专力于此，迨五十八年毕氏失职，章氏亦去湖北，然是时已程功十之八九矣。然此书实代毕沅而作，执笔者亦非一人。及毕氏殁，稿已散失大半，章氏乃就其家收拾残丛，欲以独力续成之。嘉庆三年居杭州，籍谢启昆之力，乃得着手补修，并为重订凡例，遗书中所载《史考凡例》是也。兹录其总目如下：

《史籍考》总目

制书　　二卷。

纪传部　正史十四卷，国史五卷，史稿二卷。

编年部　通史七卷，断代四卷，记注五卷，图表三卷。

史学部　考订一卷，义例一卷，评论一卷，蒙求一卷。

稗史部　杂史十九卷，霸国三卷。

星历部　天文二卷，历律六卷，五行二卷，时令二卷。

谱牒部　专家二十六卷，总类二卷，年谱三卷，别谱三卷。

地理部　总载五卷，分载十七卷，方志十六卷，水道三卷，
　　　　外裔四卷。

故事部　训典四卷，章奏二十一卷，典要三卷，吏书二卷，
　　　　户书七卷，礼书二十三卷，兵书三卷，刑书七卷，
　　　　工书四卷，官曹三卷。

目录部　总目三卷，经史一卷，诗文（即文史）五卷，图
　　　　书五卷，金石五卷，丛书三卷，释道一卷。

传记部　记事五卷，杂事十二卷，类考十三卷，法鉴三卷，
　　　　言行三卷，人物五卷，别传六卷，内行三卷，名
　　　　姓二卷，谱录六卷。

小说部　琐语二卷，异闻四卷。

共三百二十五卷。

考史籍之分类，应以阮《录》《隋志》为祖。刘知幾则谓：偏记小说自成一家，能与正史参行。爰及近古，斯道渐烦，史氏流别，殊途并骛。榷而为论，其流有十：一曰偏记、二曰小录、三曰

逸事、四曰琐言、五曰郡书、六曰家史、七曰别传、八曰杂记、九曰地理书、十曰都邑簿（《杂述篇》），是皆别于纪传、编年二体之外者也。其后史籍多祖《隋志》，其流或殊，大体未异。章氏所分十一部，五十五子目，是否悉当，别待榷论，惟与刘氏用意正同，而又加详者也。《史考》本未杀青，原稿以未刊而佚，杨守敬、李之鼎合撰之《丛书举要》，言毕沅未刊书有《史籍考》百卷，不过虚标其目。或谓其残稿见藏美国国会图书馆（据《书目答问补正》），亦未知其审也。

章氏《史籍考》一书今既不传，亦未尝无人为之重作，长沙余苹皋（未详其名）撰《史书纲领》一书，俞樾为之序云："余氏竭数十年之心力，撰述成书，体规朱氏《经义考》，网罗古今史书志乘，录其叙目凡例，视《经义考》加详，而卷帙倍之，匹于甲乙二部之藏，不啻握其钤辖。"其推许可谓至矣（湘阴郭嵩焘亦为此书作序，见《养知书屋集》）。惜其书迄未付刊，不知流落何所（湘潭黎君泽济首考及此，或称余氏所撰本名《史考纲目》）。近日研史之士每欲发愤重撰《史籍考》，而惮其繁重，有撮萧梁旧史而为之考者，如海盐朱氏是，有萃晚明史籍而为之考者，如安阳谢氏是，以言理董全帙则尚有待，倘得是书为蓝本，而补其未备，不亦事半功倍乎？

章氏所撰诸志，以《永清县志》二十五篇（今分十卷）为最全，和州仅余残本（今分三卷），亳州、天门两志则未之见。《湖北通志》为章氏主修，稿本略具，始以毕沅入觐之际，为陈熷所驳，继以毕沅失职，主者易人，而全书易其面目，兹就检存未成两稿求之，可以见其大凡。其书分为四部：一为通志本书，二为掌故，三为文征，四为丛谈。本书分为纪、图、表、考、政略、列传六目，掌故分为吏、户、礼、兵、刑、工六科，文征分为甲（正史列传）乙（经济策画）丙丁（词章诗赋）四集，此本于方志立三书之议也。附以丛谈，以补其未备。章氏所撰诸志，以此志为用力最深，乃今仅得见其残稿，惜哉惜哉！

校雠之学，由治书而生者也。先章氏为此学者，有明人胡应麟之《经籍会通》《四部正讹》。《经籍会通》四卷：一曰《源流》，二曰《类例》，三曰《遗轶》，四曰《见闻》，篇章略具，亦《校雠通义》之先声矣。又有焦竑于所撰《国史经籍志》后，附以《纠谬》一卷，驳正汉、隋、唐、宋诸志及诸家书目分门之误，亦论校雠学之可称者。其于章氏之后，续其书者，凡得两家：一曰双流刘咸炘之《续校雠通义》，一曰杜定友之《校雠新义》。刘氏所撰诸书，多涉皮相，殊鲜精义，盖不足论；杜氏用西人十进法，部次吾国旧籍，因谓书籍分类与学术分类不能并为一谈，《新义》一书，即为发挥此义而作。夫校雠之学，为史学之支裔，然尚有人赓其业而续其书，向、歆造端，郑、章衍绪，上下千载，此道不孤，至于《文史通义》一书，尚未闻有人为之续作，范围有广狭之殊，撰述有难易之别，率尔操觚之士，其不敢轻于从事，又不待问矣。

近人或推郑樵，以为可与刘、章二氏鼎足而三，吾谓非其伦也。章氏尝盛推郑氏《通志》，以为其精要在乎义例，此盖章氏自道其所得，而引郑以自助耳。郑氏以一人之力，穿贯诸史，会为一书，体大气锐，诚可惊叹，然其力不副心，漏略百出，且语多袭旧，迹不可掩，前已略论之矣。其史学之识解，略具于《通志·总序》及《夹漈遗稿·与方礼部书》，总其精要之语，亦不过百数十言而止耳，求如刘、章二氏之自具篇章，首尾一贯，则郑氏病未能也。且郑氏治史之精神，尤在《校雠》一略，其中精语虽多，已不能掩其粗疏之迹，况下于此者乎？或又谓吾国自有左丘明、司马迁、班固、荀悦、杜佑、司马光、袁枢诸人，然后有史，自有刘知几、郑樵、章学诚，然后有史学。吾谓能撰史者，必通史学，左、马、班、荀诸人皆长于撰史，其精于史学必矣。且史学之名，始于后赵石勒，则刘知几之前，亦不得谓之无史学，惟论史学之专书，具有家法，言成经纬，则自刘氏始，而章氏继之，郑氏不得与焉。此吾所以于马、班二氏之后，极有取于刘、章二家之作也。

第九章　清代史家之成就

　　撰史之例，详近略远，清代史家之卓有成就者，无虑数十人，兹取其最著者论之。或以章学诚生于浙东，于《文史通义》中著有《浙东学派》一篇，因谓史学为浙东所独擅，此似是而非之论也。考浙东学派起于宋，时有永嘉学派、金华学派之称，永嘉之著者为陈傅良（止斋）、叶適（水心），金华之著者为吕祖谦（东莱）、陈亮（同甫）。祖谦与朱熹同时，于朱、陆二派之歧异，则兼取其长，而辅之以中原文献之传；陈傅良、叶適、陈亮则皆好言事功，同时又有唐仲友（说斋），以经制之学，孤行其教，当时号称浙学。吕祖谦既著《大事记》，其后又有王应麟（伯厚）籍于浙东之庆元，究心史学，著述最富，亦承永嘉、金华之风而兴起者也。浙东人研史之风，元、明之世本不甚盛，至清初黄宗羲出，昌言治史，传其学于万斯同，继起者又有全祖望、章学诚、邵晋涵，皆以浙东人而为史学名家。于是浙东多治史之士，隐然以清代之史学为浙东所独擅，并上溯于宋之永嘉、金华，以为渊源之所自，世人之不究本末者，亦翕然以此称之。观黄宗羲承其师刘宗周之教，而导源于王阳明，盖与宋代吕、叶、二陈绝少因缘，其源如此，其流可知。万斯同固亲承黄氏之教矣，全祖望私淑黄氏，续其未竟之《学案》，亦不愧为黄氏嫡派，至于章、邵二氏，异军特起，自致通达，非与黄、全诸氏有何因缘，谓为壤地相接，闻风兴起则可，谓具有家法互相传受则不可。兹篇所著，一以专门名家者为断，弗取学派之说，以捐偏党之见，研史之士，或有取焉。

世谓黄宗羲为清代史家之开山，非虚言也。宗羲字太冲，学者称梨洲先生，余姚人也，其学虽导自其师刘宗周，然亦源于家学。其父尊素，明末东林党之巨子也，以讦魏忠贤被逮，途中谓宗羲曰，汝近日心粗，不必看时文，且将架上之《献徵录》略涉读之。自斯以来，黄氏始治史。同里则世学楼钮氏，澹生堂祁氏，南中则千顷堂黄氏，绛云楼钱氏，皆富于藏书，资而读之，其学日进。考其治史之旨，盖一由于矫时弊。全祖望曾论及之云：

> 自明中叶以后，讲学之风已为极敝，高谈性命，束书不观，其稍平者，则为学究，皆无根之徒耳。先生始谓学必源于经术，而后不为蹈虚，必证明于史籍，而后足以应务，元元本本，可依可据，前此讲堂痼疾，为之一变（《甬上证人书院记》）。

二由于寄其故国之思。其为万斯同作《历代史表序》云：

> 嗟乎，元之亡也，危素趋报恩寺，将入井中，僧大梓云，国史非公莫知，公死，是死国之史也，素是以不死，后修《元史》，不闻素有一辞之赞。及明之亡，朝之任史事者众矣，顾独藉一草野之万季野以留之，不亦可慨也夫。

盖当其时，不惟王学已届末流，有不胜其弊之势，必须以实学挽之，而黄氏遁居草野，声闻甚著，时君必欲致之京师，且畀以修《明史》之任，意雅愿为，而义不可出，故委其责于弟子万斯同，斯同出而黄氏之志售矣。其曰，危素不死，而于修史无一辞之赞，己则不然，其度量不亦远哉。黄氏又云：

> 自科举之学兴，史学遂废，昔蔡京、蔡卞当国，欲绝灭史学，至欲废《资治通鉴》之版，然卒不能，今未有史学之禁，而读史顾无其人，此人才所以有日下之叹也（《历代史表序》）。

此盖以治史期勉后学，而卒能继起有人，此黄氏所以为一代史学之开山也。黄氏所撰诸书，以《明儒学案》为最，又撰《宋元学案》，未成，前已论之，又辑《明史案》二百四十四卷，《明文海》六百卷，皆与有明一代之史相关。史案久佚，而世传之《行朝录》，则其残帙也。《明文海》以入《四库》者仅四百八十二卷，所缺一百十八卷，盖以忌讳而去之耳。自言阅明人文集二千余家，《文海》与《十朝国史》相首尾，则其究心明史，不仅限于实录矣。黄氏又谓读史不多，无以证理之变化，多而不求于心，则为俗学，故上下古今，穿贯群言，自天官、地志、九流、百家之教，无不精研，而尤究于历法，于鲁监国时，作《大统历》颁之，又注授时、回回、泰西三历（据《清史稿》本传），或又以所著《明夷待访录》见推，此盖寄其政治思想，而无与于史学者也。

次于黄宗羲者，则万斯同也。斯同字季野，鄞县人，从宗羲游，博通诸史，尤熟于明代掌故，曾以布衣参修《明史》，已略叙于前章，卒年六十，钱大昕作《万先生传》，方苞作《万季野墓表》，皆纪其学行甚详。方苞述万氏之言云：

> 史之难为久矣，非事信而言文，其传不显，李翱、曾巩所讥，魏晋以后贤奸事迹，并暗昧而不明，由于无迁、固之文是也。而在今则事之信尤难，盖俗之偷久矣。好恶因心，而毁誉随之，一室之事言者三人，而其传各异矣，况数百年之久乎。故言语可曲附而成，事迹可凿空而构，其传而播之者，未必皆直道之行也，其闻而书之者，未必有别裁之识也，非论其世知其人，而具见其表里，则吾以为信，而人受其枉者多矣。吾少馆于某氏，其家有列朝实录，吾默识暗诵，未尝有一言一事之遗也。长游四方，就故家长老求遗书，考闻往事，旁及郡邑志乘、杂家志传之文，靡不网罗参伍，而要以实录为指归，盖实录者直载其事与言而无可增饰者也，因其世以考其事，核其言，平心以察之，则其人之本末可八九得矣。然言之发或有所由，事之端或有所起，而其流或有所激，则非他书不能具也。凡实录之难详者，吾以他书证之，他书之诬且滥者，吾以所得于实录者裁之，虽不敢具谓可信，而是非之枉于人者盖鲜矣。昔人于《宋史》已病其繁芜，而吾所述将倍焉，非不知简之为贵也，吾恐后之人，务博而不知所裁，故先为之极，使知吾所取者有可损，而所不取者，必非其事与言之真而不可益也（《望溪集》十二）。

此即万氏治史之梗概也。寻其意旨有三：一贵征实，而不应杂好恶毁誉之见；二以实录为本，而于杂记、短书则博观而慎取之；

三史之初稿贵详，以免不应去而去之病。史贵征实，刘知幾已为之发挥尽致矣，史之初稿贵详，亦李焘《长编》宁详勿略之旨也。若夫实录之书，盖亦不无文饰，唐高祖、太宗实录，于玄武门之变，多所讳饰，不可尽据，夫人而知之矣。明成祖靖难之师，杀侄自立，怀有惭德，故于太祖实录，修改至于数次，又削建文一朝之事而不书，则实录又可为信史乎？万氏之意，盖谓诸史料中以实录为比较可信，所录多为谕旨章奏，不烦笔削，所谓直载其事其文，无可增饰者也，实录有未核未备者，再慎取他书以订补之。盖杂记、短书，语多诬妄，最难取信，故曰，凡实录之难详者，吾以他书证之，他书之诬且滥者，吾以所得于实录者裁之。近人多重野史而轻官书，而流弊至于无等，是则万氏所论，乃两害相权姑取其轻之意耳。万氏又长于礼，曾助徐乾学修《读礼通考》，或以全祖望有乾学更请季野编成《五礼之书》二百余卷之语，遂谓秦蕙田《五礼通考》，由攘窃万氏之作而成，无征不信，厚诬古人，吾不敢妄为附和（参阅第八章论典礼一节），然万氏治史之广博，亦可于此窥见矣。

继万斯同而起者，则有全祖望。祖望字绍衣，学者称谢山先生，亦鄞人也，成进士后，膺馆选，已而被摈，遂不复出，以著述自娱，其所究心者，为晚明文献之学。初李绂见其文曰，此深宁（王应麟）、东发（黄震）后一人也。在翰林时，与李绂共借《永乐大典》读之，日各尽二十卷，其学问之博以此。时开《明史》馆，祖望为书六通移之，先论《艺文》，次论表，次论《忠义》《隐逸》两传，其表章遗献之意，隐然可见。生平服膺黄宗羲，亦深蒙万斯同之影响。卒年五十一，所著书曰《鲒埼亭集》《经史问答》《宋元学案》。集中所载如钱忠介、张苍水诸传，皆明末死节之士，又为顾亭林、黄梨洲、李二曲、陆桴亭、万贞文、刘继庄诸氏志墓作传，皆以表彰隐逸高蹈不仕之大节，试取全书读之，十九皆史料也。盖明季北都既陷，诸臣展转南方，孤力支撑，屡仆屡起者，先后相望，惜无人为之表彰，将有就湮之势，全氏痛心于此，取以自任，就所闻者，泚笔记载，今日考南明史者，得以左右逢原，取用不竭，以祖望保存之力为多。阮元称之曰，经学、史才、词科三者，得一足传，而祖望兼之。又谓百尺楼台，非积年功力不可。吾谓全氏之可称者，厥惟史才，经学、词科，不过藉以润色其史才耳。夷考其时，文网正密，以喜谈明史受祸者，不知凡几，而全氏独夷然不顾，口询手纂，积稿等身，殁后又得流传，亦无人为之讦发，抑何幸也。《经史问答》中，论史者约百余条，首论《战国策》，余皆论《史》《汉》，《后汉》以下未暇为也。全氏颇喜言史法，曾论《史记》窦、田为一传附灌夫固非，《汉书》合韩安国为一传尤不合。其言曰：

　　窦、田薰莸，相去远甚，窦本不以外戚得封，自以七国时功，而争梁王，争栗太子，其大节甚著，在景帝时，当与条侯作合传，晚节不善处进退之间，自是无学术，然安得谓之凶德，而使与田蚡同列。田蚡特竖子，无一可称，晚有交通淮南之大逆，只合黜之在《外戚传》。史公生平习气，乐道人盛衰荣枯之际，以自写其不平，而不论史法，故以灌夫之故，强合窦、田为一传。《汉书》则因韩大夫在东朝与议窦、田之狱，而并牵合之，尤非也。安国只应与郑庄辈合传。

又论《汉书·东方朔传》云：

《史》《汉》皆喜于文字见奇诡，而不论史法，《汉书》较《史记》略减，然如《司马相如》《东方朔传》，仍所不免。以史法论，朔之斥吾邱，廘董偃，戒侈奢，其生平大节，三者已足，何得滑稽之娓娓乎，其实文字，亦不尚此秽语。

愚按田、窦传，为《史记》中最生色文字，其所以生色者，即在善写其盛衰荣枯之际，设去此一节，便觉索然寡味矣。大抵撰合传者，不必其人人铢两悉称，但能以事联缀之，彼此相关，能合而不能分，即为极合传之能事。《史记》中诸合传，每能贯澈此旨。后来诸史，惟欧、宋所撰之《新唐书》，偶尔有之，如张巡、许远合传，其事并不分叙，又能附以南霁云、雷万春事，此真善学太史公者，若诋南、雷与张、许不伦，岂得谓之通识哉。至论《东方朔传》，亦与之同病，盖东方朔之卓然可传，为人乐道而不衰者，即在托讽而谲谏，所谓托讽谲谏，即以其为滑稽之雄，本传所述，皆以著其滑稽，虽毗于奇诡，不足为病，而全氏以史法绳之，不亦远乎。全氏所谈史法，大抵如是，盖全氏所著悉为史料，不能与成家之史相提并论，就其所表著者论之，已为吾侪心折久矣。《宋元学案》，别著于前，故不复论。

次于全祖望，而可称之史家，则钱、王、赵三氏是也。钱氏名大昕，字晓徵，一字辛楣，嘉定人也，以进士入翰林，累官至少詹事，年未五十，丁父艰，遂不复出，卒年七十七。王氏名鸣盛，字凤喈，号西庄，亦嘉定人，与钱氏同年进士及第，累官内阁学士，兼礼部侍郎，后亦因丁母艰不复出，卒年七十六。赵氏名翼，字云松，号瓯北，阳湖人也，亦进士及第，累官贵西兵备道，因案镌级，遂乞归，不复出，卒年八十六。三氏皆邃于史学，钱氏著《二十二史考异》，王氏著《十七史商榷》，赵氏著《廿二史札记》，皆统释诸史，逐年积累而成，历时久而后出者也。阮元之论钱氏曰：先生于正史、杂史，无不讨寻，订千年未正之讹；校正地志，于天下古今沿革分合，无不考而明之；精通天算，三统上下，无不推而明之；于金石无不编录，于官制史事考核尤精，因叹以为人所难能。盖钱氏于正史、杂史而外，兼及舆地、金石、典制、天算，治史范围广于同时诸家，故所著又有《宋辽金元四史朔闰考》《潜研堂金石文字跋尾》，而精意所寄，尤在《十驾斋养新录》一书，可与顾炎武《日知录》相伯仲，宏博不如，而精实过之。文集中所载《与袁简斋书》，论唐、宋官制守、判、试、知、检校诸称，援引精确，分析入微，为前人论史书中所罕见。即如所论"三史"一条云，三史，谓《史记》《汉书》及《东观记》也，引《续汉郡国志》《春秋》三史会同征伐一语为证，唐以后《东观记》失传，乃以范书当三史之一，所论何等明晰。至王鸣盛《十七史商榷》，则论三史者凡三条：其一，亦引《续汉郡国志》，而谓《后汉》为指谢承或华峤书（卷三十二）；其二，则以《三国志·吕蒙传注》引《江表传》有省三史诸家兵书之语，是时尚无谢、华二氏之书，无以解之，乃谓三史似指《战国策》《史记》《汉书》（卷四十二）；其三，则取前两说而并举之（卷九十九），是盖忘记三国之世已有《东观汉记》流传于世也。是则钱氏所释，为至当不易矣。文集中又有《答问》十二卷（卷四至十五），中有两卷论史，似胜于全氏之《问答》。或多称钱氏《考异》，不知其所重者为文字之异同及训释之当否，其精言要义，多不具于此，读者不察，遂谓钱氏史学，似未出于王、赵二氏之上，此则皮相之论也。王氏史学，悉具《十七史商榷》一书，曾论治史宜考典制，又谓与治经不同。其说云：

大抵史家所记典制，有得有失，读史者不必横生意见，驰骋议论，以明法戒也。但当考其典制之实，俾数千年建置沿革，了如指掌，而或宜法，或宜戒，待人之自择焉可矣。其事迹则有美有恶，读史者亦不必强立文法，擅加与夺，以为褒贬也。但当考其事迹之实，年经事纬，部居州次，记载之异同，见闻之离合，一一条析无疑，而若者可褒，若者可贬，听之天下之公论焉可矣。……治史之法，与读经小异而大同，何以言之，经以明道，而求道者，不必空执义理以求之也。但当正文字，辨音读，释训诂，通传注，则义理自见，而道在其中矣。读史者不必以议论求法戒，而但当考其典制之实，不必以褒贬为与夺，而但当考其事迹之实，亦犹是也，故曰同也。若夫异者则有矣，治经断不敢驳经，而史则虽子长、孟坚，苟有所失，无妨箴而砭之，此其异也。抑治经岂特不敢驳经而已。经文艰奥难通，若于古传注，凭己意择取融贯，犹未免于僭越，但当墨守汉人家法，定从一师，而不敢他徒。至于史，则于正文有失，尚加针砭，何论裴骃、颜师古一辈乎，其应择善而从，无庸偏徇，固不待言矣，故曰异也。要之二者虽有小异，而总归于务求切实之意，则一也（《十七史商榷·自序》）。

或据此序，谓《商榷》一书，重在典章故实是也，然细考其书，典章故实固居其大半，然亦论及版本义例，不拘一体，与钱氏《考异》，皆善于用析以演绎法而得之者也。至赵氏之《廿二史札记》则不然，赵氏意在总贯群史，得有折衷，《自序》所谓多就正史纪、传、表、志参互勘校，至古今风会之递变，政事之屡更，有关于治乱兴衰之故者，亦随所见附著之，即此意也。兹考其书，如论《汉书》多载有用之文，《旧唐书》《旧五代史》多用实录、国史，《宋》《辽》《金》三史初修、重修之始末，皆叙次綦详，不待他求而略具；至东汉之宦官与党禁，六朝之清谈，南北朝通好之使命，唐代宦官及节度使之祸，五代诸帝多由军士拥立，宋代制禄之厚、冗官之多、和战之是非，元代百官以蒙古人为之长，明代内阁首辅之权重及才士诞傲之习各条，皆属一代大事，而能列举多证，娓娓而谈，以明其事之因果嬗变，尤合近代治学之方法；即其细者，如汉多黄金，三国关、张之勇，五代人多以彦字为名，明初文字之祸，亦皆本末洞然，富有逸趣，读其书者，乃至不忍释手。盖他人之治史者，喜以稗乘胜说为证，而赵氏则以本书证本书，或以其他正史证某一正史，盖由清人以经证经之法，推而出之，其识见尤高人一等。统观全书，悉由善于用综以归纳法而得之者，记曰："属辞比事，春秋教也。"赵氏可谓善于属辞比事矣（李慈铭谓《札记》为乾嘉时一老儒所作，赵氏据而有之，不知何据）。此其治史之术，又与钱、王二氏不同者也。钱、赵二氏之书，皆以廿二史命名者，明代以《旧唐》《旧五代》不列正史，故只有廿一史，清代增《明史》，则为廿二史，赵氏《札记》并《旧唐书》《旧五代史》而释之，而不称廿四史者，其时二史未奉有列入正史之明谕也。钱氏《考异》，分《后汉》之志为《续汉》，增《旧唐书》而无《旧五代》及《明史》，故亦为廿二史。至王氏所释，迄于五代而止，虽论及《旧唐》《旧五代》，亦不列于数内，称十七史，用宋人语也。《考异》《札记》之名，无待详释。至王氏之书命名"商榷"，盖取《史通·自序》"商榷史篇遂盈筐箧"之义。又谓，商，度也；榷，麓略也，言商度其麓略也。王氏又著《蛾术编》，不专言史。钱氏尚有《三史拾遗》《诸史拾遗》，附《考异》以行。又曾究心《元史》，先撰《氏族》《艺文》二志以见志。或谓别有《元史稿》若干册，著录于日本岛田翰之《古文旧书考》，因疑其书未亡，然钱氏未尝一语及此，何也？赵氏又著《陔馀丛考》，成书在《札记》之前，其中论史之语，再加订正，多入《札记》。其后临海洪颐暄亦喜治史，其《读书丛录》中，有七卷为论史之语，专考《史记》、两《汉》。其后又续三国以下迄隋，为《诸史考异》十八卷，然仅小有补苴，不逮三氏远甚，故亦不复详论云。

与钱、王、赵三氏同时，以治史有声者，又有邵晋涵。晋涵字与桐，号二云，余姚人也，以进士入四库馆，任编纂，仕至翰林院侍讲学士，卒年五十四。晋涵与章学诚同里，俱喜治史，故最相得。章氏亟称其从祖廷寀之史学，廷寀字念鲁，著有《东南纪事》《西南纪事》，详于南明匡复之事，而章氏尤称其《思复堂集》，以其中多载明人轶事也。全祖望尝诋廷寀之短，章氏则谓全氏通籍馆阁，入窥中秘，出交名公巨卿，闻见自宜有进，然其为文，与《思复堂集》不可同日语也。全氏修辞饰句，芜累甚多，不如《思复堂集》辞洁气清，若其泛滥驰骤，不免漫衍冗长，不如《思复堂集》雄健谨严，语无枝剩。至于数人共为一事，全氏各为其人传状碑志，叙所共之事，复见叠出，至于再四，不知古人文集，虽不如子书之篇第相承，然同在一集之中，必使前后虚实分合之间，互相趋避，乃成家法，而全氏不然，以视《思复堂集》，全书止如一篇，一篇止如一句，百十万言，若可运于掌者，相去又不可以道里计矣。至于闻见出入，要于大体无伤，古人不甚校也。王弇州之雄才博学，实过震川，而气体不清，不能不折服震川之正论。今全氏之才，不能远过弇州，而《思复堂集》高过震川数等，岂可轻相非诋，是全氏之过也（《邵与桐别传》章贻选跋引章氏语）。于此可窥见廷寀之史学，而全氏之短亦于此得见仿佛焉。晋涵尝自《永乐大典》中，辑出《旧五代史》，又撰《南都事略》，并有志重修《宋史》，而易其名为《宋志》，更为毕氏校定《续通鉴》，前章已略及之矣。邵氏论史之语，见于章学诚之所记，其言曰："宋人门户之习，语录庸陋之风，诚可鄙也，然其立身制行，出于伦常日用，何可废耶，士大夫博学工文，雄出当世，而于辞受取与出处进退之间，不能无箪食万钟之择，本心既失，其他又何议焉，此著《宋史》之旨也。"（《邵与桐别传》）章氏督促邵氏修史甚力，其言曰："足下博综，十倍于仆，用力之勤，亦十倍于仆，而闻见之择执，博综之要领，尚未见其一言蔽而万绪该也。《宋史》之愿，大车尘冥，仆亦有志，而内顾枵然，将资足下而为之耳。足下如能自成一史，仆则当如二谢、司马诸家之《后汉》，王隐、虞预诸家之《晋书》，以备一家之学，如其未能，则愿与足下共功，其中立言宗旨，不谋而合，亦较欧、宋《新唐》必有差胜者矣。"（《与邵二云论学书》）其后又曰："足下《宋史》之愿，大车尘冥，恐为之未必遽成，就使成书，亦必足下自出一家之指，仆亦无从过而问矣。但古人云，载之空言不如见之实事，仆思自以义例，撰述一书，以明所著之非虚语，因择诸史之所宜致功者，莫如赵宋一代之书，而体例既与马、班殊科，则于足下之所欲为者，不嫌同工异曲。"（《与邵二云论修宋史书》）章氏又尝与邵氏论《宋史》，谓俟君书成后，余更以意为之，略如《后汉》《晋史》之各自为家，听决择于后人；又谓当取名数事实，先作比类长编，卷帙盈千可也；至撰集为书，不过五十万言，视始之百倍其书者，大义当更显也。邵氏则曰："如子所约，吾亦不能，然亦不过参倍于君，不至骛博而失专家之体也。"（《邵与桐别传》）其所论者，大略具是，而二氏之宋史，卒用未底于成，亦徒托空言而已矣。章氏为邵氏作传，亦略及浙东史学，其言曰："南宋以来，浙东儒哲讲性命者，多攻史学，历有师承，宋、明两朝纪载，皆稿荟于浙东，史馆取为衷据，其间文献之征，所见所闻所传闻者，容有中原耆宿不克与闻者矣。"此又略明己与邵氏之史学渊源甚早，亦《浙东学术》一文之所由作也。

与邵晋涵同时，以目录、校雠之学擅名者，则纪昀是也。昀字晓岚，直隶献县人，起家进士，入翰林，累官礼部尚书，协办大学士，卒年八十二。生平著作甚少，其精力所萃，只有《四库全书总目提要》一书。初历城周永年撰《儒藏说》，略谓："明人曹学佺欲仿二氏为儒藏，邱琼山欲分三处以藏书，陆桴亭欲藏书于邹鲁，其意皆欲为儒藏，而未尽其说，惟分藏于天下学宫、书院、名山、古刹。又设为经久之法，即有残缺，而彼此可以互备。释者之书，正伪参半，美恶错出，惟藏之有法，故历久不替。然立藏以后，自成一家之言，初不多见。儒者则一代之内，必有数种卓然不朽之书，可以入藏。释老之藏，盛于前而衰于后，儒者则代有增益，此亦闲卫吾道之一端也。"又立《儒藏条约》曰："儒藏不可旦夕而成，先有一变通之法，经、史、子、集，凡有版之书，在今日颇为易得，若于数百里内，择胜地名区，建义学，设义田，凡有志斯事者，或出其家藏，或捐金购买，于中以待四方能读之人，终胜于一家之藏。即如立书目，名曰儒藏未定目录，由近及远，书目可以互相传钞，因以知古人之书或存或佚。如此则数十年之间，奇文秘籍，渐次流通，始也积少而为多，继则由半以窥全，力不论其厚薄，书不论其多寡，人人可办，处处可行。"是则周氏所论，正为现制之图书馆，化私人藏书为公有，可以便人阅览，向日学者叹求书之难者，今日则视为故常矣。惟其所谓儒藏，即用丛书之法，荟萃儒者之书，而为一编，略如明代之《永乐大典》，而清代之《四库全书》亦继此而起者也。自周氏有此论，至乾隆三十七年，安徽学政朱筠乃有奏请开馆校书之议。其言计分四项：一、旧书钞本应急搜，二、中秘书籍当标举现有者以补其余，三、著录、校雠当并重，四、金石、图谱在所必录。清廷遂据此议，以设立四库全书馆。然其初不过先就《永乐大典》从事校核，凡外间所无及流行不甚广者，悉为签出发钞而已。后乃内外所有各书，悉加网罗，分为经、史、子、集四部，每校一书，即为撰一提要，签于书端，盖用刘向总录群书条而奏之之法。后乃荟萃诸书之提要，以为《四库全书总目》。所谓分之则散弁诸编，合之则共为总目是也。时任总纂者，为纪氏与陆锡熊，分纂官则有多人，故各书提要之初稿，出于各分纂官所撰，而送总纂为之核定焉。昔会稽李慈铭谓："《四库总目》虽纪、陆二氏总其成，然经部属之戴东原，史部属之邵南江，子部属之周书昌（永年），皆各纂所长，纪氏名虽博览，而于经、史之学则实疏，集部尤非当家。"（《越缦堂日记》）此语殊不尽然。兹考聚珍版，戴氏所撰提要，《仪礼》《大戴礼》《方言》等书，固属经部矣，然如《水经注》则属于史，《项氏家说》及《算经》诸书则属于子，是戴氏未尝专主经部也。再考邵氏《四库全书分纂稿》，凡正史各提要，邵氏所撰，固居其大部矣，然其中尚有四种属于经，一种属于子，四种属于集，而聚珍版之《融堂书解》提要，亦为邵氏所撰，是邵氏亦不专主史部也。又聚珍版之老子《道德经注》，属于子部，其提要固为周氏所撰，而《公是》《彭城》《浮溪》诸集，属于集部之提要，亦出周氏之手，是周氏亦不专主子部也。且纪氏专主集部，更无明证，且职居总纂，无所不赅，讵能专任一部以自隘乎？盖当日分纂诸氏，各就所长，分任其事，则有之矣，而提要各稿，俱经纪氏笔削增窜，有大异其原来面目者。试取邵氏《分纂稿》与《提要》加以衡较，则知邵氏原稿，多经纪氏修改，且有十无一存者矣。考《提要》有原本《提要》（亦称《书前提要》）与《总目提要》之分：《原本提要》冠于《四库》各书卷首者也，《总目提要》荟萃别为一编者也。两种提要，异同亦复甚多。或谓《原本提要》出之各分纂官，《总目提要》则为纪氏所修改，此亦非也。兹取邵氏分纂稿一一对校，微特与《总目提要》相去甚远，即与《原本提要》合者亦甚少，盖《书前提要》已于进呈时经纪氏一度之修改，迨其后荟为一书，又复再度修改，多所增益，大抵《总目提要》往往较《原本提要》为精核，盖经融会贯通悉心厘正故也。《提要》出于纪氏之笔削，实有多证。朱珪为纪氏撰墓志铭云："公馆书局，笔削考核，一手删定，为《全书总目》，衰然巨观。"其祭纪氏文亦云："生入玉关，总持四库，万卷提纲，一手编注。"又阮元序纪氏文集亦云："高宗命辑《四库全书》，公总其成，凡六经传注之得失，诸史记载之异同，子集之支分派别，罔不抉奥提纲，溯源彻委，所撰定《总目提要》，多至万余种。"盖珪与纪氏同时，又为修书时总阅官之一，元亦及见纪氏，皆以《提要》为纪氏一手删定，所言当不诬也。不惟朱、阮二氏言之如此，即纪氏文集、笔记中亦时时自言之，兹不悉举。《总目提要》之各部有总序，每部各类之前有小序，后有案语，为原本《提要》所无，皆纪氏荟萃为总目时所撰，与各分纂无与者也。又高宗尝命纪氏撰《简明目录》，以便检阅，每书皆记卷数、撰人，并略叙其书之梗概，为书二十卷，见于高宗题文津阁诗之自注（《乾隆御制诗》五集卷六十七），此又未尝假手他人者。纪氏一生，除文集、笔记外，其他著述甚少，盖精力已尽于此书矣。《四库》著录之书，凡三千四百七十种，七万九千十八卷；存目之书，凡六千八百十九种，九万四千三十四卷，而吾侪所尤应重视者，乃在存目，盖著录之书，今尚易求，存目之书，则不可尽见，依《存目提要》而求书，不难得其大略，且往往于无意中获之，此又纪氏立例之善也。同时章学诚著《校雠通义》，以明向、歆部次群籍之法，然徒托空言，未能见之实事，惟纪氏于著录、校雠二者，以毕生之力从事于此，所著《总目提要》，实兼《七略》《别录》而有之，讵非向、歆以来之所仅见者乎？虽其书尚多漏误，近已有人为之校补，但其大体精善，可议甚少。总之校雠之学，为史家之支与流裔，尤为治史者所不可废，近代擅此业者，纪氏而外，殊罕其俦，吾故取而述之，或以纪氏喜诋宋儒，尊扬汉学，目之为经学家，则失其实矣。

　　有清中叶，有异军特起自树一帜之史家，与纪昀同起于北方者，是为崔述。述字武承，一号东壁，大名人也。乾隆举人，官知县，嘉庆二十一年卒，年七十七。其学始于治经，以怀疑、辨伪、考信三者为主旨，其所考辨之对象，则为尧、舜、禹、汤、文、武、周公、孔、孟，其意在尊经，而屏战国、秦、汉以后之杂说，非惟《史记·孔子世家》，以其出于汉人，多不之信，即《礼记》之《檀弓》，亦以为出于汉儒所造，又以《论语》中公山弗扰及佛肸二章，为汉人张禹所更定。寻其所考辨者，名为治经，实为研治中国之古史，特自秦汉以后，为群经所不具者，则略而不言耳。崔氏所著之书，曰《考信录》，而释其作书之旨于提要云：

　　余年三十，始知究心六经，觉传记所载，与注疏所释，往往与经互异，然犹未敢决其是非。乃取经文，类而辑之，比而察之，久之而后晓然知传记注疏之失。顾前人罕有言及之者，屡欲茹之而不能茹，不得已乃为此录以辨明之。

又释其书之例云：

　　（一）唐、虞、三代之事，见于经者，皆醇粹无可议，至于战国、秦、汉以后所述，则多杂以权术诈谋之习，与圣人不相类，故《考信录》但取信于经，而不敢以战国、魏、晋以来度圣人者，遂据之为实也。（二）今为《考信录》，于殷、周以前事，但以《诗》《书》为据，而不敢以秦、汉之书遂为实录。（三）余为考信汉、晋诸儒之说，必为考其原本，辨其是非，非敢诋諆先儒，正欲平心以求一是。（四）今为《考信录》，不敢以东汉、魏、晋诸儒之所注释悉信以为实言，务皆究其本末，辨其同异，分别其事之虚实，而去取之，虽不为古人之书讳其误，亦不为古人之书增其误。（五）今为《考信录》，凡无从考证者，辄以不知置之，宁缺所疑，不敢立言以惑世。（六）今为《考信录》，宁缺毋滥，即无所言，亦仅列之备览，宁使古人有遗美，而不肯使古人受诬于后世。（七）大抵文人学士，多好议论古人得失，而不考其事之虚实，余独谓虚实明而后得失或可不爽，故今为《考信录》，专以辨其虚实为先务，而论其得失者次之。

寻崔氏之意，盖欲以经论经，亦犹赵翼之欲以正史证正史，此固治经史者所必遵之程也。虽然，崔氏之治经，不以明音训、究名物为事，与专门治经者异趣，崔氏盖视六经如史，而考辨古代某事之为真为伪，不特史应怀疑，即经亦何尝不应怀疑。惟崔氏胸中，横亘一但取信于经之见，而战国以下之书，皆以为不可尽信，是则先立主观，不免自有所蔽，亦为未达一间者也。

惟往昔之治史者，多失之信古太过，不啻为古人之舆儓，独崔氏能出其所疑，以与世人共见。求之往代，惟汉之王充，唐之刘知幾，有此气概。王充非究心于史者，可置弗论，崔氏曾称，知幾于秦汉之书，纪春秋之事，考之详而辨之精，而犹以其疑经之作为非（《考信录提要》），是以己为疑所当疑，而知幾为疑所不当疑矣。不悟二氏皆以怀疑、辨伪、考信为史学之名家，知幾之见称于世久矣，崔氏卒后近二百年，而始有人称之。崔氏所著之书，曰《唐虞考信录》二卷，曰《夏考信录》《商考信录》各四卷，曰《丰镐考信录》八卷，曰《洙泗考信录》四卷，是为正录；曰《考信录提要》二卷，曰《补上古考信录》二卷，是为前录；曰《丰镐别录》三卷，《洙泗馀录》三卷，《孟子事实录》二卷，《续说》二卷，《附录》二卷，是为后录；统称为《考信录》，凡三十六卷。《补上古考信录》，辨唐虞以前之史事，既已无经可证，颇能疑所当疑，亦以无取信于经之见，为之桎梏也。自言始功于四十以后，至七十成书，复加增改，又五年而始定，前后四十余年，盖毕生精力之所萃矣。又合以杂著若干种，凡八十八卷，自署为薄皮茧，薄皮茧者，大名之方言也，盖蚕有强弱，故其茧亦有厚薄，以喻其为举人而官知县，树立甚浅，如薄皮之茧也。其书初为其弟子陈履和刊行，后又收入《畿辅丛书》，然于杂著未能全刊。及顾颉刚获崔氏之《知非集》《莳田膡笔》及其夫人之《二馀集》、其弟其妹之稿，汇刊为《东壁遗书》，于是几无人不知有崔氏矣。

北方之史家，继崔述而兴者，又有徐松。松字星伯，大兴人也，嘉庆十年，以进士入翰林，十四年任《全唐文》馆提调兼总纂，于是将旧贮翰林院之《永乐大典》，移存馆内，以供采撷，松于其时，遂由其中辑出《宋会要》，至五百卷之多，可谓富矣。初俞正燮颇留意及此，所撰《宋会要辑本跋》，初谓其书元时已亡，继谓明时犹存，乃从类书说部，钩稽辑成五卷，盖正燮未窥中秘，不知《宋会要》已收入大典，故勤勤于此举也。徐氏不仅自《大典》辑出《会要》，又得宋《中兴礼书》及《河南志》二种。同时李兆洛与之书云："《会要》一书，自当钩稽异同，拾遗补坠，使本末灿陈，为故宋一代考证渊薮，若草草属录，复何与于存亡之数，执事敏于识而练于古，壹此不懈者数年，自当纲目详备，宏富绝特，卓冠流略，为宇宙留此奇籍，幸无复以欲速致悔也。"（《养一斋文集》十八）严铁桥亦与之书云："足下在《全唐文》馆，从《大典》中写出《宋会要》，此天壤间绝无仅有者，及今闲暇，依《玉海》所载《宋会要》体例，理而董之，存宋四百年典章，肆力期年，粗可竣事，而来书言苦无助我为力者，助得附名，非有议叙，废时悬望，难必其人，异日或蒙恩大用，无暇及此矣，时哉不可失，盍早图之。"（《铁桥漫镐三》）合两书观之，一则勉其无以欲速致悔，一则劝其盍早图之，主张虽有不同，皆切望此书成为完帙。龚自珍别徐氏诗，亦曰："笤河寂寂覃溪死，此席今时定属公。"即谓北方学者自朱筠、翁方纲后，继起者惟徐氏一人，其语诚为不诬。然吾谓徐氏于史学之贡献与其努力，实为最大，不惟《宋会要》一书而已，如所撰《西域水道记》《汉书西域传补注》《新斠注地理志集释》，皆极精博，又有《唐两京城坊考》《唐登科记考》，乃自群籍中多方搜求，排比联缀以为一书，读者惊叹其难，亦《宋会要》之亚。盖徐氏之长在辑逸阐幽，详人之所略，为人之不能为，清代学者，自惠栋、卢文弨、顾广圻诸氏外，殊罕见其匹也。徐氏后官湖南学政，坐事戍伊犁。出关之后，置开方小册，随所至图其山川曲折，而《西域水道记》《汉书西域传补注》，皆成于此时。徐氏以《水道记》拟《水经》，复自为释，以比道元之注。又以新疆素无专书，乃纂述成编，于建置、控扼、钱粮、兵籍，言之尤详，将军松筠奏进其书，仁宗为赐名《新疆事略》，因以赦还。道光中起内阁中书，累补御史，出知榆林府，卒年六十八。清代自嘉、道以后，学人多究心西北地理，初仅以新疆伊犁为范围，继则扩及蒙古全部，后移其重心于元史，不惟亚洲西部北部，在所究心，即欧洲东部，亦在研究范围之内。精于此者，有祁韵士，初在史馆撰《蒙古王公表》，凡阅八年，成书一百二十卷，后以事谪戍伊犁，则于谪地成《西陲总统事略》十二卷、《西域释地》二卷，又成《藩部要略》十六卷、《西陲要略》一卷，其云西陲者则新疆也，其云藩部者则蒙古诸部也。其后徐氏遂据韵士之《总统事略》，以成其《新疆事略》。其继起者，更有张穆、何秋涛，以治边疆地理得名，实则吾国之地理学家。皆不以人文地理为基础，其所重者，悉在沿革史迹，盖以治史之方法以治地理，可名之曰地理沿革史，亦为边疆史之一部。故一转移间，即变为以蒙古为中心之元史，此其因革递变之迹，不可不知者也。

　　兹再进而叙述张穆、何秋涛之史学。穆字石洲，平定州人，亦北方之学者也，道光中优贡生，善属文，歙县程恩泽见之，惊曰，东京崔、蔡之匹也。秋涛，字愿船，光泽人，道光进士，官主事，擢员外郎。穆所著书，曰《蒙古游牧记》十六卷，以蒙古各盟之旗为单位，用史志体，而自为之注，考证古今舆地及山川城镇之沿革，悉能殚见洽闻，究明本末，与祁韵士《要略》用编年体者，可以相垺，惟属稿未竟而卒，秋涛为续成之。穆又撰《魏延昌地形志》，盖以《魏书》原志，分并建革，一以天平、元象、兴和、武定为限，纯乎东魏之志，其雍、秦诸州地入西魏者，遂拽失踌驳不可读，乃更事排纂，为之补正，仅成十二卷，而其书则罕见传本。秋涛所著书曰《北徼汇编》八十卷，首以钦定书十二，继以经略六、考二十四、传六、纪事始末二、记二、考订诸书十五、辨正诸事五、表七，附以图说一卷终焉。李鸿章序其书曰：

> 秋涛究心时务，博极群书，以为俄罗斯东环中土，西接泰西诸邦，著录之家虽事纂辑，未有专书，始为汇编，继加详订，本钦定之书及正史为据，旁采图理深、陈伦炯、方式济、张鹏翮、赵翼、松筠以及近人俞正燮、张穆、魏源、姚莹之徒，与外国人艾儒略、南怀仁、雅稗理之所论述，并上海广州洋人所刊诸书，订其舛讹，去其荒谬……为考，为传，为纪事，为辨正，自汉、晋、隋、唐迄于明季，又自康熙、乾隆迄于道光，代为之图，各为之说，凡八十卷，文宗垂览其书，赐名《朔方备乘》。进呈之后，书旋散亡，吏部侍郎黄宗汉因取副本，拟更缮进，复毁于火。秋涛之子芳稑，奉其残稿来谒，篇帙不完，涂乙几遍，鸿章爰属编修黄彭年与畿辅志局诸人，为之补缀排类，复还旧观，图说刊成，全书次第，亦付剞劂。

据此则是书亡失两次，终以残稿尚在，又得整理复旧，甚矣著书之不易也。至《北徼汇编》为其初名，今称《朔方备乘》，则用清文宗之赐名耳。张、何二氏之书，皆以覃究西北地理为主，而一以蒙古为范围，一以北徼与俄国关联者为范围，并叙及东海索伦诸部，北徼界碑，库叶附近诸岛，艮维诸水，艮维窝维，及辽、金、元北徼诸国，则于西北地理之外，并包及东北矣。因此之故，引起学者研究东北边疆之兴味，而从事考订探讨者，大有人在，特不如研究西北地理者之材料富而收获丰耳。

与张、何二人同时者，则有魏源，其后于魏源者，则有洪钧、屠寄、柯劭忞，皆以精研元史擅名，此就西北地理推而衍之，以转其重心于元代者也。初邵远平继其父经邦之志，以撰《元史新编》，钱大昕继之，欲改造《元史》而未成，然其绪则已启矣。源字默深，邵阳人，道光进士，官知县卒，究心史学，成《圣武记》《海国图志》《元史新编》诸书。钧字文卿，吴县人，同治状元，以侍郎出使英、法、俄、德诸国，在欧洲时，搜得拉施特、多桑等所撰之蒙古史，因之成《元史译文证补》一书。寄字敬山，武进人，光绪进士，曾客黑龙江，修志，撰《黑龙江舆图》及《图说》，至为精核，后乃萃其精力以修《蒙兀儿史记》，随撰随刻，卒时虽未成书，已得十之七八矣。劭忞字凤荪，胶县人，光绪进士，曾与修《畿辅通志》，晚年撰《新元史》，以集清代治元史者之成。其时又有顺德李文田，著《元秘史注》十五卷，虽未精核，考证颇详。秀水高宝铨又撰《元秘史李注补正》十五卷，其勤与李氏相埒。宝铨又有《元史疏证》，附《元史通考》若干卷，稿本数十巨册，近年始自其家散出，朱先生希祖曾见其首册，欲购而先为他人所得，如能为之刊传，亦盛德事也。凡关于改修《元史》者，前已约略述之，惟诸氏之致力《元史》者，皆不解西文，魏氏之世，史材未多，李、高二氏悉因中国故籍以为校注，固无论矣，洪、屠、柯三氏，则皆假译人之助，供其编纂，屠氏并究心于蒙文，又曾取材于东籍，校其成绩，自胜往昔，以视近贤，又有不逮，盖于西北地理，虽已覃究尽致，而蒙古史材之潜发，尚有待于后来之学者，若谓屠、柯诸氏已为登峰造极，则非笃论也。

兹更进而略述专治东北地理之史家，以愚所知，不下十余人，取其著者述之。初宋人洪皓使金被留，撰《松漠纪闻》，记载在金之见闻，时金都于上京会宁府，即今阿城县南五里之白城；唐封契丹首领为松漠府都督，其地在今辽河上游，洪氏取以包举东北全疆，盖举其大略言之也。金人王寂官辽东提刑，著《辽东行部志》《鸭江行部志》二书，皆于行部时，记其见闻，与洪氏之书相埒，书久不传，清开四库全书馆，自《永乐大典》辑出，而未著录于四库，亦不见其名于存目。后《辽东行部志》辑本，展转入缪荃孙手，收入所刊《藕香零拾》中，得以行世。至《鸭江行部志》辑本，则转入盛昱之手，盛氏殁后，遗书散出，为朱先生希祖所购得，为撰成考证一篇，而原本迄未付刊。此前代治东北地理之史家也。清初，山阴杨宾为省其父出关，至宁古塔，纪其见闻，为《柳边纪略》一书，柳边以清代插柳为边得名，宁古塔适在柳边之外，杨氏取以概举东北，亦犹洪氏之以"松漠"名书也。其后则吴兆骞之子振臣，撰《宁古塔纪略》，撷举见闻，然非《纪略》之比，方式济撰《龙沙纪略》，徐宗亮撰《黑龙江述略》，萨英额撰《吉林外纪》，西清撰《黑龙江外纪》，皆为纪载东北地理之书。如杨、吴、方三氏，皆为流人，或其子孙，以内地人为客观之记载，大抵视东北如化外，随笔记载，未能为精密之探讨，犹有待于后来之阐发也。清季有曹廷杰，实为后起之劲，廷杰字彝卿，枝江人，官至吉林劝业道，所著之书有三种，曰《东三省舆地图说》，曰《东北边防纪要》，曰《西伯利东偏纪要》。初曹氏以知县需次吉林，光绪甲申，奉将军希元命，考查吉、江两省边界，凡七阅月，历二万里，归来撰《简明图说》，随文进呈，即《东三省舆地图说》也。《边防》《东偏》两纪要，盖为《舆地图说》之余稿。兹考其中所载，如谓辽、金之韩州即今八面城，金之黄龙府即今农安，上京会宁府即今阿城县之白城，渤海之率宾府即今绥芬河，金之五国城在今依兰以下，皆属确当不易。盖由身履其地，多方考定，于伏处一室专取证书卷者，不可同日而语，信哉其能极考古之能事也。前乎曹氏者，有杨同桂，通州人，光绪中官长春府知府，与修《吉林通志》，初著《沈故》二卷，继同孙宗翰撰《盛京疆域考》六卷，颇能提要钩玄，详人所略，亦《柳边纪略》之亚。又有丁谦，字益甫，仁和人也，所著书曰《蓬莱轩地理学丛书》，后经浙江图书馆刊刻，遂易名为《浙江图书馆丛书》。书凡二集，第一集共十七种，三十五卷，皆为自汉迄明各史外国传考证；第二集共十三种，三十四卷，于《元秘史》《圣武亲征录》《经世大典图》之外，又取法显、玄奘、耶律楚材、李志常、刘郁之书，一一为之考证。第二集多属元史之范围，故着意于西北地理，然第一集所考，四裔具备，又非一域所能限。象山陈先生汉章，尝称其从《魏志》裴注中刺取鱼豢《西戎传》，从《天下郡国利病书》刺取《张耀卿纪行》，并为诸家所未详。盖丁氏著书不惟能博览旧籍，亦时时取材于外籍，读破万卷，而后下以己意，虽其中考证间有未当，又值今日轮轨棣通，其误益复昭然，究为近世有数之地理学家，不可遗而不数者也。

　　清初因私修《明史》，而数兴文字狱，其中受祸最酷之史家有二，一则吴炎，一则潘柽章也。炎字赤溟，柽章字力田，皆吴江人。柽章之弟末，尝称吴、潘二氏发愿私修《明史》，先撰长编，聚一代之典章而划分，或以事类，或以人类，条分件系，汇群言而骈列之，异同自出，参伍错综，归于至当，然后笔之于书（《松陵文献序》）；又称潘氏博极群书，长于考订，谓著书之法，莫善于司马温公，其为《通鉴》也，先成长编，别著考异，故少牴牾。于是博访有明一代之书，以实录为纲领，若志乘，若文集，若家传，凡有关史事者，一切抄撮荟萃，以类相从，稽其异同，核其虚实，去取出入，皆有明征，不徇单辞，不逞臆见，信以传信，疑以传疑（《国史考异序》）。据此则搜集之富，致力之深，当与万氏史稿相伯仲，竟以垂成而毁，良可惜矣。同时顾炎武尝以己所藏书，假于吴、潘二氏，资其修史，其后二氏受祸，而顾氏之书，亦随以俱亡。当二氏修史未成之时，又有乌程庄廷珑，得明人朱国祯之《明史》稿本，延人重加修辑，并补入启、祯两朝事迹，署己名刊之，名曰《明史辑略》。卷首所列参校诸氏，多为一时名宿，而吴、潘二氏亦列名其中。未几，去任归安知县吴之荣，初以索诈不遂，有怨于廷珑，以其初刊本上之于朝，遂兴大狱。时廷珑已卒，戮及其弟其子，凡列名参校者，多罹极刑，吴、潘二氏与焉，以诛死者七十余人，世所称"南浔史狱"是也。潘氏撰《国史考异》三卷，今存六卷，曾收入《四库》，后以引用钱谦益辨证，被撤出，今尚有传本（刻入《功顺堂丛书》）。近年自故宫检出清臣所撰之提要，称其引据赅洽，辨析详明，所考止洪武、永乐两朝，盖所见非全帙也。又著《松陵文献》。潘氏之史学，可于此二书窥之。庄氏之书，今有残本二册，署曰《明史钞略》（刊入《四部丛刊》三编），凡存《神宗本纪》三卷，《光宗本纪》一卷，《熹宗本纪》二卷、李成梁、戚继光等列传三卷，《释教列传》一卷。李、戚两传，传论皆始以"庄珑曰"三字，文中涉及清室，并无讪谤语，惟偶见建夷、夷氛、夷寇等字，此惨祸之所由生也。列名参校者，又有海宁查继佐，以先首告，谓廷珑纂其名，列之参校中，又得吴六奇力为奏辨，得免祸。继佐字伊璜，号东山，明季举人，明亡后易姓名为左尹，字非人。盖隐用其名字也。继佐亦自撰《明书》，后以庄氏狱起，乃易名《罪惟录》，取孔子罪我者其惟《春秋》乎之义也。书凡百余卷，今存本纪二十二、志二十七、列传三十五，惟无表耳。南明四王皆入本纪，其事略具首尾，视傅维鳞之《明书》为胜，稿本为海宁张宗祥所藏，今已景印行世矣（《四部丛刊》三编）。查氏有《东山国语》，所记皆明亡殉国诸氏传略，亦《罪惟录》之附庸也。庄氏史狱之后，又有戴名世及陆生枏之狱，名世所著《南山集》，多采录方孝标《滇黔纪闻》。又《致余生书》，称明季三王年号，如宋末之二王，为撰史者所不可废，以此为都御史赵申乔所纠，因以论死，然名世固未尝自撰一史也。生枏官工部主事，因案革职，发往军前效力，旋著《通鉴论》十七篇，论及封建建储，为清世宗所恶，亦论死，生枏以论史获罪，尤非廷珑、名世之比。戴、陆二氏，又以论史而锻炼以成其罪者也。清代于康、雍、乾之世，文网颇密，受祸日有所闻，乾隆间，御史曹一士曾请宽比附妖言之狱，兼禁挟仇诬告诗文，以息恶习。其扼要之语云：

　　比年以来，小人不识两朝所以诛殛大憝之故，往往挟睚眦之怨，借影响之词，攻讦诗书，指摘字句，有司见事生风，多方穷鞫，或致波累师生，株连亲故，破家亡国，甚可悯也。臣愚以井田封建，不过迂儒之常谈，不可以为生今反古；述怀咏史，不过词人之习态，不可以为援古刺今；即有序跋偶遗纪年，亦或革茅一时失检，非必果怀悖逆。敢于明布篇章，使以此类，悉皆比附妖言，罪当不赦，将使天下告讦不休，士子以文为戒，殊非国家义以正法、仁以包蒙之意。请敕下直省大吏，查从前有无此等狱案，现在不准赦原者，条例上请，以俟明旨钦定，嗣后凡自举首文字者，苟无明确踪迹，以所告本人之罪，依律反坐，以为挟仇诬告者戒，庶文字之累可蠲，告讦之风可息矣。

此请虽未见何明令，然此后告讦之风稍息，文字之狱日杀，未始非曹氏推言其敝娓娓动人之效。清代文字之狱，于近代史学之发展，予一极大之挫阻，足以影响一世学者之趋向，故愚略述其概，亦本书重要之一叶也。

清代史家，尚有应补述者，如厉鹗之撰《辽史拾遗》，曾以三国裴注自命，诚非夸语。扬复吉又有《补作》，非其伦也。杭世骏曾撰《金史补》，以仿鹗作，未能成书。又有施国祁究心金源故实，所撰《金史详校》《金源札记》，最为有名。又为元好问诗作笺注，多载金源遗事，亦厉氏之亚也。清代治辽、金史，本无多人，有此数氏，亦一时之星凤矣。如黄以周之于古代典礼，李兆洛、杨守敬之于地理沿革，洪亮吉之于补志，章宗源、姚振宗之于考证，皆属专门名家，各树一帜，余则不暇备举云。

清代史家之成就大略如上，综其趋向，可分三期：第一期多治现代史，以研讨明代事迹为本位，如黄、万、全、吴、潘诸氏皆是。吴、潘二氏，卒竟以此构祸，而全氏不过幸免耳。治史之士不敢再谈现代，于是第二期转而治前代史，有为文字之考订者，如钱大昕是；有为典制之阐发者，如王鸣盛是；有以史证史而为属辞比事之学者，如赵翼是；有就书籍部次而为著述校雠之业者，如纪昀是；而其研治之史，多属古代，而自宋以下则不甚详言也。洎乎嘉、道以后，中国多故，外患日深，远识之士，引以为虑，于是第三期又移其考治前代之的，转而治边疆史，如徐松、张穆、何秋涛、丁谦、曹廷杰、洪钧、屠寄皆其著者。诸氏初则究心西北史地，继乃覃及东北，更进而治蒙古全部之史，凡此皆随时人之好尚，世势之推移，而异其治史之的，有不知其然而然者。不惟清代如是，古代亦莫不然。然吾谓前代诸家史学之识解，除刘、章二氏外，多具于所著史籍之中，已述于前，无事复举，惟于清代则不然者，撰史之例，详近略远，固矣，亦以最近史学之趋势，与诸家有因革演变之关系，非详述之，则无以明也。